一神教全史 下

中世社会の終焉と近代国家の誕生

大田俊寛
Ota Toshihiro

河出新書
062

目次

主要参考文献

【上巻】

第1講　イントロダクション
　——宗教思想史の正当な理解を求めて

第2講　ユダヤ教の歴史①
　——原初の遊牧生活からダビデ王の治世まで

第3講　ユダヤ教の歴史②
　——王国の発展からバビロン捕囚まで

第4講　キリスト教の発端
　——イエスの福音とパウロの教会論

第5講　キリスト教とローマ帝国の関係
　——エウセビオスの政治神学、アウグスティヌスの神国論

第6講　西ヨーロッパのキリスト教化
　——教皇制と修道制の形成、カール大帝の宗教政策

第7講　イスラム教の歴史①
　　　――ムハンマドの生涯と思想
第8講　イスラム教の歴史②
　　　――イスラム帝国の形成
第9講　中世ヨーロッパにおける教皇主権の理念
　　　――神聖ローマ帝国の成立から十字軍まで

第10講　スコラ学の発展
――十二世紀ルネサンスからトマス・アクィナスまで

宗教思想史を辿る私たちの道程も、ようやく中世の後期を迎え、近代の曙光《しょこう》が兆し始める地点にまで到達しました。ここで少し、歴史の構造全体を振り返っておきましょう。

第1講のイントロダクションで触れたように、私は宗教の歴史を、さまざまな社会的機能が次第に分化してゆく過程として捉えています。次頁の図は、その際に示した「宗教の四段階構造論」を部分的に再掲したものです。

まず古代においては、世俗的な権力者である王と、宗教儀礼の主宰者である祭司は、明確な仕方では分離していませんでした。例えばユダヤ教では、祭司が塗油《とゆ》の儀礼を施すことによって新たな王を選び、神の祝福が与えられるよう祈念した。そして王と祭司は共に、戦争に勝利すること、民族を繁栄させることを目指したのです。こうした関係性は、両者が密接に結びついた例の一つと見ることができるでしょう。

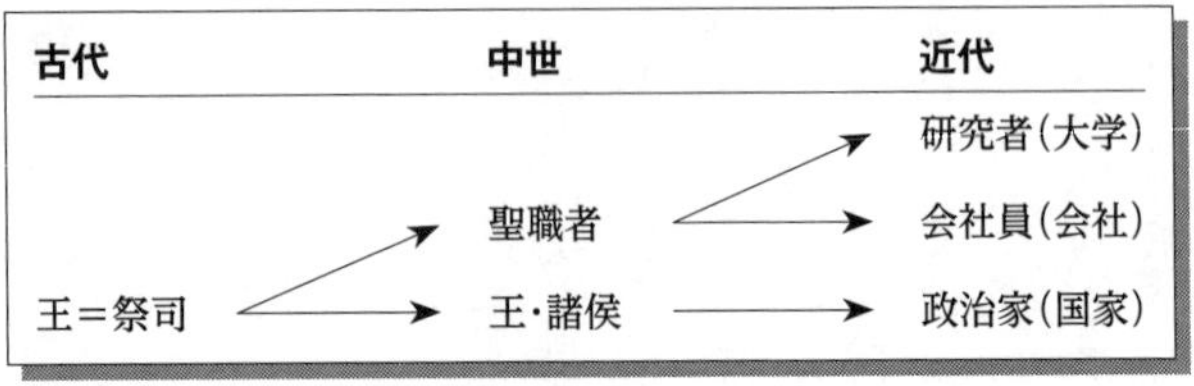

ところが、ユダヤ教からキリスト教が分離し、世界宗教として発展すると、その体制に根本的な変化が生じました。キリスト教は、民族を超えた普遍的な神観念と、人間の弱さを重視した思想を展開し、世俗権力とは距離を取る仕方で、教会や修道院といった共同体を作り上げていったからです。こうして中世には、王権（王・諸侯）と教権（聖職者）が並立する二極構造が成立しました。

そして中世において、王権と教権は、ときに協力し合い、ときに対立し合ったのですが、前講で見たように、教権はそうしたプロセスのなかで次第に、王権に対して優位な立場を確保するようになりました。少なくとも理念的なレベルでは、「教皇主権」という体制が作り上げられたわけです。それは確かに、十字軍のような混乱した事態も生み出しましたが、しかし他方、労働や学問の組織を着実に発展させる要因になったということも、否定し得ない事実です。本講では特に、中世後期に「スコラ学」という学問の形式が確立した過程について論じることにしたいと思います。

スコラ学と言えば一般には、「煩瑣《はんさ》な神学論争に明け暮れた役立たずの学問」というイメージが強いかもしれません。しかしながら、思想史を広い視野から眺めた場合、必ずしもそうとは言えないところがある。なぜならスコラ学は、古代から中世までの学知を集大成することによって成立したものであり、その営みを通して、知に携わる専門家が育成され、大学という新たな共同体が生み出されもしたからです。

　私自身は、近代という時代を、「大学」「会社」「国家」という三種類の主要な共同体が成立し、それらが相互にチェック・アンド・バランスを働かせている体制として理解しています。そして、これらの共同体のなかで他に先駆けて最も早く成立したのは、明らかに大学でした。大学は、日本ではまだ百年余りの歴史しかありませんが、世界的に見れば、約一千年間にも及ぶ長い歴史を有している。そして、大学という共同体を通して育成された知の専門家が、情報整理の技術を磨き上げながら旧来の常識に批判的な眼差しを向け、キリスト教を内側から食い破る仕方で、新たな時代を切り開いていったのです。本講では、その発端に当たる経緯を見てゆくことにしましょう。

1　十二世紀ルネサンス

ヨーロッパにおける三つのルネサンス

第6講ですでに述べたように、中世ヨーロッパの歴史を全体として眺めた場合、そこでは大別して、三度の「ルネサンス（文芸復興）」が起こりました。[1] そうした運動を通して、古代ギリシャ・ローマの学知に再び光が当てられ、新たな生命が吹き込まれていったのです。その概要は以下の通りです。[2]

①カロリング・ルネサンス（8世紀後半〜9世紀初頭）
　フランク王国のカール大帝が、キリスト教の聖職者と付属学校を利用しながら、読み書きの技術や自由学芸をヨーロッパ世界に普及させようとした教化運動。

②十二世紀ルネサンス（12世紀）
　イスラム教が支配するアラビア文化圏から、キリスト教が支配するラテン文化圏へ、古典文化の継承が行われたことを切っ掛けとして、神学・哲学・法学・自然学などの諸分野で生じた学芸復興運動。

③イタリア・ルネサンス（14世紀〜16世紀）
ギリシャ・ローマの古典文芸のなかに真の人間性が見出されるという「人文主義《ヒューマニズム》」の理念に基づいた、文学的・美術的な復興運動。ダンテ、ペトラルカ、ボッカッチョの文学、レオナルド・ダ・ヴィンチ、ミケランジェロ、ラファエロの美術などがその代表例。

本講で扱う十二世紀ルネサンスに関して、日本では特に、科学史家の伊東俊太郎氏による研究が広く知られています。伊東氏は『十二世紀ルネサンス』という著作において、それがアラビア世界からの大きな刺激によって生じたことを強調しました。ここでは主に同書に依拠しながら、十二世紀ルネサンスが開始された切っ掛けについて見てゆくことにしましょう。

シリア・ヘレニズム

西ヨーロッパにおいて十二世紀ルネサンスが起こるまでの経緯を簡略的に地図上に示すと、次頁のようになります。それは、古代ギリシャで発展した哲学や科学が、一旦アラビアに伝えられた後、再び西ヨーロッパへと環流することによって引き起こされました。では、そもそもどういう理由から、アラビア世界に古代ギリシャの学知が伝えられたのでし

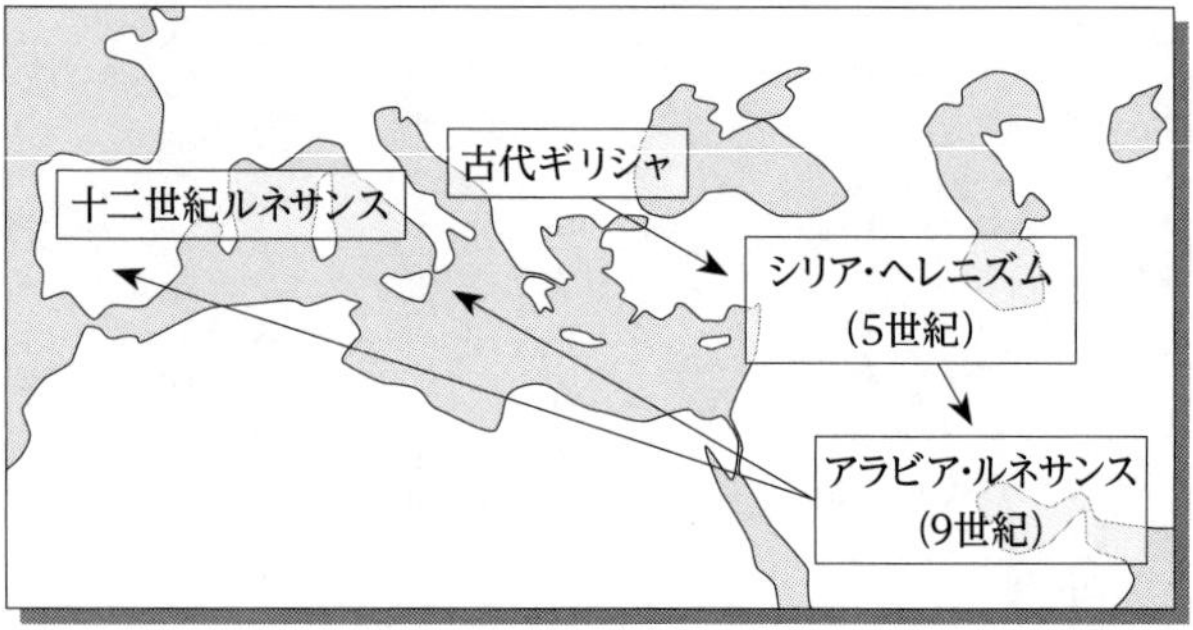

十二世紀ルネサンスに至る知的伝承

ょうか。

その端緒として位置づけられるのは、シリア地方のヘレニズム化、すなわち、「シリア・ヘレニズム」と呼ばれる事態です。そしてそれを主導したのが、キリスト教のなかの「ネストリウス派」という宗派でした[3]。

ネストリウス（三八六頃－四五一頃）はキリスト教の神学者であり、元々はコンスタンティノープル主教を務めていました。彼には厳密な論理性を追求しようとする知的傾向があり、それゆえ、キリストにおける「神性」と「人性」を明確に区別するべきであると考えた。ところがこれが問題視され、四三一年に開催されたエフェソス公会議において、彼は異端を宣告されてしまいます。キリスト教正統派の教義によれば、キリストは「完全な神」であると同時に「完全な人」であり、「神性」と「人性」は区別・分離することができないとされているからです。キリスト教神学では、これを「両性説」と称します。ネストリウスの主張は、その教義に反するものと解されたのです(4)。

こうしてネストリウスは、コンスタンティノープル主教を罷免《ひめん》され、エジプトの修道院で静かに生涯を終えました。とはいえ、彼の主張を支持する人々も少なからず存在し、そこからネストリウス派が形成されてゆきます。

ネストリウス派は当初、シリアのエデッサという町で勢力を伸ばしましたが、ビザンツ帝国はその活動を見咎《みとが》め、四五七年に同派の学校を閉鎖してしまいます。そこでネストリウス派は、ササン朝ペルシャ帝国に助けを求め、ニシビスの地に移り、そこからシリア一帯に教えを広めてゆきました。その際に彼らは、キリスト教神学を補強する理論として、アリストテレスや新プラトン主義の哲学を積極的に紹介しました。また当時は、哲学と科学は厳密には区別されていなかったため、古代ギリシャの自然科学書も少なからずシリア語に翻訳されることになりました。こうして、「シリア・ヘレニズム」と呼ばれる状況が生じたわけです(5)。

中東に足掛かりを得たことで弾みが付いたのか、ネストリウス派はさらに東方へと歩みを進め、7世紀には中国に到達して「景教」と呼ばれるようになりました。一説によればその教えは、日本にも及んでいたと言われています。しかし13世紀には衰退し、やがては歴史の表舞台から消え去っていった。ネストリウス派は小さな集団でしたが、異端宣告による追放を切っ掛けとして東西の歴史に大きな影響を与えた、とても興味深い存在です。

アラビア・ルネサンス

中東では、7世紀以降、イスラム教が急速に勃興しました。その勢力はササン朝ペルシャ帝国を滅ぼし、ウマイヤ朝やアッバース朝といった新たな帝国を作り上げたのです。そして第8講で見たように、特にアッバース朝では、古代ギリシャ文化の継承が積極的に行われ、「アラビア・ルネサンス」と称される状況が生じました。こうした経緯について、簡単に振り返っておきましょう。(6)

イスラム教第2代カリフのウマルは、ササン朝ペルシャ帝国軍を破り、同国は六五一年に滅亡しました。そして正統カリフ時代を経た後、六六一年にウマイヤ朝が成立し、同朝はシリアのダマスカスに首都を置いたのです。先に述べたように当時のシリアでは、ネストリウス派が伝えたヘレニズム文化が存在していましたが、ウマイヤ朝はアラブ人を中心とする実利主義的な王朝でしたので、それに大きな関心を示すことはありませんでした。

ところが、革命によってウマイヤ朝が倒され、七五〇年にアッバース朝が開かれると、状況が大きく変化します。同朝第2代カリフのマンスールは、チグリス川の畔《ほとり》に新都バグダードを築き、西洋と東洋を架橋する国際的な文化を作り上げたからです。そこには、ネストリウス派を含むさまざまな知識人たちが集い、かつてのシリア・ヘレニズムの果実が継承されました。また、第7代カリフのマアムーンは、八三〇年頃に「知恵の館」という研究所を創設し、ギリシャ語やシリア語の哲学書・科学書を翻訳する大規模な事業を手掛けた。その概要については以前に述べましたので、ここでは割愛しましょう(7)。

アラビア世界とヨーロッパ世界の接触

アッバース朝の繁栄は長くは続かず、トルコ人中心のセルジュク朝がそれに取って代わりました。そして、急拡大したセルジュク朝がビザンツ帝国を脅かすようになったため、その反応として、ヨーロッパにおいて十字軍の運動が巻き起こったのです。

こうしてイスラム教世界とキリスト教世界は、約三百年にわたって衝突を続けました。それは確かに悲しむべき事態でしたが、しかしヨーロッパ人はそのなかで、次第にイスラム文化の先進性を理解するようになりました。取り分けイベリア半島とシチリア島においては、キリスト教とイスラム教が共存する国際色豊かな文化が形成され、それらを玄関口としてヨーロッパ人は、アラビア世界から高度な学問を吸収したのです。両地域の概要は、以下の通りです(8)。

イベリア半島は、七一一年にウマイヤ朝によって征服され、イスラム教の支配地域となりました。とはいえ、キリスト教勢力も七一八年から「レコンキスタ（再征服）」を開始し、北方から少しずつ領土を取り戻していった。そして一〇八五年には、半島中央の主要都市トレドの奪還に成功します。同地には、アラビア語の文献をラテン語に翻訳するための学校が作られ、ヨーロッパ中から多くの学者たちが集まったのです。

他方でシチリア島は、八七八年、アッバース朝を宗主国に掲げるアグラブ朝というイスラム勢力によって征服されました。しかし11世紀後半、北方からノルマン人が到来し、同島を奪い返した。こうした経緯によりシチリア島では、ギリシャ、ラテン、アラビアを含め、多様な文化が混在する土壌が形成されました。12世紀末には、神聖ローマ皇帝がシチリア王を兼ねることが多くなりますが、それによっても国際的な雰囲気が失われることはなかった。第9講で見たように、神聖ローマ皇帝フリードリヒ2世がアラビア文化やイスラム教に深い関心を示したのは、その代表例の一つです。シチリアの王朝にもヨーロッパ各地から優れた学者たちが集まり、ギリシャ語やアラビア語の文献をラテン語に翻訳する事業が進められました。

新たに翻訳された古典文献——アリストテレス革命

十二世紀ルネサンスが始まる以前、ヨーロッパに伝えられていた古代ギリシャの文献は、実は極めて僅少でした。プラトンの名前は、多くのキリスト教教父に評価されていたことから知られていましたが、彼の著作にしても、キリスト教と関係の深い『ティマイオス』を始めとする幾つかの著作が残されていただけだった。そしてアリストテレスの著作は、ボエティウス（四八〇頃－五二五頃）がラテン語訳した『範疇論』と『命題論』が知られるのみでした。自然科学系の著作に至っては、そのほとんどが失われていたのです。

　ところが十二世紀ルネサンスの活動によって、上のような著作が再び知られるようになりました[9]。すなわち、プラトンやアリストテレスの主著に当たる哲学書、ユークリッドやアルキメデスの数学書、プトレマイオスの天文学書、ガレノスの医学書などです。

　なかでも当時の注目を集めたのが、アリストテレスの諸著作でした。ゆえに十二世紀ルネサンスは、「アリストテレス革命」と称されることもあります[10]。それまでのヨーロッパの知識人たちは基本的に、キリスト教とプラ

十二世紀ルネサンスにおいて翻訳された著作群

プラトン	『メノン』『パイドン』
アリストテレス	『自然学』『形而上学』『天体論』『霊魂論』『天体論』『トピカ』『気象学』『分析論』
ユークリッド	『原論』『光学』
アルキメデス	『円の測定』
プトレマイオス	『アルマゲスト』『光学』
ガレノス	『テグニ』

トン主義を融合させた形式に依拠しながら世界を眺めていたのですが、十二世紀ルネサンスを介してアリストテレス哲学が再発見され、新しい形式の世界理解が芽生えることになったのです。

プラトンが「現世を超越したイデア」を実体と見なしたのに対して、アリストテレスは「可感的な個物」を実体と見なし、それらを詳細に観察することを重視しました。また、異なる意見を論理的に整理し、対立を乗り越えてゆくための手法（弁証法）を示した。さらには、人間にとって理性を用いて真実を観照することを最も幸福な営みと捉え、そのために十分な「余暇《スコレー》」が必要であることを主張したのです。12世紀に復興したアリストテレスの精神は、「スコラ学」という知の形式を生み出してゆきます。

2 大学の誕生

「共に読む」ための共同体

今日では大学は、改めて説明する余地のないほど、当たり前の存在であると考えられています。とはいえ、それがいつどのような仕方で誕生したのかについては、実は正確なことが分かっていません。大学という組織は、特定の誰かが明確なプランに基づいて創始したわけではない。それは12世紀から13世紀に掛けてのヨーロッパにおいて、自然発生的に成立したのです。

ともあれ、大学を誕生させる際の大きな要因となったのは、先述したように、アラビア世界から大量の文献がもたらされたことでした。当時のヨーロッパ人は、これまで知らなかった諸文献を目にし、言うまでもなく、懸命にそれらを読もうとした。彼らはまず、教会や修道院に設置されていた付属学校に集まり、読解作業に勤《いそ》しみました。さらにはその舞台を、中世後期に発展していた都市に移し、学業を専門とする共同体を作り上げてゆきます。それらが徐々に成長し、大学という存在になったのです。

大学は英語でcollegeやuniversityと称し、これらはそれぞれ、ラテン語のcollegiumとuniversitasに由来します。そして、この二つの言葉は本来、どちらも「組合」や「団体」を意味しました。すなわちcollegiumは、con（共に）とlegere（集まる・読む）という部分から成り、「共に集まる・読む」ことを、そしてuniversitasは、uni（一つ）とvers（向かう・従事する）という部分から成り、「一つの物事に従事する」ことを意味したのです。[11]

これらの言葉は、古代から中世に掛けては、各種の組合や団体に用いられていたのですが、13世紀以降は、もっぱら大学のことを意味するようになりました。collegium には元々「共に読む」という意味がありましたから、大学を示す言葉としては、極めて適切であったように思います。以上のように大学では、教師と学生が一つの場所に集まり、共に文献を読むことに没頭しました。そのため大学は正式には、「教師と学生の学問的な共同体、ないしは組合（universitas societas magistrorum discipulorumque）」と称されたのです[12]。

大学組織の確立

もちろん12世紀以前においても、学問に携わる組織や共同体は存在していました。プラトンが開いたアカデメイアや、アリストテレスのリュケイオン、アウグスティヌスが通った自由学芸の学校などは、その代表例です。しかしこうした組織は、「大学」と呼ばれるわけではない。それでは、大学を大学たらしめている特質とは、どのようなものなのでしょうか。

大学の第一の条件は、明確なカリキュラムや学位制度を備えている、という点にあります。特別な才能や知識を有する人物が、自分の思うがままに何かを教えていても、それだけで「大学教育」と見なされるわけではない。大学においては、一定の水準を備えた講義や討論が、規則正しい仕方で行われる必要があります。学生たちはカリキュラムに従いながら学習を進め、そして試験をパスすると、「修士《マスター》」や「博士《ドクター》」といった学位を与えられる。これらの学位は原則的に、世界中のどの大学でも通用する普遍的なものであり、それを有する人物が、大学での教授資格を認められるのです。

「十二世紀ルネサンス」という概念を最初に提唱したアメリカの歴史学者、チャールズ・ホーマー・ハスキンズは、大学の誕生について次のように論じています。

12世紀には、最初の大学が作り出されただけでなく、その組織の形式自体が生み出された。それは決して、古代の模範を復活させたものではない。そもそもギリシャ・ローマの世界では、法律・修辞学・哲学などの優れた教育が行われていたが、定型的なカリキュラムや、学位授与のシステム、学寮の組織が備わっていたわけではなかった。大学は12世紀に初めてその姿を見せる。すなわち、サレルノ、ボローニャ、パリ、モンペリエ、オックスフォードといった場所に初期の大学が成立し、その流れが今日まで続いている。大学は、中世が成し遂げた大きな文明的貢献、はっきり言えば12世紀の貢献である――[13]。

ハスキンズが指摘するように、古代ギリシャ・ローマの卓越した文化にあっても、大学が生み出されることはありませんでした。12世紀になってそれが可能になったのは、果たしてなぜでしょうか。私はその最も大きな要因を、当時のヨーロッパにおいて、ギリシャ文化、ローマ文化、キリスト教文化の本格的な融合が起こったことにあると考えています。

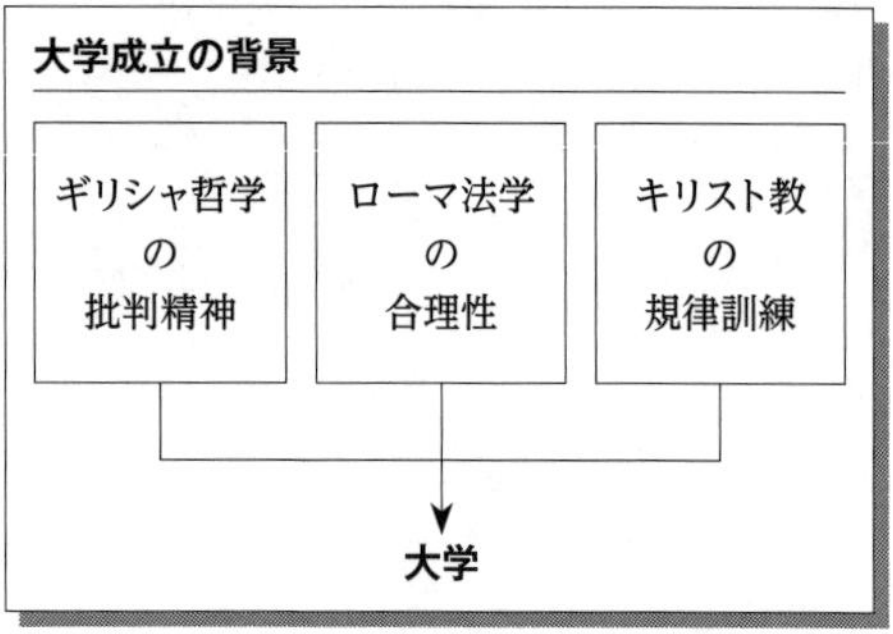

古代ギリシャに芽生えた哲学の基本的な精神は、さまざまな事柄を疑い、批判的に吟味することにありました。正義とは何か、美とは何か、友愛とは何かなど、普通の人々の感覚からすれば当たり前に思われる事柄に、哲学者は改めて疑問を投げ掛け、その本質を捉え直そうとした。アリストテレスは『形而上学』の冒頭で、哲学は「疑念を抱き、驚異を感じる」ことから始まる、と説いています[14]。そして中世のヨーロッパ人は、十二世紀ルネサンスを通して、こうした哲学的批判精神の重要性を再認識したのです。

ギリシャ人と比較すると、古代ローマ人は、遥かにプラグマティックな人々でした。彼らは高邁《こうまい》な芸術や哲学よりも、日常的な実用性を備えたものを好んだ。ローマ人は特に、個々人の権利を保障するため、そして政治を安定させるために、合理的な法律を作り上げることに長《た》けていたのです。ローマ法の体系は、共和政の時代から帝政の時代を通して発展を続けました。そして後に述べるように、新しく誕生した大学においては、ローマ法の復興・継受という事業も手掛けられてゆきます。中世後期の人々は、法の合理性に関する考察を再び開始したのです。

このように十二世紀ルネサンスにおいては、ギリシャ哲学やローマ法学が復興されましたが、それだけではありませんでした。より重要なのは、こうした学問に携わる際に、キリスト教で練り上げられてきた規律訓練の様式がその基礎に据えられたことにあったと思われます。第6講で述べたように、キリスト教の修道院では、祈り・労働・読書が重視され、神への献身の姿勢を示すために、一日の生活が厳密にスケジュール管理された。こうしたキリスト教の生活様式が学問の世界に導入され、大学では、カリキュラムや時間割の厳守、学位に基づく位階制の確立、学寮の運営方式などが編み出されました。単に各種の学問が講じられるだけではなく、それに明確な制度性と教育システムが付随したことが、学問の専門化にとって基礎的な役割を果たしたと考えられます。

ギリシャ哲学の批判精神、ローマ法学の合理性、キリスト教の規律訓練が融合することにより、大学は、真理を探究するための新たな共同体として成立しました。そしてこうした存在は、社会の近代化を推進する際の大きな駆動力となってゆきます。

3　神学と法学の刷新

アベラールの登場

大学の形成過程において、その方向性を決定づけることに大きく寄与した人物がいます。それは、神学者のピエール・アベラールです。アベラールは、鋭利な知性と挑戦的な気質を備え、旧来の学問を果敢に批判しました。まずは彼の経歴を確認しましょう(15)。

アベラールは一〇七九年、フランス・ナント近郊の騎士階級の家に生まれました。父親は教育に熱心であり、長男のアベラールに対して、軍務に就く前に教養を身に付けることを望んだ。そのためアベラールは学問を始めたのですが、間もなくその魅力に深く取り憑かれてしまいます。そこで彼は、軍職や家産のすべてを弟たちに委ね、自らは学究《がっきゅう》に献身することを決意したのです。アベラールはそれを次のように記しています。「あらゆる哲学の教えの中で弁証法の種目を最も好んだので、私は本当の武器の代りにこの弁証法の武器を取り、実戦上の戦利品の代りに議論上の争いを択《えら》んだのである(16)」。

アベラールはパリに赴き、著名な哲学者であるシャンポーのギヨームに弟子入りしました。とはいえアベラールは、師に忠実な弟子ではまったくなく、逆にギヨームに論争を仕掛け、完全に打ち負かしてしまった。当時の哲学界では、「普遍論争」という議論が活発化していました。すなわち、プラトンに依拠しながらイデアの実在性・普遍性を説く旧来の「実念論」に対して、個物を実在とするアリストテレス的な立場、さらには、イデアと称されてきたものはただの名前に過ぎないとする「唯名論」からの反論が提起され始めていたのです。アベラールは、実念論者であったギヨームを完全に論駁し、持説を撤回させたと伝えられています。

次にアベラールは、名声を博していた神学者、ランのアンセルムスに弟子入りします。ところが、すでに高齢であったアンセルムスの講義は刺激に乏しく、アベラールは師を無視して、自ら聖書講義を始めました。その講義は評判を呼び、彼の周りには多くの優秀な学生たちが集まった。こうしてアベラールは、哲学と神学における新進気鋭の学者として認知されたのです。

とはいえアベラールの人生には、大きな落とし穴が待ち受けていました。四〇歳を迎える頃、彼はある貴族から、姪であるエロイーズの家庭教師を務めることを依頼されます。彼女は才色を兼備したうら若き女性であり、共に学ぶうちに二人は激しい恋に落ち、内密に一子を儲けてしまった。その後、両者の結婚問題から諍《いさか》いが生じ、アベラールの態度に激怒したエロイーズの親族は、彼の寝込みを襲い、男性器を切除してしまったのです。アベラールはこの事件を、慢心を抱いた自分に対する「神の裁き」であった、と回顧しています[17]。

こうしてアベラールとエロイーズは、肉体的に結びつくことはできなくなってしまいましたが、その後も両者の交流は途絶えず、二人は書簡を交わしながら、精神的な愛と真実を探求してゆきました。これらの書簡は現在、『アベラールとエロイーズ』という作品として纏《まと》められています。

アベラールは、先進的かつ開明的な精神の持ち主であり、エロイーズとのスキャンダルにしても、近代の自由恋愛を先取りしているようなところがあります。彼の知性は多くの学生たちを魅了し続け、講義を行ったノートルダム聖堂学校やサント・ジュヌヴィエーヴの丘には、学問を志す人々の共同体が形成されました。それらがやがて、パリ大学の成立に繋がってゆきます[18]。自らの理性のみを頼りとし、数々の権威者たちに果敢に論争を挑んだアベラールの姿勢は、多くの学徒に感銘を与えたのです。

体制派の神学者たちもこの動向を看過できず、プレモントレ修道会の創設者クサンテンのノルベルトゥスや、シトー会の改革者で第二回十字軍の主唱者でもあったクレルヴォーのベルナルドゥスらがアベラールを攻撃し、異端の嫌疑を掛けました。アベラールは、一一四二年に世を去るまで論争に明け暮れ、現在はエロイーズと同じ墓地に眠っています。

『然りと否』

次に、アベラールの業績について見ておきましょう。彼の代表作に、『然りと否』という文書があります。[19]中世においては、教父や神学者の著作をもとに「選集」を編み、教育の際に用いることが良くありましたが、『然りと否』もそういった選集の一つです。

とはいえ、やはりそこには、アベラールならではの強烈な独自性がある。すなわち彼は、「信仰は人間の理性に基づくべきであるか否か」「神は単一であるか否か」「洗礼を受けなければ救済されないか否か」「人を殺すことは法に適うか否か」といった、一五八の基本的な問題を取り上げ、[20]それらに関する教父たちの言説を列挙し、ときに大きな食い違いが生じていることを指摘したのです。そして教父たちの言説を、「然り」と「否」に分類することを試みました。

通常の選集であれば、学生は、そこに収録されている教父たちの言葉をすべて真実と見なし、忠実に学ぶことを求められるのですが、『然りと否』においては、もはやそのような受動的な態度は許されない。偉大な教父たちの見解が何故《なにゆえ》に食い違うのかについて、積極的に思考を巡らせることを求められるのです。同書の序文で、アベラールは次のように述べています。

非常に多くの言葉が語られていれば、聖なる人たちの語っていることのなかにも、互いに異なるだけではなく、互いに対立すると思われるものがかなり見られることになる。そこで、世界自体がこれらの聖なる人によって裁かれなければならないとしても、この聖なる人たちについて裁くことも理由のないことではない。……聖なる人たちに対して、真理ご自身によって、「話すのはあなたがたではなく、あなたがたの中で語って下さる父の霊である(21)」と言われている。したがって、霊を通じて、それらが書かれもし、述べられもし、また霊によって著述する人たちに伝えられもした、そのような霊自体がわれわれと共にないとき、それらのことについての理解がわれわれに欠けていても、何の不思議があろうか。

（ペトルス・アベラルドゥス『然りと否(22)』）

簡潔でありながら、極めて大胆な発言です。従来のキリスト教においては、神学的言説の究極的な真理性は「聖霊（父の霊）」によって担保される、という考え方が支配的でした(23)。その代表例としては、『使徒言行録』2章に記された「聖霊降臨」の場面が挙げられます。それによれば、イエスが昇天した後、「五旬祭《ペンテコステ》」の日に使徒たちが集まっていると、天から聖霊が降臨し、「炎のような舌」という姿で彼らの上に留まった。使徒たちは聖霊に満たされ、どの国の言語にも通じる神秘的な言葉で福音を伝えられるようになった。このように、神の言葉の究極的な発話者は人間ではなく聖霊であるため、その真理性・普遍性・同一性が保障される、と信じられてきたのです。

ところが、これに対してアベラールは、聖霊が常にわれわれと共にあるとは限らない、と冷徹に突き放します。その証拠として彼は、聖人たちの見解が多くのケースにおいて「然りと否」に分かれていること、言葉の伝達や解釈の過程においてさまざまな齟齬《そご》が生じてきたことを列挙するのです。さらにアベラールは、聖書の著者である預言者や使徒でさえも、「神の霊」によって真理を語っている部分と、「自分の霊」によって偽りを語っている部分がある、と指摘しています[24]。

『然りと否』序文の末尾においてアベラールは、アリストテレスの言葉を引用しながら、疑いを抱きつつ、絶えず熱心に問いを発することの重要性を強調しています[25]。このように彼は、聖霊の力、神の「恩寵」の力が働いていることを無思慮に前提とするのではなく、資料を正確に読み、適切に問いを発すること、その際に人間の「理性」を善用すべきことを訴えたのです。

伝統的なキリスト教においては、アダムが「知恵の実」を食べることによって神から離反したように、不用意に自らの理性を用いることを危険視する傾向がありました。ところがスコラ学においては、人間の理性の価値が徐々に見直され、肯定的に評価されるように

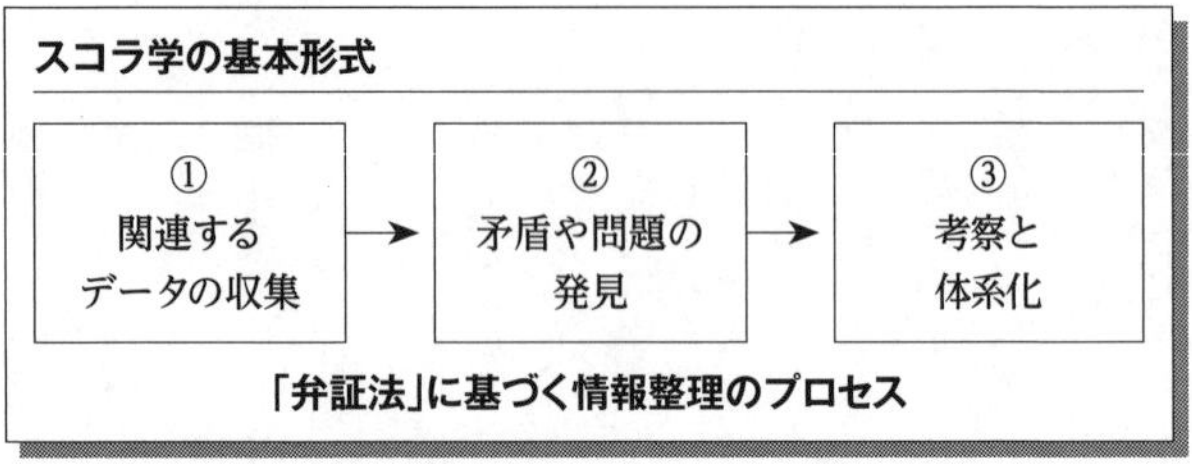

なっていったのです。

スコラ学の基本形式

アベラールが示した懐疑的・批判的なアプローチは、当時の学者たちに大きな影響を与え、結果的にそこから、スコラ学の基本形式が編み出されてゆきました。それは上図のように、三つのステップから構成されます。

まず最初に行われるのが、データを収集することです。これから向き合う主題について、「この見解が絶対に正しい」と最初から決めつけるのではなく、まずは関連するデータを可能な限り幅広く収集し、それらを列挙してゆくことが求められます（①）。

そのような仕方でデータを集めてみると、今までは気づかなかった矛盾や問題がそこに含まれていることが、自ずと明らかになる。正しいと思われていた見解のなかに矛盾が隠されていたり、誤っていると思われていた見解にも一定の合理性が認められたり、といった事態です（②）。

こうした問題は、どのように解決されるべきなのか。学問に携わる者はこの段階で、積極的に思考を巡らせなければならない。データのなかに誤りが紛れ込んでおり、それを除去するべきなのか、あるいは、より高度な関係性を想定すれば、表面的な矛盾は解消されるのか。多様な仕方で考察を加えることにより、特定の主題に関する学知は、体系的なものへと組み上げられてゆくのです(③)。

スコラ学の方法を簡潔に表現すれば、それは、「弁証法に基づく情報整理のプロセス」と呼ぶことができるでしょう。昨今の学問においても、「エビデンス・ベースト」の重要性、すなわち、証拠や資料に基づいて思考を展開するべきことが強調されていますが、そうした考え方の発端は、実はスコラ学にあると見なすことができます。ただ単に自分の趣味嗜好や思い込みを力説したり、古い慣習に基づく信念を繰り返し唱えたりしても、それは学知を形成することにはならない。まずは必要なデータを幅広く揃えること、その上で、得られた情報を批判的に検討しながら考察を進めることにより、初めて学問的な営為が成立するのです。

誕生したばかりの大学においては、こうした学問的手続きを共有することにより、「情報整理の専門家」を育成することが目指されました。そしてそれは、現代の大学においても継承されるべき大切な方向性であると考えられます。

ローマ法の復興――イルネリウス

神学や哲学の分野におけるスコラ学の発展と並行して、法学の分野でも新たな動きが芽生えました。中世においては、王権と教権の二極構造に伴い、ローマ法に由来する世俗的な法と、キリスト教に由来する教会法が存在してきたのですが、それらを体系的に磨き上げる試みが開始されたのです。まずは、ローマ法研究の状況から見てみましょう。

ローマ人が長い歴史のなかで残してきた膨大な法文に対して、その整理に着手したのは、ビザンツ皇帝ユスティニアヌス1世（在位：五二七－五六五）でした。彼は、ローマの過去の栄光を示し、その精神を復興させるためには、ローマ法の集成が必要であると考えた。そこでその作業を、トリボニアヌス（？－五四五頃）を始めとする法学官僚に命じたのです。トリボニアヌスたちは、それまでの主要な法文を集め、適宜修正を加えながら、全五〇巻から成る『学説彙纂』を編集しました[26]。また法学の入門書として、『法学提要』という文書をも作成した。これらは後に、『ローマ法大全（Corpus Iuris Civilis）』と総称されるようになります[27]。

6世紀の東ヨーロッパで編纂された『ローマ法大全』の存在は、西ヨーロッパ社会では当初、ほとんど認知されませんでした。ところが、十字軍や十二世紀ルネサンスを通して東西の交流が活性化すると、同文書にも新たな関心が向けられるようになった。その動きを先導したのは、イタリア・ボローニャの法学者であるイルネリウス（一〇五五頃－一一三〇頃）という人物です。

『ローマ法大全』は、トリボニアヌスらによる編集作業を経たとはいっても、内容は依然として複雑かつ難解であり、すぐさま現実に適用できるようなものではありませんでした。これに対してイルネリウスは、それらの法文に分析を加え、そこに含まれた意図を明解に取り出して見せた。彼は元々、ボローニャで自由学芸を教えていた人物であり、最初から法学を専門としていたわけではなかったのですが、スコラ的論理学を駆使して『ローマ法大全』の内実を巧みに解き明かし、分かりやすい「註釈《ちゅうしゃく》（グロッサ）」を付していったのです。彼はその業績から「法の燈明《とうみょう》」と呼ばれ、多くの弟子たちを育てました。その流派は一般に、「註釈学派」と称されています。

12世紀も後半になると、都市生活や商業活動がさらに発展したため、それに合わせて法技術を洗練させることが求められました。そこで法学者たちは13世紀以降、ローマ法のなかから実務に役立つと思われる諸命題を取り出し、それに詳細な「註解《ちゅうかい》（コメンタリア）」を付けるという形で、法体系を再構築していった。こうした流派は今日、「註解学派」と称されています。このように、イタリアのボローニャを中心とする註釈学派や註解学派の活動により、ローマ法の復興・体系化が進められたのです(28)。

教会法の体系化――グラティアヌス

こうした法の体系化の作業は、教会法の分野でも行われました。その際に中心的な役割を果たしたのが、同じくボローニャの法学者であった、ヨハンネス・グラティアヌス（一一〇〇頃－一一五〇頃）という人物でした。

教会法とは、その名の通り、「教会運営や信仰活動を統制するための法」を意味します。その主な法源は、聖書の教え、公会議の決定、教皇や司教が発した教令などです。教会法が本格的に形を取り始めたのは、ローマ皇帝コンスタンティヌスによるキリスト教の公認に伴い、教区制が整備され、公会議が開催されるようになった、4世紀前半のことでした。その後に教会法は、8世紀後半のカール大帝治下に公布された『フランク王国教会法典』、9世紀中葉に編纂された『偽イシドルス教令集』[29]などを通して発展してゆきます。さらに11世紀後半には、グレゴリウス7世の「教皇教書」に見られるように、教皇こそが地上の主権者であること、新たな法を創造する権限を持つことが明確化されましたので[30]、教会法の存在感や重要性はいよいよ高まっていったのです。

とはいえ、当時の教会法は未だ雑然とした状態にあり、『ローマ法大全』のような集成が行われていませんでした。こうした状況にあって、その本格的な整理・体系化を試みたのが、先述のグラティアヌスです。彼の経歴はほとんど分かっていませんが、法学を私的に教授する際の資料として用いるために、教会法の整理に着手したと言われています。

グラティアヌスの方法は、極めて徹底したものでした。彼は、過去一千年にわたる教皇の裁決や指令、教父の著作、公会議の決議などから、一般的な効力を有すると思われる約四千の法文を選び出し、それらを左のような仕方で整理・分類した[31]。また、同一の主題に関して相互に矛盾する法文を併記し、その一方が選ばれるべき理由を註解として付記していったのです[32]。先述したスコラ学的な「情報整理」の手法を教会法に適用することにより、一一四〇年頃、『矛盾教会法令調和集』が作られました。これは『グラティアヌス教令集』と通称され、後代の法学にも決定的な影響を及ぼすことになります。

『グラティアヌス教令集』の構成

第一部―― **ミニストリ**（聖職）
法源論
教会の位階や聖職者に関する規定

第二部―― **ネゴティア**（事件）
刑法、教会財産、異端、婚姻など、
36の紛争事例に対する考察

第三部―― **サクラメンタ**（秘跡）
洗礼、堅信、聖体、告解、終油、叙階
という教会の秘跡に関する規定

法学の独立

以上のように、12世紀のヨーロッパでは、イタリアのボローニャを中心として、ローマ法と教会法の研究が隆盛しました。一一五八年には、神聖ローマ皇帝フリードリヒ1世が特許状を出すことにより、正式にボローニャ大学が成立しています。ローマ法と教会法の双方を修めた学者は「両法博士」と呼ばれ、広く尊敬を集めたのです。

例えば、現代の日本においては、『六法全書』という法典に基づいて社会が運営されています。同書には約八千に及ぶ法律が収録され、それらは原理的に、相互に矛盾し合わないように構成されているわけです。こうした法体系が存在することは、今では当然のように思われていますが、歴史的に考えると、決してそうではない。綿密な論理性に基づきながら複雑な法体系を常に更新・整理し続けるという営為は、12世紀のヨーロッパにおいて初めて開始されたのです。

結果として当時のヨーロッパでは、法学がキリスト教から独立した一つの学問分野となり、そのための専門家が養成されるようになりました。先述のハスキンズは、こうした事態の革新性について、次のように論じています。

12世紀以後、法律は、かつてローマ時代にそうであったように、再びヨーロッパ人の大きな関心の的となり、最高の知的努力に値する問題となった。それまではキリスト教の聖職者が学問を独占し、学問を必要とする公職もまた、彼らの独壇場であった。ヨーロッパの王室にとっては、聖職者に期待が掛けられなくなった時代、世俗の法律家たちが育ってきたことは喜ぶべき事態であり、彼らのなかから新たな行政官や事務官を選ぶことができた。そして官僚制の発達とともに、教会さえ法律家にますます頼るようになり、彼らは世界の政治のなかで活発な役割を受け持つようになっていった――[33]。

同じ一神教であるユダヤ教やイスラム教において、神学と法学が密接不可分に結びついているのに対して、キリスト教においては当初から、両者を分離させる傾向が見られました。その発端となったのは、使徒パウロが「信仰義認」に基づき、ユダヤ教の律法を遵守し続ける必要性を否定したことです[34]。以降のキリスト教は、ローマ法学やギリシャ哲学を内部に取り込みながら、独自の法観念を発達させ、結果的に12世紀において、法学が旧来の宗教から完全に独立するという事態を生み出します。こうした要素は、近代社会が成立する際の不可欠の基盤となっていったのです。

4　トマス・アクィナスによるスコラ学の大成

トマスの経歴

十二世紀ルネサンスに始まる神学・哲学・法学の著しい発展は、13世紀半ばに至り、一人の天才的な思想家を生み出しました。それがかの有名な、トマス・アクィナスです。

トマスは、スコラ学において練り上げられていた諸概念を縦横に駆使しながら、中世的な「キリスト教共同体」のあり方を明晰に理論化しました。カトリックの歴史においては、古代の神学を集大成した思想家としてアウグスティヌスが存在するわけですが、これに対してトマス・アクィナスは、中世の神学を集大成した思想家として位置づけることができるでしょう。彼の経歴は、以下の通りです[35]。

トマスは一二二五年頃、イタリア中部のアクィノ近郊にある、ロッカ・セッカ城で生まれました。彼の家系は神聖ローマ皇帝の血筋を引く貴族でしたが[36]、四人兄弟の末子として生まれたため、領主や軍人になる道は歩まず、5歳の頃にモンテ・カッシーノ修道院に預けられます。長い伝統を持つ同修道院は、大きな政治力と財力を誇っていましたので、トマスも将来、その院長に就任することを期待されていたのかもしれません。このように彼は、政治性と宗教性が複雑に絡まり合う状況のなかで生を受けたのです。

ところがその後、教皇グレゴリウス9世と神聖ローマ皇帝フリードリヒ2世の争いが激しくなり、モンテ・カッシーノ修道院もまた、皇帝勢力によって占拠されてしまいます。そのためトマスは同地を離れ、14歳頃からナポリ大学で学業に励むようになりました。そこで彼は、二つの決定的な出会いを経験します。アリストテレス哲学に関する知識を得たこと、さらには、托鉢修道会のドミニコ会に入会したことです。

ナポリ大学は、シチリア国王でもあったフリードリヒ2世が一二二四年に創設した先進的な大学であり、トマスはそこで学ぶうちに、アリストテレス哲学の重要性に開眼しました。また、一二一六年に認可された新たな修道会であるドミニコ会と接触し、その一員になります。ドミニコ会は、フランシスコ会、カルメル会、アウグスティヌス会などと並ぶ、「托鉢修道会」の一つです。13世紀になると、修道院改革が一層徹底され、従来の修道院のように、村落地域に居を構えて農業に勤《いそ》しむのではなく、都市で托鉢を受けながら宣教に専念するスタイルが現れました。当時は「アルビジョア派（カタリ派）」という異端が勢力を伸ばしていたため、ドミニコ会は正統神学を磨き上げ、異端論駁に努めたことでも知られています。

トマスの家族は、彼が伝統的な大修道院の長になることを望んでいましたので、ドミニコ会への入会には反対しましたが、トマスの意志は変わりませんでした(37)。彼はパリに赴いてドミニコ会員に必要とされる修練を積んだ後、ケルンに移り、さらに勉学に励んだ。そして23歳頃に、博識なスコラ神学者であり、錬金術的な自然研究でも知られるアルベルトゥス・マグヌス（一二〇〇頃－一二八〇）に出会い、師弟関係を結びます。トマスは生来的に極度に寡黙であり、肥満した体型でもあったため、仲間たちから「唖《おし》の牛」という綽名《あだな》を付けられていたのですが、アルベルトゥスは間もなく、トマスが大変な才能の持ち主であることに気づく。そして、「やがてこの唖の牛の鳴き声が、世界中に響き渡るであろう」と予言したのです。

高い学識を評価されるようになったトマスは、一二五六年と六九年の二度、パリ大学の教授に就任します。当時の大学では、主に二つの問題が持ち上がっていました。新興の修道会であるドミニコ会の学者を大学に迎え入れるべきかどうか、そして、アリストテレス主義の行き過ぎにどう対処するべきか[38]、といった問題です。これらは共にトマス自身にとっても関係の深いものであり、彼は講義や討論のなかで適切な対処法を示すことによって、周囲の信頼と敬意を獲得してゆきました。

同時に彼は、キリスト教の神学書やアリストテレスの注釈書を始めとして、膨大な書物を執筆しました。代表的な作品として、イスラム教徒やユダヤ教徒に対してキリスト教の真理を弁証した『対異教徒大全』と、キリスト教神学の入門書として執筆され始めた『神学大全』があります。特に後者は、一二六五年頃から長期にわたって書き継がれ、極めて重厚な書物に成長しました。ちなみにその日本語訳は、創文社の企画によって一九六〇年から刊行が開始され、二〇一二年に全四五巻という分量で完結しています。

トマスは、旺盛な執筆活動のほか、各地のドミニコ会の学校で教鞭を執りましたが、50

歳に近づく頃から体調を崩し、一切の著作活動を放棄してしまいます。未完成の『神学大全』の原稿を前に、彼の秘書が著述の続行を求めたのに対して、「私にはできない……私がこれまで書いたものは、すべて藁屑《わらくず》のように見えるからだ」と答えて筆を折ったことは良く知られている。彼は翌七四年、イタリアのフォッサノーヴァ修道院において、約五〇年の生涯を閉じました。

以上のようにトマスは、それほど長くはない一生のなかで、膨大な著作を残しました。

正直に申し上げて私は、せっかく邦訳が完成された『神学大全』も全体を通読できたわけではなく、関心のある巻を図書館から借り出しては、断片的に拾い読みしているという程度です。ともあれ、トマスの思想を全体として捉えた場合、そこには上のような四つの特色が存在すると考えられます。以下では、それらについて簡略的に説明することにしましょう。

トマス思想の四つの特色

①信仰と理性の調和
②共通善の探求
③法の階層的な構造を提示
④国家に対する教会の優位を論証

信仰と理性の調和

「神への信仰」と「人間の理性」を対立的に捉えず、相互に調和させようとすることは、スコラ学全般に見られる特色の一つです。例えば、「スコラ学の父」と称される神学者、カンタベリーのアンセルムス（一〇三三―一一〇九）は、『プロスロギオン』という著作において、[39]「理解するために私は信じる」と述べ、信仰と理性を調和させる道を模索しました。こうした方向性は後のスコラ学でも継承され、本講で見たアベラールは、聖なる言葉に対して理性的な検討を加え、弁証法的に考察を進めるべきことを説いています。先に述べたように、従来のキリスト教において人間の理性は、神への離反（原罪）に繫がるものとして危険視されていたのですが、スコラ学においては、一定の方法に沿うことによってそれを善用することができる、と考えられるようになったのです。

アベラール的な方法と同一ではありませんが、トマスの『神学大全』においても、弁証法という手法が取り入れられています。同書は、神学上の諸問題についての答えを探求するというスタイルで執筆されており、その際にはまず「異論」という形で、トマスの考えとは異なる見解が列挙される。次にトマスは、それらの異論を一つずつ検討し、誤っていると思われる点や、考え方は異なるものの、自分の意見に取り入れることができる点などを指摘する。そして最後に「主文」という形で、トマス自身の見解を完成させるのです。自分が正しいと思うことを一方的に叙述するのではなく、さまざまな異論をも吟味しながら、妥当な見解を探ってゆくという方法です。

信仰と理性の関係については、『神学大全』の冒頭、第一部第一問において、早速考察されています。そこでは、そもそも「神学とは何か」という根本的な主題が取り上げられ、神の啓示や恩寵によって示される「聖なる教え」と、人間による理性的な探求である「哲学」の関係性が問われる。そしてトマスは、前者の優位を認めた上で、神に関する正当な学問が形成されるためには、後者の役割もまた不可欠であることを強調するのです。

同所の第八項においてはさらに、「聖なる教えは論証を必要とするか」という問題が取り上げられ、そのなかで、トマスの思想を凝縮した表現として知られる、「恩寵は自然を廃することなく却《かえ》ってこれを完成する」という言葉が出てきます。この項では、まず異論として、聖なる教えについて人間理性による論証は必要ない、それはただ信じることができるだけである、という見解が提示される。これに対してトマスは、信仰を共有しない人々との議論においては、単に「信じる」というだけでは問題が解決せず、どうしても論証や説得という次元に踏み込む必要が出てくる、と反論します。そして主文において、次のように述べるのです。

聖なる教えは人間理性をも用いる。しかしそれは理性によって信仰を証明するためではない。そういうことをすれば信仰の価値は失われるであろう。この教えが理性を用いるのは、この教えのなかでつたえられる何か他のことがらを明瞭にするためである。じっさい恩寵は自然を廃することなく却ってこれを完成するものであるから、あたかも意志の自然的傾向性が愛徳に奉仕するように、自然理性は信仰に従わなければならないのである。

（トマス・アクィナス『神学大全』第一部第一問第八項）[40]

トマスの基本的な考え方は、以下のようなものです。人間の理性を含め、すべての自然物は神が創造したものなのだから、それがまったくの悪であったり、無用物であったりするわけがない。自然的事物はそれぞれ、世界のなかで果たすべき役割を与えられており、人間の理性もまた、神の恩寵に導かれながら、それ本来の役割を果たすべきである――。こうした見解は、トマスの「共通善」という概念とも関連していますので、次にそれについて見てゆきましょう。

共通善の探求

共通善の思想は元々、アリストテレスの哲学に由来します。彼によれば、人間にとって「善」とは、単独のものとして存在するわけではない。生まれてから死ぬまで、たった一人で生きることのできる人間はおらず、人間は常に相互に協力し合い、共同体的な幸福を求めなければならないからです。アリストテレスはそれを「共通善」と呼んでいます。そして彼は、複数の階層から構成される社会観・国家観を前提とした上で、政治の役割とは、それら全体の共通善を実現することにある、と唱えたのです[41]。

同時にアリストテレスは、人間の大きな特性であり、社会性の基礎となるものを、言語の存在に見出しました。人間は言語を用いて、他の人々と密接にコミュニケーションを取ることができる。また人間は、そうした行為を通して適切に役割を分担し、互いに助け合わなければ、生活を成り立たせることができない。ゆえにアリストテレスは、人間を「言語を持つ動物」と定義したのです[42]。

このような社会観や人間観は、トマスにも色濃く受け継がれています。例えば彼は、キプロス王に向けて理想の政治を論じた『君主の統治について』という文書のなかで、次のように述べています。人間以外の動物は、厳しい自然環境を生き抜くために、さまざまな配慮を授かっている。体を保護するための毛皮、外敵を退けるための牙や鉤爪、逃走のための足の速さ、など。しかし、不思議なことに人間には、こういった特性はまったく備わっていない。その代わりに人間には理性が与えられており、それを用いて手を働かせ、互いに協力することを期待されている。ゆえに人間が、他のすべての動物にもまして、自然本性上、集団のなかで生活する社会的および政治的動物であることは明らかである、と[43]。

さらにトマスは、アリストテレスと同じく、人間が言語を使用する特別な生物であることを重視しています。確かに人間以外の動物も、鳴き声を発することによって、自分の感情を他の個体に伝えることができる。しかし人間の伝達能力は、そうした水準を遥かに超え出ている。人間は、言語を用いて自らの考えを他者に正確に伝え、互いにとっての善や幸福を共に探求することができる[44]。このように人間は、理性と言語に基づき、他の人々と共同的な生を営む存在であるということが、共通善思想の基本的な発想となっています。

法の階層的な構造

それでは共同体は、どのような条件を備えれば、実際に共通善を実現し得るのか。トマスはその第一の条件を、理性に基づいて法が制定されることにある、と考えます。『神学大全』第二・一部第九〇～一〇八問では、法の原理に関する集中的な考察が見られ、そこでトマスは、法を「理性に基づいて定められる人間の行為の基準」と規定した上で、次のように述べています。

> 人間生活の究極目的は幸福あるいは至福である。したがって、法は至福に関する秩序づけにたいして、なにより第一に配慮を与えなければならない。さらに、すべて部分

法の階層構造

永遠法	――	神の摂理に基づく、万物の統治理念	見えない法
自然法	――	人間の理性によって、永遠法を分有	見えない法
神の法	――	神の啓示を受け、聖書に記された法	書かれた法
人の法	――	悪を為した人々を刑罰によって矯正	書かれた法

は全体にたいして、不完全なものが完全なものにたいするように関係づけられており、人間は完全な共同体（つまり国）の部分であるから、共同的な幸福への秩序を配慮することが、法に固有の働きでなければならないことになる。

（トマス・アクィナス『神学大全』第二・一部第九〇問第二項[45]）

トマスは、法が理性に基づくべきこと、それが共同的な幸福のために存在していることを述べた上で、諸法の構造について論じてゆきます。その全体像は、上の通りです[46]。

トマスによれば、法は四種類に大別され、そのなかで至高の位置を占めるのは、神が定めた「永遠法」です。すなわち神は、その万能の力によって永遠不変の法を定め、それに基づいて世界を創造したのです。

このように永遠法は、神に備わる完全な理性に由来し、その純粋なあり方を知ることは、神にしかできません。とはいえ自然の被造物のなかで、人間もまた不完全ながら理性を有しているため、人間は自らの理性を用いて永遠法を部分的に把握し、世界の法則や基本的な倫理のあり方を識別することができる。トマスはこれを「自然法」と呼びます。

永遠法と自然法は、神や自然の働きによって先天的に世界に植えつけられた、目に見えない存在です。それは世界の根幹を形作るものですが、しかし人間の社会は、見えない法だけで十分に統治し得るわけではない。言語を用いて法を明確化すること、さらには、法を破った場合には罰則を与えることが必要となります。「見えない法」のみならず、「書かれた法」が求められるわけです。

人間が悪の道を歩まず、最終的には救済に与《あずか》ることができるように、神は生の指針とされるべき法を、啓示によって伝えました。すなわち、旧約聖書に収められた数々の律法と、新約聖書に収められたキリストの福音です。トマスはそうした法を「神の法」と称しています。

しかし人間社会は、聖書に基づく精神的教導のみによって、十分に統制されるわけではない。殺人や窃盗などの暴力的な事件が起こった場合、それらに対して物理的な制裁を加える必要があるからです。こうした世俗的な水準の法律は、「人の法」と呼ばれます。

以上のようにトマスの思想においては、「神に発する法」と「人に発する法」、「見えない法」と「書かれた法」という二つの区別があり、それらが組み合わされ、全体として法が四種類に分類されています。理性的な検討を加えることによって、こうした法の体系を洗練させ、整備してゆくことが、トマスの思想の基本的な方針であったと理解することができるでしょう。

国家に対する教会の優位

共通善を実現するために必要とされる、もう一つの重要な条件は、共同体に優れた統治者が存在すること、そして彼が常に共同体全体の幸福に配慮していることです。トマスによれば、個々人が自分の利益だけを考えて行動すると、その集団は瓦解し、バラバラになってしまう。人間の共同体が健全な状態で存続するためには、その有り様を広い視野から眺め、人々を正しい方向へと導いてゆく人物が必要不可欠なのです[47]。

トマスはここでも、アリストテレスの『政治学』に依拠しながら、統治者の役割について考察しています。しかしながらその際、アリストテレスの議論をそのまま適用するわけにはゆきませんでした。というのは、アリストテレスの時代にはキリスト教は存在せず、人間が形成する「最高最上の共同体」は国家《ポリス》であると断言できたのに対して、トマスの時代には、主要な共同体として、国家のほかに教会が存在したからです。果たして国家と教会は、相互にどのような関係にあり、どちらが優位に立つのでしょうか。

この問いに対してトマスは、アリストテレス主義をキリスト教的な方向に拡張させる、という方法で回答しています。すなわち、人間の社会にはさまざまな種類の共同体が存在し、それぞれの仕方で「善」や「徳」を追求している。しかし、すべての人間にとって最も高度な目的と見なされるのは、「有徳な生活を通して神の享受へと到達する(48)」ことである。そうした点から考えると、教会こそが最も重要な共同体であり、その長である教皇こそが至高の地位を占めるべきである、とトマスは論じるのです。

このような統治〔人間を神の享受へと到達させる統治〕は単に人間であるだけでなく、神でもある王、すなわち人びとを神の子となさしめ、天上の栄光に誘った我らが主、イエス・キリストに属する。……

それゆえこの王国の職務は霊的なものを地上のものと区別するために、地上の王に委ねられるのではなく、聖職者に、とりわけ最高の司祭、ペトロの後継者、キリストの代理者、ローマ教皇に委ねられている。そしてかれに対して、キリスト教徒人民のすべての王はあたかも主イエス・キリストその人に対するように、服従しなければならない。というのは終局目的の管理に関わる人よりも、先行目的の管理に関わる者は下位に位置し、その人の命令に服さねばならないからである。

（トマス・アクィナス『君主の統治について』109－110）

ここでトマスは、「霊的なもの」と「地上のもの」、「終局目的」と「先行目的」を区別しています。「霊的なもの」や「終局目的」とは、人間の魂を神のもとに導くことを意味し、教会が担うべき役割である。これに対して「地上のもの」や「先行目的」とは、物理的な生活を安定させることを意味し、国家が担うべき役割となる。このようにトマスは、教会と国家の双方を、人間社会において共通善を実現するために必要な共同体と見なしながらも、人間にとっての究極的な目的に関与しているのは教会であるという理由から、教会の優位性を主張したのです。彼の理論は、アリストテレスの階層的な社会観に基づきながら、「教皇を中心とするキリスト教共同体」という中世カトリックの理念を整合的に説明しようとしたもの、と理解することができるでしょう(49)。

アウグスティヌスとトマスの対比

トマスの思想を概観するのに、やや時間を要してしまいました。先に述べたように、古代のキリスト教神学を集大成したのがアウグスティヌスであるのに対して、トマス・アクィナスは中世神学の大成者であり、両者は現在もなお、カトリシズムの二大巨頭としての存在感を保ち続けています。最後に、この二人の考え方を簡単に比較しておきましょう。

第5講で見たように、アウグスティヌスは、西ローマ帝国が滅亡に瀕した時代に生まれました。帝国衰退の原因をキリスト教の国教化に求めようとする風潮に対して、アウグスティヌスは「神の国」と「地の国」を峻別し、キリスト教の目的が地上の国家の繁栄にあるのではないことを強調した。そのため彼の思想においては、地の国は遠からず滅び去るという終末論的発想が濃厚です。そして、人間が知恵や理性を濫用《らんよう》することによって神から離反したこと、終末において救済に与るためには神の恩寵への信仰が必要であることを主張しました。アウグスティヌスの世界観は全体として二元論的であり、彼はしばしばプラトンの形而上学を援用しながら、キリスト教神学を理論化していったのです。

これに対してトマス・アクィナスは、カトリック教会が紆余曲折を辿《たど》りながら発展し、教皇の主権性が確立されようとしていた時代、また十二世紀ルネサンスを経て、本格的な学問文化が開花した時代に生まれました。彼が主に依拠する哲学者は、プラトンではなくアリストテレスであり、その世界観の基礎には、プラトン的な二元論ではなく、アリストテレス的な階層論が据えられています。トマスにとって国家は、教会に従属すべき存在ではありましたが、必ずしも否定的な意味しか持たないわけではなく、教会と共に「共通善」を実現する存在と解された。そして人間の理性についても、スコラ学を通して積極的

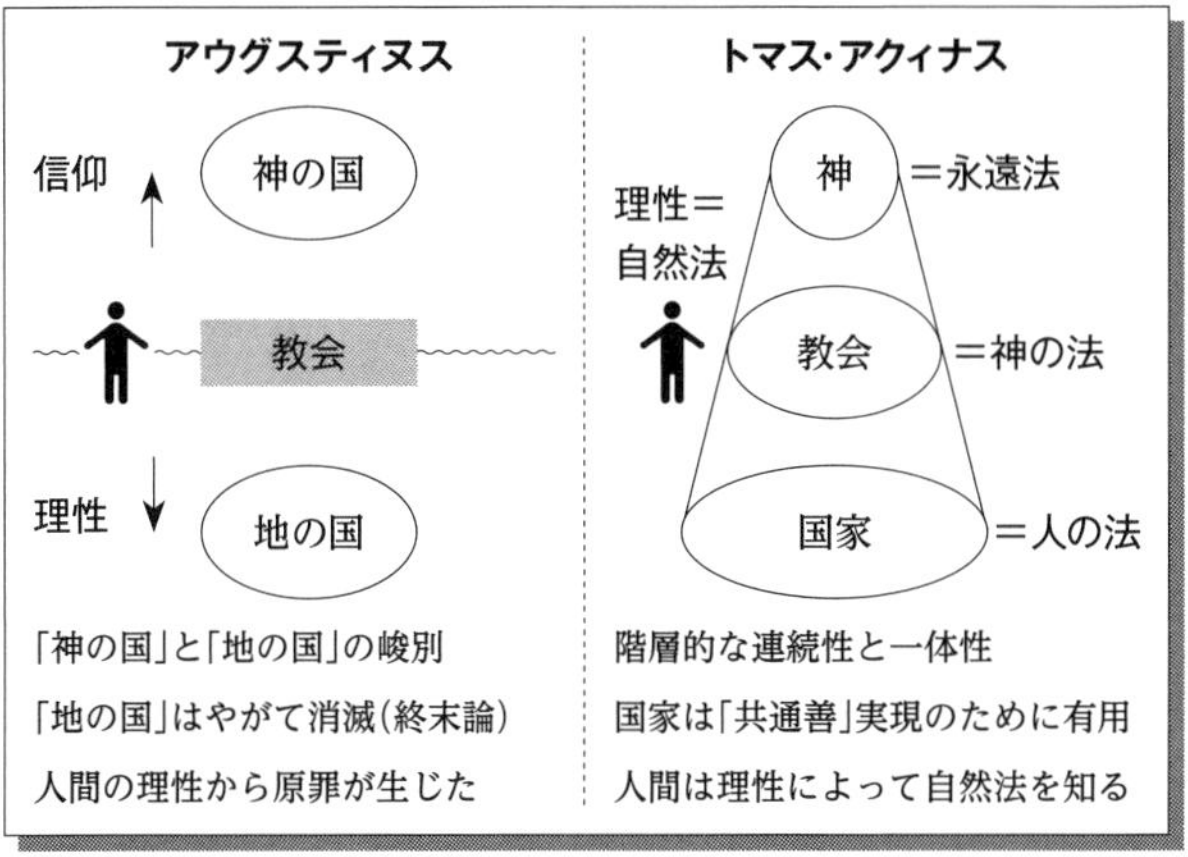

な価値が見直され、神が定めた法のあり方を知るためにそれを用いることができる、と捉えられたのです。

　アウグスティヌスとトマス・アクィナスの思想を簡略的に図式化すると、上のようになります。共にカトリック神学の大立者《おおだてもの》でありながら、かなり対極的な考え方をしていることがお分かりいただけるでしょうか。

　トマスの思想は言わば、「中世の神学を完成」させたものであり、結局のところは依然として、キリスト教中心主義を免れていないと評さざるを得ないのかもしれません。とはいえ、人間の理性の働きを肯定的に捉え、法体系の精緻な合理化を企図したこと、さらには、そうした法秩序に基づきながら、国家が共通善を実現するための条件を考察した点において、トマスの思想は、近代の幕開けを準備したとも言えるのです。

註

（1）第6講上215頁を参照。
（2）伊東俊太郎『十二世紀ルネサンス』48－50頁を参照。
（3）伊東俊太郎『十二世紀ルネサンス』128－133頁を参照。
（4）ネストリウスについては、森安達也『キリスト教史Ⅲ』16－29頁を参照。彼の思想は、「アレクサンドレイアのキュリロスへの第二の手紙」（『中世思想原典集成3』所収）という文書に簡潔に示されている。
（5）これに対してビザンツ帝国においては、ユスティニアヌス帝の手によって五二九年、プラトンの学園アカデメイアとアリストテレスの学園リュケイオンが閉鎖され、哲学の冬の時代が始まることになった。
（6）伊東俊太郎『十二世紀ルネサンス』140－164頁を参照。
（7）第8講上309頁を参照。
（8）伊東俊太郎『十二世紀ルネサンス』52－60頁を参照。

(9) 伊東俊太郎『十二世紀ルネサンス』21－22頁・200－203頁を参照。
(10) アリストテレス哲学が復興される経緯については、リチャード・E・ルーベンスタイン『中世の覚醒――アリストテレス再発見から知の革命へ』に詳しい。
(11) 出村彰『中世キリスト教の歴史』296－297頁を参照。
(12) C・H・ハスキンズ『十二世紀ルネサンス』305頁を参照。
(13) C・H・ハスキンズ『十二世紀ルネサンス』305頁。
(14) アリストテレス『形而上学』982b18。
(15) エロイーズとの往復書簡集『アベラールとエロイーズ』には、「第一書簡」として、アベラールが自らの半生を振り返った文書が収録されている。
(16) 『アベラールとエロイーズ』13頁。
(17) 『アベラールとエロイーズ』34頁。
(18) 「パリの教師と学生のウニウェルシタス」に対して、一二一五年、教皇特使によって規約が付与され、大学の自治権が保障された。また、一二三一年に発布された教皇大勅書「諸学の父」により、パリ大学の自由が承認された。クリストフ・シャルル＋ジャック・ヴェルジェ『大学の歴史』19頁を参照。
(19) 序文の邦訳が『中世思想原典集成7』に収録されている。
(20) リチャード・E・ルーベンスタイン『中世の覚醒』151頁を参照。
(21) 『マタイによる福音書』10：20。

(22)『中世思想原典集成7』504頁。

(23)第4講上146頁を参照。

(24)『中世思想原典集成7』513－515頁を参照。

(25)『中世思想原典集成7』519－520頁を参照。

(26)トリボニアヌスは、過去のローマ法を忠実に伝承したわけではなく、彼の時代にも通用するように、随所に修正・改竄《かいざん》を加えた。この行為は法学史において、「トリボニアヌスの修正」や「インテルポラーティオー（挿入・改竄）」と称されている。

(27)ピーター・スタイン『ローマ法とヨーロッパ』42－47頁を参照。

(28)勝田有恒他編著『概説　西洋法制史』129－132頁を参照。

(29)セビリャの大司教イシドルス（五六〇頃－六三六）が編纂したとされる教会法令集。しかし実際には、教皇権を擁護するため、9世紀に作られたと考えられる。このなかには、著名な偽書「コンスタンティヌスの寄進状」も収められている。勝田有恒他編著『概説　西洋法制史』142頁を参照。

(30)第9講上352頁を参照。

(31)勝田有恒他編著『概説　西洋法制史』143－144頁、半田元夫＋今野國雄『キリスト教史Ⅰ』452頁を参照して作成。

(32)半田元夫＋今野國雄『キリスト教史Ⅰ』452頁を参照。

(33)C・H・ハスキンズ『十二世紀ルネサンス』186－187頁。

(34) 第4講上149頁を参照。

(35) 以下の記述は主に、稲垣良典『トマス・アクィナス』66－209頁、柴田平三郎『トマス・アクィナスの政治思想』31－56頁を参照した。

(36) G・K・チェスタトンが著したトマスの評伝『久遠の聖者』214頁によれば、神聖ローマ皇帝フリードリヒ1世がトマスの大伯父に、フリードリヒ2世が又従兄弟に当たる。

(37) このとき家族は、トマスを一年以上もロッカ・セッカ城に監禁し、美女を雇って誘惑させることで翻意を迫ったが、彼は暖炉の燃えさしを振りかざしてそれを拒んだ、というエピソードが伝えられている。

(38) 当時の大学では、イスラム教徒のアリストテレス注釈者であるイブン・ルシュド（一一二六－一一九八）から影響を受け、世界の永遠性、人間知性の単一性、二重真理説（「信仰の真理」と「理性の真理」の分離）を説く「アヴェロエス派」という一派が現れていた。トマスは彼らを論駁し、キリスト教信仰と哲学的理性を調和させる道を提唱した。

(39) 『中世思想原典集成7』に所収。

(40) 『世界の名著20　トマス・アクィナス』104頁。引用の際、「恩恵」を「恩寵」に、「教」を「教え」に変更した。

(41) アリストテレスの共同体観と共通善思想については、『政治学』の冒頭（1252a）を参照。共通善思想は現代においても「共同体主義《コミュニタリアニズム》」という名称で受け継がれており、マイケル・サンデルのベストセラーになった著作『これからの「正義」の話をしよう』もまた、その思想に立脚している。
(42) アリストテレス『政治学』1253aを参照。
(43) トマス・アクィナス『君主の統治について』4－5。
(44) トマス・アクィナス『君主の統治について』7。
(45) 稲垣良典『トマス・アクィナス』376頁。
(46) 稲垣良典『トマス・アクィナス』377－380頁を参照。
(47) トマス・アクィナス『君主の統治について』8。
(48) トマス・アクィナス『君主の統治について』107。
(49) トマスの教会・国家観については、柴田平三郎『トマス・アクィナスの政治思想』第九章「〈神の統治〉と〈人間の統治〉――「教会」と「国家」の関係構造」に詳細な説明がある。

第11講　宗教改革の時代
――イタリア・ルネサンスの人文主義からドイツ三十年戦争まで

前講で見たように、ヨーロッパでは、アラビア世界からの知的刺激を受けることによって十二世紀ルネサンスが起こり、古典古代の諸学芸が再発見されました。その結果、人間の理性が肯定的に評価されるようになり、スコラ学という新たな学問の様式が打ち立てられた。そこに現出したのは、「神の啓示」と「人間の理性」を巧みに調和させようとする試みでした。

とはいえ、そうした幸福な調和の状態は、長くは続きませんでした。学問に特化した共同体である大学が成立し、批判精神が幅広く涵養《かんよう》されると、カトリック中心主義的・スコラ学的な体制は、内側から食い破られていったからです。学問が身に付けば身に付くほど、人は容易には権威や伝統に従わなくなるのです。

まず人文学においては、古代ギリシャ・ローマの文化が、より広範かつ精密に研究されるようになりました。プラトンやアリストテレスの哲学は、従来のようにキリスト教と融合した形態ではなく、そのありのままの姿が探求され始めた。また、ピタゴラスやエピクロスの哲学、キケロやセネカの文芸、ホラティウスやユウェナリスの風刺詩など、それまでは軽視・排斥されていた諸思潮も再評価された。14世紀から16世紀に興隆したイタリア・ルネサンスの人文主義においては、こうした動向を背景としつつ、中世キリスト教のそれとは異なる人間観が育まれてゆきました。

さらに、資料の精密な読解に基礎を置く人文主義の手法は、聖書を含むキリスト教の文献にも適用されるようになりました。その結果、カトリックの伝統において揺るぎない真理と見なされていた数々の事柄が、実は根拠がなく、多分に疑わしいということも明らかになった。こうした流れから、ルターやカルヴァンに代表される宗教改革の運動が開始され、やがては中世の社会秩序を根底から覆《くつがえ》してゆくことになります。

このように、ルネサンスの人文主義と宗教改革のプロテスタンティズムは、共通の流れに由来する運動なのですが、しかし同時に両者は、優れて対極的な存在でもあります。一方で人文主義では、人間の本性や可能性が改めて見直され、人間中心主義的な価値観が作り上げられた。これに対してプロテスタンティズムでは、キリスト教の原点について再考され、聖書中心主義、さらには、徹底した神中心主義の考え方が確立されていった。ゆえに人文主義とプロテスタンティズムのあいだには、しばしば深刻な論争や対立が生じました。本講では、そうした複雑な相克のなかから、中世の脱却に向けた社会変革が進行するプロセスを辿《たど》ることにしましょう。

1　宗教改革を進展させた諸要因

人文学的な聖書研究①――ロレンツォ・ヴァッラ

16世紀のヨーロッパで宗教改革が巻き起こった背景には、大別して次のような三つの要因が存在していたと考えられます。すなわち、①人文学に基づく聖書研究の発展、②活版印刷術と木版画の普及、③商工業を営む市民階級の台頭、です。まずは聖書研究の状況から見てみましょう。

スコラ学に始まる文献読解を重視する姿勢は、その後も強められてゆきました。取り分け、一次資料となる文献を丁寧に校訂し、原語で読まなければならないという意識が、広範囲に浸透していった。また一四五三年には、オスマン帝国によってビザンツ帝国が滅ぼされたため、同地の高名な学者たちが、イタリアのフィレンツェを始めとする西ヨーロッパ各地に移住しました。そういった要因も、ルネサンスの人文主義の発展を後押ししてゆきます。

聖書研究との関係で最初に注目すべき人文主義者は、ロレンツォ・ヴァッラです。彼は一四〇七年にローマに生まれ、若い頃から古典研究に勤《いそ》しみました。二九年から三三年までパヴィア大学で雄弁術を教え、三七年からアラゴン王の秘書になっています。晩年にはローマに帰り、教皇庁の書記官を務め、五七年に死去しました。

ヴァッラの初期の代表作は、一四三〇年頃に執筆された『快楽について』という論考です。同書は、快楽の是非を巡るストア派とエピクロス派の対立について論じ、最終的にはキリスト教的な救済の優位性を弁証するという構成が取られているのですが、その特色は、エピクロス的な快楽賛美が生き生きとした筆致で描かれている点にあります。エピクロス派はラディカルな唯物論を唱え、形而上的存在を全面的に否定したことから、キリスト教が支配的となった古代末期から中世に掛けては、危険思想の一つとして排斥されました。ところが、イタリア・ルネサンス期から少しずつその価値が見直され、近代の諸思想に大きな影響を及ぼすようになった[1]。ヴァッラによるエピクロス派の扱いには、すでにそうした流れの片鱗を窺うことができます。

続いてヴァッラは、一四四〇年、『「コンスタンティヌスの寄進状」を論ず』を発表しました。これまで述べてきたように「寄進状」とは、癩病に罹患《りかん》したローマ皇帝コンスタンティヌスが、教皇シルウェステルから洗礼を受けることによって健康を回復し、その見返りとして西ヨーロッパ世界を寄進したことを記した文書です(2)。同文書は、9世紀中葉に編纂された『偽イシドルス教令集』に収録され、教会法においても枢要な位置を占めました。これに対してヴァッラは、「寄進状」に対して歴史学的・文献学的な批判を加え、それが偽書であることを暴露したのです。

ヴァッラは、ローマの大切な領土を皇帝が個人的な動機から譲り渡すということは考え難いこと、もし本当にそれが行われたのであれば、帝国内に大きな反応を引き起こしたはずだが、そうした形跡が見当たらないこと、「寄進状」で使われている数々の用語がコンスタンティヌスの時代のものとは異なることなどを列挙し、辛辣な口調で同文書の真実性を否定しています。そして結論においては、教皇が詐欺的な手法によって自らの権限を拡大していることを次のように非難するのです。

教皇権の原則がかくも多くの犯罪とあらゆる種類の……災いを起こしたのを見るとき、それを正当化することは出来るだろうか。……教皇は神の家族に食事を与えなかったのみならず、反対に彼らを食事のように、一切れのパンのようにむさぼり喰ったのだ。教皇自身も平和裡に暮らしている諸国民に戦争をしかけ、国家と国民のあいだに不和の種を蒔いている。……コンスタンティヌスによって教会に授けられた資産すべてを、それを所持している者から、奪うことが許されていると主張し、あたかもそれを取り返したのちにはキリスト教が、増加する不名誉、豪奢、行きすぎで押しつぶされたりせず、それで富むかのようである。

(ロレンツォ・ヴァッラ『「コンスタンティヌスの寄進状」を論ず』145－146頁)

「寄進状」は、教皇がヨーロッパ世界の主権者であることを証し立てる際に、最大の論拠として用いられてきた文書でした。ところが、ヴァッラの批判を受けて後に議論が重ねられ、最終的には18世紀に偽書であることが断定されます。ヴァッラが行った大胆な告発は、中世の秩序を崩壊させる最初の起爆剤になったと言って良いでしょう。

さらにヴァッラは、一四四二年頃から、カトリックで用いられてきたラテン語訳の新約聖書に対する批判的検討を開始しました。彼は、新約聖書の七種のギリシャ語写本と、四種のウルガータ写本を校合し、従来の翻訳に含まれる数々の疑わしい点を洗い出していったのです。(3)

「ウルガータ」(4)とは、カトリック教会によって標準的に使用されてきたラテン語訳聖書のことです。元々、旧約聖書はヘブライ語、新約聖書はギリシャ語で書かれていたのですが、4世紀の教父ヒエロニムスが、それらをラテン語に訳しました。カトリックの伝承によれば、ヒエロニムスの翻訳には天使が助力したと言われ、誤りのない神聖なものと見なされてきたのです。

とはいえ、十二世紀ルネサンス以降に発達した精密な文献学から見ると、さすがに粗《あら》が目立ってくる。晩年のヴァッラは、ウルガータ訳に対しても躊躇なく批判の矛先を向け、そのためのノートを積み上げてゆきました。ヴァッラの聖書研究は、生前には公刊されなかったのですが、彼の逝去から数十年後、ある人物によって修道院の書庫から偶然発見されることになります。その人物とはすなわち、「人文主義の王者」として知られるエラスムスです。

人文学的な聖書研究②——デシデリウス・エラスムス

エラスムスは一四六六年頃、ネーデルラントのロッテルダムに生まれました。父親はカトリックの高名な司祭でしたが、聖職者は子供を公的に認知することができなかったため、彼は私生児として扱われました。

エラスムスはカトリックの寄宿学校で育てられ、青年になるとアウグスティノ修道院に入り、26歳で司祭の資格を得ました。彼はこうした生育環境から、聖書や西洋古典の知識を身に付けましたが、それと同時に、聖職者の役割が自分には窮屈であるという意識も芽生えていった。そのため29歳のときパリ大学に留学し、スコラ学の中心地であるモンテーギュ学寮に入ります。とはいえ、エラスムスにとってはそこも、古びた学問に固執した場所、衛生状態が悪く食事も不味《まず》い場所でしかなく、「学識で一杯というよりも虱《しらみ》で一杯であった」という皮肉を漏らしつつ、早々に退散していますⓒ。

一年足らずでパリ大学を去ったエラスムスは、ヨーロッパ各地を渡り歩き、多くの人文主義者たちと親交を結びました。特に、イギリスの人文主義者トマス・モア（一四七八－一五三五）とは意気投合し、極めて親密な間柄となっています。

エラスムスが一五一一年に刊行した著名な作品『痴愚神礼讃』は、モアに献じられています。モアは大変賢明であるにもかかわらず、なぜギリシャ語の「痴愚《モリア》」を思わせる名前が付けられているのか。モアへの友情の印として、「痴愚女神モリア」が自己を賛美する詩を詠《よ》んでみることにしよう。彼自身も、こうした戯れを好むだろうから――。同書は、このような諧謔《かいぎゃく》的な風刺詩として構成されているのです。

『痴愚神礼讃』は、大きく前半と後半に分かれます。まず前半部では、農民・商人・手工業者といった一般庶民が、痴愚ゆえに幸せを手にしているということが、ユーモラスな筆致で語られる。曰《いわ》く、もし人が常に思慮深ければ、他人の欠点ばかり目に付き、人間関係など取り結べるものではない。痘痕《あばた》が靨《えくぼ》に見えるからこそ、醜い妻でも娶《めと》ることができ、愚かさゆえに子供が可愛いと感じるからこそ、育児の煩《わずら》わしさに耐えられるのだ。痴愚こそが人間社会の潤滑油なのだ、といった具合です。

ところが後半部に入り、王侯・貴族・学者・聖職者といった上層階級について論じ始めると、女神モリアの舌鋒は一転して鋭くなり、その愚劣さや欺瞞を正面から論難するようになる。なかでも聖職者たちに対する批判は厳しく、彼らが空虚な制度や学識を利用して自らを権威づけ、地位や財産を不当に独占し、キリスト教本来の役割を見失っていることが攻撃されるのです。カトリック教会は『痴愚神礼讃』を危険視し、発禁処分にしましたが、その人気を抑えることはできず、同書は長期にわたるベストセラーとなりました。

エラスムスのみならず、ルネサンス期の人文主義には全般的に、風刺精神の鮮烈な発露が見られます。代表的な作品としては、ダンテの『神曲』、ボッカチオの『デカメロン』、トマス・モアの『ユートピア』、フランソワ・ラブレーの『ガルガンチュア』『パンタグリュエル』などが挙げられるでしょう。

前項で見たロレンツォ・ヴァッラも、その文体の端々《はしばし》に風刺の精神が漲《みなぎ》っています。学問が発達し、多くの人々が豊富な知識を蓄えると、旧来の権威者たちが実は「張り子の虎」に過ぎないことが見抜かれるようになる。取り分け人文主義者たちは、聖職者の空虚さをあげつらい、ことある毎《ごと》に笑いものにしてゆきました。エラスムスの『痴愚神礼讃』は、そうした流れの精髄の一つと見ることができるでしょう。

さらにエラスムスは、ヨーロッパを転々とするなかで、一五〇四年、決定的な出来事を経験します。それは先述したように、ロレンツォ・ヴァッラが執筆した聖書研究のノートを修道院で発見したことです。ウルガータ訳を大胆に批判するヴァッラの姿勢に感銘を受けたエラスムスは、翌年そのノートを『新約聖書注解』というタイトルで出版しました。ヴァッラの研究は、ウルガータ訳を神聖視する聖職者たちから激しい反発を受けましたが、他方、旧来のラテン語訳がもはやそのままでは通用しないということを認識させるようにもなっていった。こうした流れを受けてエラスムス自身も、聖書の本文批判という仕事に取り組んでゆきます。[6]

その成果は一五一六年、『校訂版新約聖書』という形で公にされました。エラスムスは、新約聖書のさまざまな写本のほか、教父や神学者の釈義書をも幅広く参照しながら、新約聖書に詳細な注解を施し、その原文を考究していったのです。[7] こうして彼は、キリストの使信を正確に理解するためには、単に伝統を墨守し続けるのではなく、開かれた探求が必要であることを痛感するようになりました。同書の序文でエラスムスは、キリストの教えはすべての人々に共有されるべきであり、少数の神学者がそれを独占している状態は誤っていることを指摘した上で、次のように述べています。

私にとって、本当の神学者というのは、……ねじまげられたような三段論法ではなく、愛情と、顔と、目と、自分の生き方で富を拒む事を教え、……悪をなす者に善をもって尽すべきだと教える者の事ですし、又すべての善なる者は、同じ身体の肢体として平等に愛され、護られるべきであり、悪い者がもし正されないとしても、寛容に扱われるべきであると教える人の事なのです。……このような事を、キリストの霊によって公けに示し、勧め、励まし、要請し、鼓舞するならば、たとえ彼が農夫であれ、あるいは機織りであれ、その人こそ本当に神学者なのです。

（デシデリウス・エラスムス「新約聖書序文[8]」）

エラスムスの思想は一般に、「キリスト教的人文主義《ヒューマニズム》」と称されます。人々が身分に囚われず、自らの知性を磨きながら聖書について学び、互いに奉仕し合うというのが、その主張の根幹です。

こうした考え方はプロテスタンティズムにも継承され、「聖書主義」や「万人祭司」として結実してゆきます。そしてそのことは、「エラスムスが産んだ卵をルターが孵《かえ》した」とも表現される。とはいえその際には、人文主義的な人間中心主義が徹底して廃され、神中心主義へと大きく軸足が移されることになるのですが……。それについては、また後に見ましょう。

活版印刷術と木版画の普及

宗教改革が進展した背景に、活版印刷術の確立があったことは、比較的良く知られています。ドイツの金属加工職人ヨハネス・グーテンベルク（一三九八頃－一四六八）は、複数の金属を溶かした合金で精密な活字を作り、良質のインキや安価な紙と組み合わせ、書物を大量に印刷する方法を考案したのです。

活版印刷術の普及によって、15世紀後半から出版物の種類や量が増加し始め、16世紀初頭に宗教改革が起こると、その勢いは急激に高まりました。こうした環境のなかで、エラスムスやルターは精力的な執筆活動を展開し、多くの読者を獲得してゆきます。エラスムスは、『痴愚神礼讃』『対話集』『格言集』といったベストセラーを生み出したほか、四千通に及ぶ書簡を執筆し、その多くを一般公開しました(9)。そしてルターは、三千点を超える文書を著し、実にその分量は、宗教改革期の出版総数の半分以上を占めたと言われています(10)。エラスムスやルターは、極めて先鋭的なカトリック批判を繰り広げましたが、にもかかわらず、命を奪われずに生き長らえることができた。それは、彼らの背後に新興の出版産業と膨大な読者層が控えていることを、権力側も無視し得なかったからではないか、と思われるのです。

とはいえ当時の社会環境は、書物が流通すれば自動的に読まれるという状態ではありませんでした。識字率が未だに低く、都市部においてもせいぜい5%程度に過ぎなかったからです。

こうした状況に関して、近年の宗教改革研究では、木版画が民衆に与えた影響が注目されています。先述したようにイタリア・ルネサンス期においては、さまざまな権威を風刺する傾向が見られましたが、それは宗教改革期に一層エスカレートし、画家たちはカトリックを批判する木版画を盛んに制作した。また、カトリックの側でも宗教改革者を嘲笑する木版画を作り、それに対抗した。そして民衆は、そこに描かれた風変わりな絵や露骨な罵《のの》り合いに惹きつけられ、少しずつ文字文化に親しんでいったのです(11)。現代の私たちが幼い頃、漫画を読んで文字を覚えたのと似たような環境です。

当代の著名な画家の一人であるルーカス・クラナッハ（一四七二－一五五三）もまた、多

教皇ロバと仔牛修道士

くの木版画を制作しました。彼はルターの友人であり、宗教改革の支持者であったからです。例えば、一五二三年にルターは、『教皇ロバと仔牛修道士』というカトリック批判のパンフレットを公刊したのですが、クラナッハはそこに挿絵を寄せています。上に掲載した画像がそれで、こうしたモンスターを描くことにより、聖職者の貪欲さや淫乱さ、理不尽な権威を行使する様を風刺したのです[12]。

クラナッハの有名な風刺作品の一つに、真のキリスト教の姿とカトリックの堕落した姿を対比させた、「キリストの受難と反キリストの受難」というものがあります。まず左側には、『ヨハネによる福音書』2章に記された「宮清め」のエピソード、すなわち、イエス・キリストが神殿から両替人や商人を追い出す姿が描かれている。翻って右側には、三重冠を被った教皇が豪華な椅子に座り、周囲に銀行家たちを侍《はべ》らせながら、贖宥状の販売に勤《いそ》しむ姿が描かれる。そこには、教皇が聖書を無視し、『グラティアヌス教令集』といった教会法に依拠しながら、自らの命令を「神の声」のように響かせている、という解説が加えられています[13]。このような分かりやすい絵画と文章によって、民衆もまた、宗教改革のエッセンスを理解するようになっていったのです。

商工業を営む市民階級の台頭

三番目として、宗教改革を進展させた最も大きな要因について、簡潔に指摘しておきましょう。

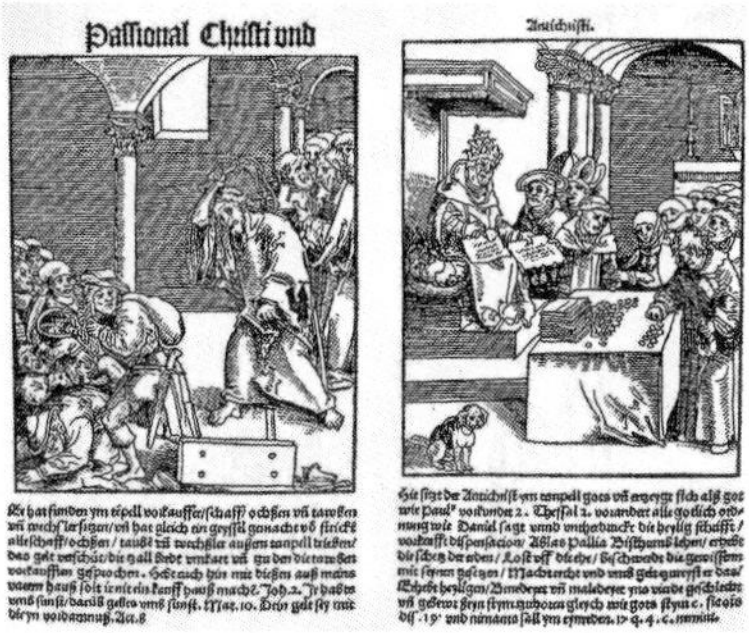

「キリストの受難と反キリストの受難」

中世末期のヨーロッパでは、農業や交易の発展を背景として、大規模な都市が成立しました。そこには、多くの商人や手工業者が集まるほか、大学が作られて学問が発達し、出版文化に携わる人々も現れた。その結果、都市を中心として、近代を切り開く主体となる「市民階級《ブルジョワジー》」が形成されたのです。

新たに台頭した市民階級にとって、カトリックの支配には、さまざまな難点が存在しました。身分が固定化され、商業が蔑視されていたこと、公定価格が存在し、需給に応じた柔軟な価格決定が阻害されていたこと、利子を取るのが禁止されていたこと、などです。[14] 16世紀にはすでに、後の資本主義に繋がる流動的な経済活動が始まっていましたので、それを担っていた市民階級にとって、中世のカトリシズムはもはや時代遅れになりつつあった。こうした新興の市民階級や、彼らと協力関係にあった領主階級は、宗教改革の支持に回るようになります。

2 ルターの宗教改革

出生から回心まで

それでは次に、宗教改革の第一の立役者である、マルティン・ルターの生涯を見てゆきましょう。彼は、カトリックが主張する教皇権に根拠がないことを徹底して暴き出し、中世の体制に終焉をもたらした人物でした。

ルターは一四八三年、ドイツ中部のアイスレーベンで生まれました。その家系は元々農業を営んでいましたが、父のハンスはザクセン地方に移住して銅の生産を手掛け、成功を収めます。言わばルターの父は、新興のブルジョワ階級の一人だったわけです。彼は教育にも熱心でしたので、ルターは教会付属学校を経てエルフルト大学に入り、哲学や法学を学びました。

実務家になるためのキャリアを積みつつあったルターでしたが、あるとき道を歩いていると、突然の落雷に見舞われます。驚いたルターは思わず、「聖アンナ様[15]、お助け下さい。私は修道士になります！」と叫んでしまう。反射的に口走っただけのことですので、気にしなければそれで済む話のようにも感じますが、ルターは、聖人との約束を破ることはできないと思い詰め、それまでの経歴を放棄して、アウグスティノ修道院に入ったのです。ルターの人柄には、知性的で冷静な側面と、激情的で頑固な側面が同居しており、落雷のエピソードには、後者の面が良く表れているように思います。

ルターは一五〇五年に修道士になり、二年間の研鑽を積んだ後に司祭となります。また、29歳になった一五一二年には、神学博士としてヴィッテンベルク大学教授に就任し、聖書の読解に没頭しました。

その過程でルターは、さらなる回心を遂げました。それまでの彼は「神の義」を、人間が神の「怒り」によって断罪されることと捉え、恐怖と反発を感じていたのですが、それはむしろ、神が「恵み」によって人間を受容することを意味する、と思い至るのです。ルターはパウロ書簡を熱心に読み解くことによって、キリスト教の基盤が「信仰義認」にあることを再確認しました。一五一三年頃、修道院内の塔の小部屋で起こったと言われるこうした回心は、「塔の体験」と称されています。

九五箇条の提題――贖宥状批判

ルターが聖書を熟読し、救済は神の恩寵のみによって生じることを確信しつつあったとき、カトリック教会は、それに反するような事業を推進していました。すなわち、贖宥状の販売です。

当時のローマ教皇レオ10世（在位：一五一三－一五二一）は、フィレンツェの銀行家メディチ家の出身であり、派手好きの浪費家でした。そして彼は、ミケランジェロやラファエロなど、ルネサンスの芸術家を多数起用して聖ペトロ大聖堂を建て替えることを決定し、その資金を集めるために、贖宥状の販売を開始したのです。ルターの住むドイツでも、マインツ大司教と豪商フッガー家が、贖宥状の販売・送金を請け負っていました。

「贖宥」とは、日本語では聞き慣れない用語ですが、そもそも何を意味するのでしょうか。カトリックの教義においてそれは、以下のように位置づけられています。

例えば一人のキリスト教徒が、嘘をつく、物を盗む、暴力を振るう、姦淫するなど、何らかの罪を犯したとする。その場合、信徒はまず、自分が罪を犯したことを認め、心から

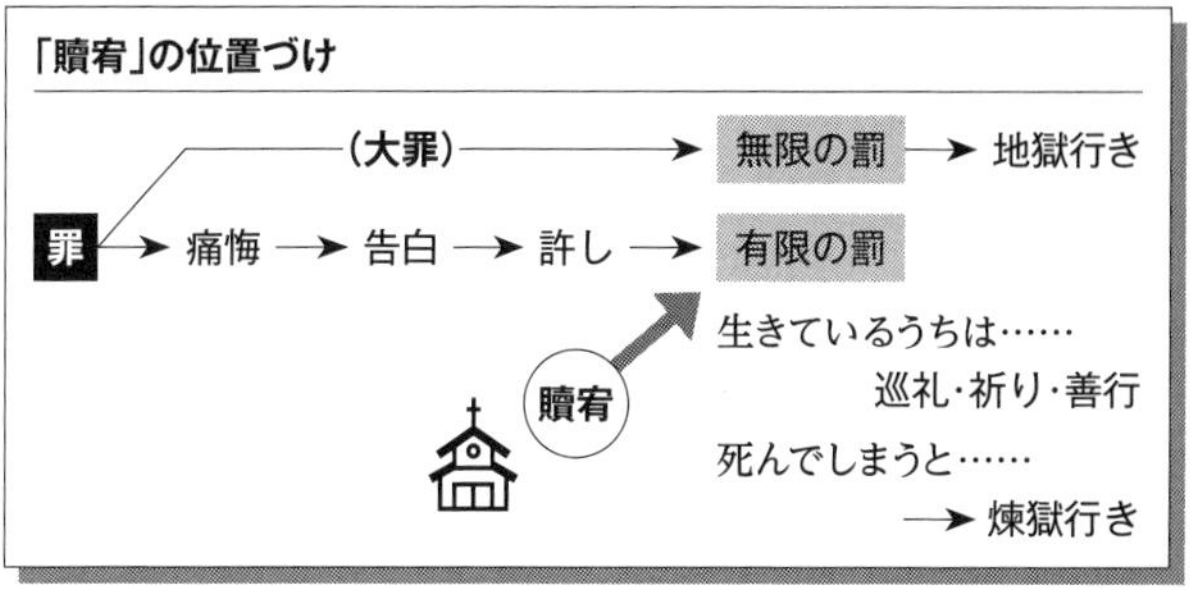

悔い改めなければならない（痛悔）。次に、教会に行って罪を告白し、神に許しを請わなければならない。こうした行為はカトリックにおいて、「告解の秘跡」や「赦《ゆる》しの秘跡」と呼ばれています。

正直に罪を告白することで許しが与えられますが、それですべてが一件落着というわけではありません。罪の償いとして「有限の罰」が科され、巡礼・祈り・善行などに従事することを求められる。また、生きているうちに十分な償いが行われず、罰を抱えたまま死去すると、その者の魂は「煉獄《れんごく》」に行くことになる。煉獄はラテン語でPurgatoriumと言い、「清めの炎」が燃えさかる場所とされます。そこで罪を浄化されなければ、神の国に入ることができません。ちなみに、「大罪《だいざい》」に当たる深刻な罪を犯し、それにもかかわらず痛悔・告白・償いをまったく行わずに死去すると、「無限の罰」として神との交わりが断たれ、地獄行きが決定することになります。

このように、罪を犯した人間は、何らかの仕方でそれを償わなければならず、教会もそれをサポートします。教会には、これまでの歴史において多くの善行が積み上げられているため、その力を用いて、個人が背負う罪の償いを軽減することができると考えられている。こうした権能が、「贖宥」と呼ばれるものです。

特にルターの時代には、贖宥によって親族の魂を煉獄から救い出すことができる、と喧《けん》伝《でん》されました。ドミニコ会士のヨハン・テッツェルは、贖宥状を売り歩く際、次のような口上を述べたと伝えられています。「お前たちの死んだ両親は、生きている間に償いを果たし終えないで死んだから、今は煉獄というところで劫火《ごうか》の苦しみに遭っているぞ。……お前たちは煉獄で苦しむ親たちのために、何もしてやらないのか。びた一文すら出さないのか。金貨がたった一枚、この箱の中でチャリンと音を立てるだけで、煉獄の苦しみはたちまち消え、親たちは天国に召し上げられるというのに[16]」。これが文字通りの事実であったとすれば、一種の「霊感商法」と言えなくもありません。

カトリック教会のこうした行為にルターは疑問を抱き、一五一七年、「九五箇条の提題[17]」を発表しました。そのなかで彼は、教会法が現世を超えた領域にまで適用され、金銭によって人間の魂を煉獄から救い出すことができると言われていること、さらには、そうして集めた金銭が大聖堂の建設に使われていることを、直截《ちょくさい》に批判したのです。

当時のルターは、自分自身がカトリックの聖職者の一人であり、また、「熱烈な教皇主義者」を自認さえしていましたから、「九五箇条の提題」は、カトリックに敵対しようというのではなく、その活動方針の見直しを求めて書かれました。とはいえ、ルターが投じた一石は、予想を超えて大きな波紋を広げてゆくことになる。ラテン語で書かれたその文書は、直ちにドイツ語に訳されて一般社会にも流通し、各地で読み聞かせが行われ、農民や商工業者の支持を集めたからです。カトリック教会もこうした動向を無視することができず、両者の関係は急速に悪化しました。

ルターの破門決定

このときカトリック側は、問題について真摯に話し合おうとするのではなく、ルターを異端者として告発するという姿勢を示しました。そして一五一八年、アウグスブルクで審問を行い、ルターに持説の撤回を求めましたが、彼はそれを拒絶します。翌年にはライプツィヒで、怜悧《れいり》な神学者ヨハン・エックとの論争が行われました。その際には、チェコの宗教改革者ヤン・フスを火刑に処したことの是非が議論され、ルターは思わず、「フスの教えのなかにも福音的なものが含まれる」「教会の歴史のなかで、教皇も公会議も誤りを犯すことがあった」と返答してしまうのです。

カトリックはこの発言を、ルターが異端であることの明確な証拠と見なし、一五二〇年に「破門脅迫の大教勅《きょうちょく》」、すなわち、持説を撤回しなければ「大破門」[18]に処すという通告を突きつけました。ルターは教会の対応に憤激し、教皇レオ10世が発した回勅を、破門の根拠となった教会法と共に焼き捨てています[19]。そこで教皇は二一年、ついに「破門の大教勅」を発しました。その後ルターは、ヴォルムスの帝国議会に召喚され、ハプスブルク家出身の神聖ローマ皇帝カール5世（在位：一五一九－一五五六）により、帝国からの追放、一切の法的保護の剝奪を宣告されたのです。

「キリスト教界の改善について」

カトリック側の反応を具《つぶさ》に見届けたルターは、もはや教会に自浄能力が無く、教皇が「反キリスト」に成り下がっていることを確信するようになりました。一五二〇年には、後に「宗教改革三大文書」と称される重要な論文を立て続けに発表しています[20]。ここではそのなかで、教皇権を鋭利に批判した「キリスト教界の改善について」の概要を見ておくことにしましょう。

同文書の冒頭でルターは、教皇主義者が「三つの防壁」を不当に作り上げ、教会改革を妨げてきたことを指摘します。三つの防壁とは、①教会権力が世俗権力に優越する、②教皇以外は誰も聖書を解釈する資格を持たない、③教皇以外は誰も公会議を招集できない、といった事柄です。

まず①に関して、これまでカトリック教会は「霊的身分」（教皇・司教・司祭・修道士）と「世俗的身分」（王・諸侯・手工業者・農民）を区別してきましたが、実はそれには根拠がなく、むしろ聖書には、洗礼を受けた者すべてに祭司の資格があると規定されていることを論じています。ルターの思想の核心である「聖書主義」と「万人祭司」の考え方が明示された部分ですので、彼の言葉を引用しておきましょう。

> 最も重要なことは、私たちは一つの洗礼、一つの福音、一つの信仰をもっており、皆同じキリスト者だということです。……教皇や司教が油注がれた者とされ、剃髪《ていはつ》式に与《あずか》り、叙階され、品級《ひんきゅう》のサクラメントを与えられ、一般信徒とは異なる聖服を着用することで、……キリスト者を生み出し、霊的な人間を生み出すことはありません。『ペトロの手紙一』第二章で「あなたがたは王なる祭司であり、また祭司である王」と言われ、また『ヨハネの黙示録』で「あなたは私たちをその血によって祭司、王とされました」と言われているとおり、私たちは誰でもまさに文字通り洗礼によって祭司として聖別されているのです。（マルティン・ルター「キリスト教界の改善について[21]」）

次に②に関してルターは、聖書について学び、その内容を解釈することは、すべてのキリスト者に開かれていることを強調しています。しかしカトリックの聖職者たちは、それを不当に独占したばかりか、聖書とは別に教会法を作り上げ、自らの権力を揺るぎないものにしようとした。『グラティアヌス教令集』に、「教皇が無数の魂をサタンに引き渡すほど悪い者だったとしても、人は彼を罷免《ひめん》することはできない」という条文さえ存在することに、ルターは激しく憤っています。[22]

最後に③に関しては、次の通りです。教皇が聖書に背いて行動している場合、公会議を開き、これを正さなければならない。ところが現在、公会議を招集する権利は教皇が独占しているため、彼を批判する目的でそれが開かれることはない。そもそも、教皇のこうした権力自体が、聖書に根拠を持たない。教会の権力は本来、キリスト教界を改善するためにこそ行使されなければならないはずだが、それが機能していない、とルターは主張するのです。

彼は教皇権を批判した後、教会改善のための施策を二八項目にわたって列挙しています。ここでそれらを詳論することはできませんが、全般的に言えば、教会が不当に占有しているさまざまな権力を剝奪し、その多くを世俗の手に返還すべきことが提言されている。

特に目を引くのは、末尾に近い第二五項において、大学の改革について論じられていることです。この部分でルターは、アリストテレス哲学と教会法の研究を基礎とするスコラ学の体制から脱却すべきことを提唱しています。彼によれば、アリストテレスの世界観には多くの誤りが含まれており、その哲学がキリスト教と適合するというのは、完全な思い違いである。そして教会法は、欺瞞と驕《おご》りに満ちており、結局はすべてが教皇の意のままになるように組み立てられている。両者を研究することは無益であるばかりか、悪魔的なまでに有害でさえある。それらに代えてルターは、語学・数学・歴史の科目を増やすべきこと、そして法に関しては、聖書の精神に立脚しつつ、世俗の諸法、特に地域の事情に即した各領邦の法を発展させるべきことを提言したのです㉓。このように、ルターの改革運動のなかには、大学の近代化という課題も含まれていました。

聖書のドイツ語訳

帝国議会の決定によって一切の法的保護を失ったルターは、すぐさま命を奪われても不思議ではない状態に陥りました。しかし彼の命運は、そこでは尽きなかった。ヴォルムスからヴィッテンベルクに帰る途中、一群の騎士が彼を連れ去り、ヴァルトブルク城の一室に匿《かくま》ったからです。ルターの支持者であったザクセン選帝侯が、内密に彼の身柄を保護したのでした。

こうしてルターは、約一年のあいだ世間から姿を隠しましたが、その期間に、かねてからの宿願であった新約聖書のドイツ語訳を手掛けました。彼はエラスムスの『校訂版新約聖書』に依拠しながら、聖書を平明なドイツ語に翻訳したのです。ルター訳の新約聖書は一五二二年に公刊され、以降は旧約聖書の翻訳も追加し、彼が世を去る直前まで何度も改訂が加えられました。その仕事は多くの人々に好意的に受け止められ、宗教改革の運動を支える堅固な屋台骨になると同時に、近代ドイツ語の模範としての役割をも果たしたのです。

エラスムスとの論争

民衆の一人一人が聖書を読み、その精神を学ぶということは、エラスムスも目標として提言していた事柄であり、ルターの宗教改革は、まさにその実現を目指していました。とはいえ、徹底した平和主義者であったエラスムスは、宗教改革が中世の体制をラディカルに転覆しようとするのを目にし、本当にこれが正しいやり方なのかと、次第に懸念を示すようになります。

ルターに関してエラスムスは、可能な限り中立的なスタンスを保っていましたが、旗幟《きし》を鮮明にしなければルター支持者と見なすというカトリックからの圧力が強まり、やむなく重い腰を上げます。こうして一五二四年に書かれたのが、『評論　自由意志』です。

エラスムスは同書において、「永遠の救済に関する限り、人間に自由な意志は存在しない」というルターの見解を、極論として批判しています。そしてエラスムスは、聖書の記述のなかには自由意志に対する肯定と否定の双方が存在していることを指摘し、「自由意志は原罪によって傷つけられ、神の恩寵を受けるまでは悪に傾きがちだが、まったく働かなくなったわけではない」と主張したのです㉔。

これに対してルターは、信仰に関する事柄に「評論」といった態度で臨むことが元より受け入れがたいと憤慨し、翌年公刊した『奴隷的意志』という文書のなかで、エラスムスの批判を詳細に反駁しました㉕。そしてエラスムスも二六年、再度の反論を公刊しましたが、ルターがそれに応じることはありませんでした。

エラスムスとルターの論争は、ことある毎に擦《す》れ違いを見せ、あたかも互いに「自分の影」と戦っているかのような様相を呈しました。そもそも、カトリックの過ちを正し、聖書本来の精神に帰ることを目指す点では、両者の見解は一致しているわけです。そしてエラスムスにすれば、自ら聖書を真摯に読み、生き方の改善を図る限りにおいて、人間に自由意志があることはすでに明白である。ところがルターの側では、同じく聖書を真剣に読んだ結果、救済に関する事柄において、人間の自由意志が介在する余地は存在せず、すべてが神の手に委ねられているということを、信仰の原理として再発見するに至る。最終的に両者の論争は、リベラルで客観的な態度を基調とする人文主義《ヒューマニズム》と、厳格で主体的なコミットメントを要請するプロテスタンティズムの違いを際立たせるものとなりました。

ドイツ農民戦争と再洗礼派

ルターがエラスムスと論争していた頃、彼はもう一つの難しい問題と直面していました。ドイツにおいて農民一揆が激化し、それが宗教改革の運動と合流していたことです。

先に述べたように、中世末期には農業が大きく発展し、その基本的な様式は、荘園経営から市場経済をベースとしたものに推移しました。それとともに農民の地位と財力も大きく向上したのですが、当時の封建領主層は、カトリック教会と結託して反動政策を強化し、こうした動きを押さえ込もうとした。そのためドイツでは、15世紀後半から、農民一揆が頻発するようになっていたのです。

16世紀に宗教改革が始まると、両者の動きは合流し、過激な反体制運動が展開されました。農民一揆と深く共鳴したのは、プロテスタントのなかでも「再洗礼派」と呼ばれた人々です。彼らは、カトリックにおいて慣例化していた幼児洗礼を否定し、成人が自覚的な信仰に基づいて洗礼を受け直すべきであると主張しましたが、実際には多様な集団がそこに含まれます㉖。全般的な特徴としては、外面的な儀礼を否定し、神（聖霊）との直接的な交わりを重視すること、回心に基づく主体的実践を通して「神の国」を地上に実現しようとすること、などが挙げられるでしょう。

一五二四年からドイツ中南部で発生した激しい農民反乱は、「農民戦争」と称されています。シュワーベン地方で決起した農民団は、「神の正義」を求め、上のような十二ヵ条の要求を領主層に突きつけました。また、かつてルターの盟友であった再洗礼派の神学者、トマス・ミュンツァー（一四八九頃―一五二五）の指導のもと、テューリンゲン地方の農民が蜂起し、諸侯の館や城砦のみならず、教会や修道院をも次々に襲撃したのです。

こうした動きに対してルターは、

農民の十二ヵ条

①村の牧師を選任する権限を自ら持つ。
②十分の一税は教会財産管理人が集め、貧しい人々のために役立てる。
③農奴を解放する。
④狩猟や漁労の権限を村に返還する。
⑤伐採の権限を村に返還する。
⑥賦役を軽減する。
⑦土地の管理は、領主と農民の申し合わせに基づいて行う。
⑧貢租を適正化する。
⑨法を恣意的に新設・運用しない。
⑩牧草地や耕地を村に返還する。
⑪死亡税を廃止する。
⑫以上の要求が聖書に適うかどうか、審理してほしい。

『シュワーベン農民の十二ヵ条に対して平和を勧告する』という文書を著し、領主と農民の双方に向けて、和解案を提示しました。まず領主に対しては、農民の反抗が暴政に起因することを指摘し、その是正を求める。次に農民に対しては、彼らの要求が自然法から見て公正なものであるとしても、暴力的反乱によって身分を廃することを聖書は許していない、と諭《さと》す。そして結論として、領主と農民がそれぞれの職分を適切に果たせるよう、冷静に話し合うべきことを提言したのです。

とはいえ、農民戦争の炎は、ルターの予想を超えて急速に燃え広がりました。ミュンツァーによって扇動された農民たちは、神の名のもとにあらゆる種類の支配を撤廃しようと、アナーキズム的な暴動を繰り返したのです。これを見たルターも激情に火が付いたのか、続いて著した『盗み殺す農民暴徒に対して』という文書では、ミュンツァーを「悪魔の頭目」と呼んで罵倒し、同勢力の武力的な鎮圧を提言しています。ルター派の諸侯はこれに応え、軍隊を総動員して農民団を打倒し、ミュンツァーを斬首に処しました。

最終的にルターは、『農民に対する過酷な小著についての手紙』という文書を著し、農民戦争を総括しています。そこで彼は、「神の国」と「地の国」の区別がキリスト教の基本であること、すなわち、やがて到来するであろう「神の国」においては、すべてが愛と赦しによって満ち溢れるが、現在の「地の国」においては、剣の力による秩序の維持がなおも必要であることを強調したのです(27)。

ルターの死とアウクスブルクの宗教和議

ドイツ農民戦争が終結した後、ルターの求心力は急速に低下し、以降の改革の主導権は、同派の諸侯が握るようになりました。一五三〇年には、ルターの協力者メランヒトン（一四九七－一五六〇）がカトリックとの融和を求めて「アウクスブルク信仰告白」を提示しますが、カトリック側はこれを拒絶します。またプロテスタント諸侯は、「シュマルカルデン同盟」を結成し、一時的に勢力を強めましたが、一五四七年に神聖ローマ皇帝カール5世との戦争に敗れています。ルターはその前年、故郷のアイスレーベンで静かにその生涯を閉じました。

新旧の両勢力は、帝国内の混乱に歯止めを掛けるために、一五五五年、「アウクスブルクの宗教和議」を結びます。これにより、プロテスタントにカトリックと同等の権利を与えること、地域住民は領主が奉じる宗旨に従うことが決定され、「領邦教会制」と呼ばれる体制が作り上げられたのです。とはいえ、これは明らかに一時的な妥協策に過ぎず、個々人の信教の自由を認めるものではなかったため、カトリックとプロテスタントの対立は、なおも燻《くすぶ》り続けることになります。

3　カルヴァンの宗教改革

パリ大学で学ぶ

続いて、宗教改革の第二の立役者である、ジャン・カルヴァンに話を移しましょう。カルヴァンもルターと同様、情熱的で激しやすい性格であったことが知られています。とはいえ、内面の問題はさておき、書かれたものに限って言えば、カルヴァンの記述はルターのそれよりも遥かに冷静であり、綿密に組み上げられている。またカルヴァンの生涯には、ルターに見られるような劇的な出来事はそれほど多くありません。しかし彼は、改革の継承者としてプロテスタンティズムの体系化に努め、その思想はルターに劣らず、後世に大きな影響を及ぼしました。

カルヴァンは一五〇九年、フランス東北部の町ノワイヨンに生まれました。幼少期から学業に秀で、教会から奨学金を受けています。カトリックの将来の強力なライバルは、カトリック自身の手によって育てられたのです。

14歳になったカルヴァンは、パリ大学に入学し、最初はラ＝マルシュ学寮で、次にモンテーギュ学寮で学問を修めました。モンテーギュ学寮と言えば、厳格かつ保守的な教育の場として有名であり、先に見たようにエラスムスは、「学識よりも虱《しらみ》で一杯であった」と言い残して早々に退散しているほどです。これに対し、真面目な性格であったカルヴァンは約五年間を同所で過ごし、カトリック神学のほか、哲学やラテン語などを熱心に習得しました。皮肉にもこうした基礎教養は、カルヴァンが後にカトリック批判を行う際の重要な立脚点として用いられることになります。

同時に、パリ修業時代のカルヴァンは、多くの人々と交流しました。なかでも運命的であったのは、ニコラ・コップ（一五〇一頃－一五四〇）と友人になったことです。ニコラの父のギヨーム・コップは、国王フランソワ1世の侍医を務め、エラスムスとも親交を有する人物でした。カルヴァンはこうした人脈から、最新の人文主義の動向を教えられ、徐々にカトリックに対して批判的な視点を身に付けるようになります。

パリ大学で教養学士号を取得した後、カルヴァンは父親の要望に応じ、一五三〇年にブールジュ大学で法学士号を取得しました。とはいえ、翌年には父が死去したため、カルヴァンは再びパリに戻り、彼自身が求めていた人文主義の研究に専念します。その成果として一五三二年に公刊されたのが、『セネカ「寛容論」注解』でした。古代ローマのストア派の哲学者であるセネカについて、人文主義的な立場から研究したものであり、若きカルヴァンが精力を傾けた作品でしたが、残念ながら目立った評価は得られず、自費出版した書物の売れ行きも芳《かんば》しくなかった。カルヴァンと人文主義の関係は悲しい擦《す》れ違いに終わり、以降の彼は、よりラディカルで実践的な宗教改革の運動に引き寄せられてゆきます。

回心の体験と、パリ大学からの退去

カルヴァンは一五三三年の初頭、大きな回心を体験しました。彼の述懐によれば、あるとき神は、「教皇の迷信」の呪縛によって硬直化していた彼の心を征服し、教化可能なものへと変容させてしまった(28)。こうした経緯の詳細は不明ですが、これまでに学んできたカトリックの教義に対する不信や、人文主義への飽き足りなさが一線を越え、プロテスタンティズムを希求する心情がはっきりと意識化されたものと思われます。

こうした内面的変化は、早くもその年の一一月、大きな外面的変化に結びつきました。友人のニコラ・コップがパリ大学の学長に選ばれ、就任演説を行ったのですが、その内容がカトリックに対して批判的であり、宗教改革に好意的であったため、周囲からの弾劾に晒《さら》されたのです。コップは異端の嫌疑を掛けられ、スイスへの亡命を余儀なくされました。そして友人であるカルヴァンにも、演説草稿の作成に協力したという嫌疑が掛かり、捜査の手が伸び始めた。そこで彼は、やむなくパリ大学を退去しました。

聖餐論争の高揚——檄文《げきぶん》事件

カルヴァンがこうしたトラブルに見舞われて間もなく、フランス全土でも、それに関連する出来事が起こりました。すなわち、「檄文事件」と呼ばれる騒動です。一五三四年、「教皇のミサの、恐るべき、重大な、耐えがたい弊害についての真正なる諸箇条」と題された檄文が、パリを始めとする諸都市、果ては国王フランソワ1世の寝室の扉に至るまで、多くの場所に張り出されました。その内容は、上の通りです[29]。

檄文の内容

①キリストは自らを完全な犠牲として捧げたのであり、それを祭司たちが反復することは不可能である。
②キリストの体は天にあるため、ミサにおいてパンとブドウ酒がキリストの血肉に変わることはない。
③カトリックの化体説は、使徒たちの教え（新約聖書）に根拠を持たない。
④聖餐を行う意味は、キリストの行いを想起し、救いを確信することにあるが、カトリックのミサは福音の宣教を妨害している。

端的に言えばこの文書では、「カトリックのミサにおいて行われている聖餐（聖体拝領）は無効である」ということが主張されています。一体どんな過激なことが書かれているのだろうと期待された方は、その程度の内容か、と肩すかしを食ったかもしれません。

とはいえ、やはりこれは、当時の社会にとっては極めて重大な事柄でした。なぜなら聖餐とは、「キリストの体」としての教会が結成されることを根拠づけるもの、さらには、中世カトリックの「キリスト教共同体」を成立させる基盤として存在するものであり、これが無効であるということになれば、当時の社会の仕組みが根底から瓦解してしまうからです。

聖餐論は、宗教改革期の論争において、常に中心的な位置を占めました。ここでそれを詳細に扱うことはできませんが(30)、全般的に言えば、プロテスタントがカトリックのミサに不満を覚えたのは、次のような点にあったと思われます。

ミサにおいては、荘重な祭服を身に纏《まと》った神父が、難解なラテン語で奉献文を唱え、その言葉によって、パンとブドウ酒がキリストの真実の血肉に変わると考えられている。神学用語で「化体説《かたいせつ》」と呼ばれるものです。そして信徒たちは、割かれたパンを食べることにより、「キリストの体」=教会という共同体に参与すると見なされる。とはいえ、こうした儀礼において信徒は現実的には、意味の分からないラテン語を延々と聞かされ、手渡されたパンを闇雲に有り難がって食べているだけではないのか。本当にそれで、キリストの福音を正しく理解していると言えるのか——。改革者たちは、そのように考えたのです。

宗教改革者たちのなかで、カトリックの聖餐論に最も鋭く反対したのは、スイスの神学者フルドリッヒ・ツヴィングリ(一四八四–一五三一)でした。彼の聖餐論は「象徴説」と

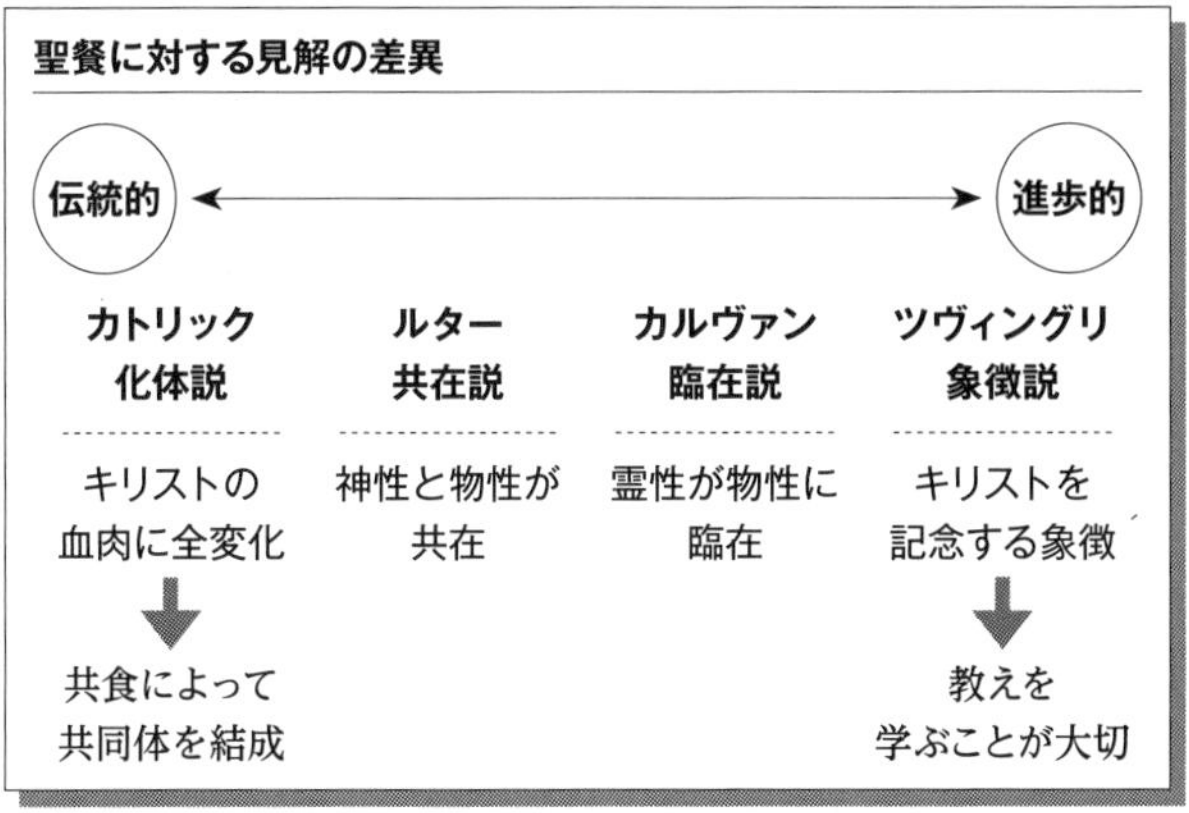

称されます。ツヴィングリは、福音書においてイエスがパンを手に取って発した言葉「これは私の体である」を、文字通りにではなく象徴的に捉え、聖餐の基本的な役割は、それによってキリストの行いを想起し、その教えを学ぶことにあると主張しました。先の檄文もまた、ツヴィングリの議論から大きな影響を受けていることが見て取れます。

　これに対してルターは、聖餐の供物《くもつ》においては、パンとブドウ酒としての物質的性質と、キリストの体としての神的性質が共存すると主張しました（共在説）。またカルヴァンは、パンとブドウ酒を「物体的なしるし」、キリストの死と復活を「霊的な実質」と捉え、聖餐においては、後者が前者に臨在すると唱えた（臨在説）。聖餐に対する考え方を、伝統的か進歩的かという観点から整理すれば、上の図のようになるでしょう。

カトリックとプロテスタント諸派は、どの見解が正しいかということを巡って、盛んに論争を繰り返しました。今に至るまで決着が付いたわけではありませんが、こうした論争を通して、カトリック的な儀礼主義・共同体主義に揺らぎが生じ、プロテスタント的な聖書主義が認知を広げていったことは、否定し得ない事実です。

ジュネーヴにおける改革運動

檄文事件を切っ掛けに、フランスではプロテスタントへの取り締まりが強化され、カルヴァンもスイスに逃れました。一五三六年には、バーゼルで主著となる『キリスト教綱要』の初版を公刊しています。同書は好評をもって迎えられ、宗教改革の新たな旗手としてのカルヴァンの名を一躍高めることになりました。彼はその後も『キリスト教綱要』に修正を加え続け、死去の五年前にも、大幅に増補した第五版（最終版）を公刊しています。まさに彼のライフワークと呼び得る著作であるため、本節の最後にその内容を見ることにしましょう。

同じ年、旅の途中で訪れたジュネーヴで引き留めを受け、同地の宗教改革に携わることになりました。当時のジュネーヴは、市民たちが教皇勢力と皇帝勢力の双方に対して反抗し、独立へと向かうための道を模索していた。カルヴァンはそこで、宗教と政治の新たな関係性を示すことを求められたのです。

当時のジュネーヴは、多様な勢力が鬩《せめ》ぎ合う混乱した状況にあり、カルヴァンの改革も数々の抵抗を受け、一五三八年に彼は一旦追放されてしまいます。カルヴァンはストラスブールに移り、文筆活動や説教を継続しました。ところが四一年になると、ジュネーヴ側はやはりカルヴァンの指導が必要であると考え直し、彼を呼び戻したのです。カルヴァン自身はすでに、同地の混迷した状況に嫌気が差しており、「地上であれほど恐ろしいところはない」と漏らすほどでしたが、結局はそこに神の召命を見て取り、復帰を決意しました[31]。

長老制という新たな教会制度

ジュネーヴの改革においてカルヴァンが力を注いだのは、カトリックに代わる新たな教会制度を作り上げることでした。旧来の教会制度は、世俗権力と癒着しつつ、今や極めて複雑なものと化していましたが、カルヴァンはそれらをすべて取り払い、聖書の記述に基づくシンプルな制度を構築しようと考えたのです[32]。

カルヴァンが採用した教会制度は「長老制」と呼ばれ、次頁のような四つの役職から構成されます。その主な論拠は、パウロ書簡の一つ『エフェソの信徒への手紙』４：11にお

長老制の役職

牧師 —— 説教と聖礼典を受け持つ	}	教職者
教師 —— 聖書の教育を行う	}	教職者
長老 —— 教会規律の監督を行う	}	信徒から選出
執事 —— 救貧院や病院を運営する	}	信徒から選出

いて、キリストが自らの体を作り上げるために、「ある人を使徒、ある人を預言者、ある人を福音宣教者、ある人を牧師、教師とされた」と記されていることでした。カルヴァンはこのなかで、「牧師」と「教師」を、教会を構成するための恒常的な役職と捉えたのです[33]。

まず牧師の役割は、聖書に基づいて説教し、洗礼と聖餐という聖礼典を主宰することです。カトリックでは、洗礼・堅信・聖餐・告解・結婚・叙階・終油という七つの儀礼が「秘跡《サクラメント》」として位置づけられ、信徒たちを「揺り籠から墓場まで」管理する体制が作り上げられましたが、カルヴァンはルターと同じく、聖書に根拠を持つ儀礼は、洗礼と聖餐の二つだけであると見なしました。また、牧師の補助役として教師が任命され、彼らは学寮において、聖書教育のほか、語学や人文学の教育をも担うことが定められた。この構想は後に、ジュネーヴ大学の設立にも繋がってゆきます。

カルヴァンの教会制度に見られる大きな特色は、一般信徒から選ばれる「長老」と「執事」に大きな権限が与えられていることです。その制度が「長老制」と称される所以《ゆえん》でもあります。長老の役割は、一般信徒の代表として、信徒たちの生活を監督することとです。そして執事の役割は、救貧院や病院を運営し、困窮者の援助に努めることと定められました。

また、牧師と長老によって「長老会」が結成され、それは教会全体の責任を負うほか、キリスト者に相応しくない生活を送っている人物を除名する権限を持ちました。さらに牧師たちは「牧師会」という連合体を結成し、「相互譴責《けんせき》制（グラボー）」という方式に基づき、教職者として正しく行動しているかを互いにチェックし合ったのです(34)。カトリックにおいて、教会や聖職者の無謬性が強調されたことと比較すれば、近代の特色である「チェック・アンド・バランス（抑制均衡）」の体制に近づきつつあることが見て取れます。

ジュネーヴ大学の創設

ジュネーヴの改革において、カルヴァンが直面した困難の一つは、セルウェトス（一五一一－一五五三）やカステリヨン（一五一五－一五六三）といった思想家たちとのあいだに、深刻な論争が発生したことでした。彼らは「自由思想家《リベルタン》」と呼ばれ、急進的なキリスト教批判や政治改革を提唱していた。その主張のなかには、宗教的寛容や平和主義など、近代的な知見を先取りしている要素も見られましたが、ジュネーヴの体制を安定させるという点から考えると、看過を許されるものではなかった。カルヴァンは、セルウェトスを火刑、カステリヨンを追放に処し、これらの出来事は彼の生涯に暗い影を落とし続けます。ルターがドイツ農民戦争に直面したように、宗教改革は常に、どこまでラディカルに運動を押し進めるかという問題を抱えており、カルヴァンもまた、その種の困難に向き合わざるを得なかったのです。

そしてカルヴァンは、社会を安定させるための最良の方法は、高等教育を普及させることにあると考えました。晩年の彼は、新たな学寮組織を作り上げることに精力を傾け、それは一五五九年、ジュネーヴ大学の創設として現実化します。同大学の教育は、「私大学《スコラ・プリヴアタ》」という第一課程と、「公大学《スコラ・プブリカ》」という第二課程から構成されました。まず第一課程では一般教養を講じ、各種の語学のほか、古代ギリシャ・ローマに由来する人文学を身に付けさせた。そして第二課程においては、神学・法学・医学といった専門科目を学ばせたのです[35]。

カルヴァンが創設したジュネーヴ大学は、ヨーロッパ各国に優秀な人材を供給するとともに、近代的な大学制度のあり方を示すモデルの役割をも果たしました。このように、カルヴァン最大の功績は、新たな教会制度と並んで、新たな大学制度を作り上げたことにあると見ることができるでしょう。

『キリスト教綱要』①——予定説

ジュネーヴ大学を創設した一五五九年、カルヴァンは『キリスト教綱要』（以下『綱要』と略す）の第五版を公刊しています。彼はこの頃から目立って体調を悪化させ、五年後に54歳で命を落としました。ゆえにこの年は、カルヴァンの生涯の総決算の年と位置づけることができます。以下では、『綱要』の内容を概観しましょう。

一般に同書は、「予定説」を論じた書物として知られています。とはいえ、カルヴァン思想の全体像から考えると、必ずしもそれが主要な論点であったとは言えないようにも思われます[36]。先述したように『綱要』は、一五三六年に初版が公刊されたのですが[37]、実はそこでは、予定説は論じられていません。それが明確な仕方で現れるのは、最終の第五版においてでした。予定説はカルヴァンの思想において、常に中心的な位置を占め続けたわけではなかったのです。

また、予定説は基本的に、他のプロテスタント思想にも見られる「神中心主義」のスタンスを先鋭化させたものとして提示されています。例えばルターは、エラスムスとの論争において、救済に関して人間の意志が力を持たないことを主張しました（奴隷的意志論）。カルヴァンの予定説においては、救済に関する事柄は、人間や教会の力によって左右することができず、すべて神によって予《あらかじ》め決定されていると唱えられますが、こうした考え方は明らかにルターの思想の延長線上にあり、そこにカルヴァンの独自性を認めるのは難しいように思われるのです。

予定説はさまざまな反応を引き起こしましたが、なかでも議論が集中したのは、いわゆる「二重予定説」についてでした。すなわち、神は「救済される人間」だけではなく、「救済されない人間」をも予定している、という考え方です。これに対し、果たして神はそのような無慈悲な事柄を決定されるだろうか、という反論が寄せられました。しかしカルヴァンは、神が救済を予定しているということは、滅びをも予定しているということであり、こうした単純な事実を受け入れられない者は、あまりにも無知で子供じみている、と突き放しています[38]。いかにもカルヴァンらしい、峻厳《しゅんげん》な論の運びです。

その他の反論としては、予め救済が決定されており、どう行動してもそれに影響しないのであれば、人は平気で悪事に手を染めるようになるだろう、という意見が出されました[39]。これについてカルヴァンは、こうした考え方自体が「神聖冒瀆」に当たると述べ、激しく憤っています。使徒パウロが語ったように、選ばれた者たちは、神の栄光を現すために、常に献身的に行動する[40]。そしてこうした行為を通して、自らが選ばれているという確証・確信を得ることにもなる[41]。予定説は決して、倫理や道徳の基盤を崩壊させることにはならない、とカルヴァンは主張するのです。

実際にカルヴァン主義の教理は、信徒一人一人に対して厳しい自己規律と禁欲を求めるものであり、そのことが同派の大きな特徴にもなりました。マックス・ヴェーバーが『プロテスタンティズムの倫理と資本主義の精神』において、カルヴィニズム的な禁欲が資本主義を推進する原動力になったと論じたことは、広く知られています。

『キリスト教綱要』②——聖俗の分離

予定説を含め、プロテスタントが「神中心主義」を強調したのは、教皇主権という理念のもとで肥大化したカトリック教会の権力を批判するためでした。特にカルヴァンは、神と人間の本来的な関係性について問い直し、そうした考察を通して、教会権力と世俗権力の本来的なあり方を再定礎しようと試みています。彼の思想の中心は、そのような点に置かれていたと見るべきでしょう。

カルヴァンは『綱要』において、宗教と政治の関係を次のように位置づけています。

> 人間の内に二つの統治があることに注意すべきである。一つは霊的統治であって、これによって良心は敬虔と神礼拝に向けて整えられる。もう一つは政治的統治で、人々の間に保たれなければならない人間らしさと市民的義務へと教育される。……しかし

この二つは、我々が区分したように、常にそれぞれ別個に認識され、……両者を離しておくべきである。すなわち、人間の内には謂《い》わば二つの世界があって、それらは別々の王と別々の法を通じて支配することができる。

（ジャン・カルヴァン『キリスト教綱要』第3篇第19章15節）

ここでカルヴァンは、宗教的領域と政治的領域の区別について改めて論じているわけですが、彼がこうした政教観に辿り着くに至った背景には、二つの立場に対する批判があったと思われます。まず第一に、「教皇主権」の理論を作り出し、教会権力を世俗権力の上位に置いたカトリシズムの立場。そして第二に、ドイツ農民戦争を引き起こした再洗礼派のような、神の名のもとにあらゆる種類の統治を拒絶するという、プロテスタント急進主義の「アナーキズム」的な立場です。これらに代えてカルヴァンは、人間社会には「霊的統治」と「政治的統治」の二種類が必要であり、その上で、両者の役割を適切に区別しなければならない、と主張しています。カルヴァンの考えを簡略的に示せば、次頁の図のようになるでしょう。

まず、霊的統治に関してカルヴァンは、カトリシズムが新奇な法（教会法）を捏造し、複雑な教会組織と儀礼の体系を組み上げ、それらに基づいて不当に支配権を拡大したこと

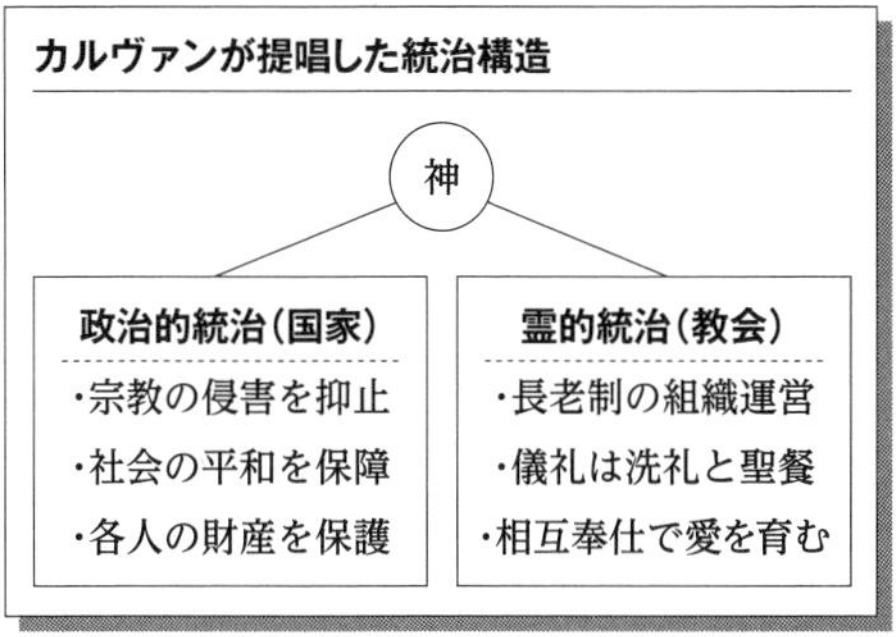

を厳しく批判します。霊的統治は、神の言葉たる聖書に基づくべきであり、その原則は基本的に極めて単純である。先に述べたように、教会は長老制に則って運営され、そこで執行される儀礼は、洗礼と聖餐に限られる。霊的統治の主目的は、相互奉仕によって愛を育みながら、一なる「キリストの体」を維持することにある、と、カルヴァンは主張するのです[42]。

それでは、政治的統治はどのように捉えられるのか。カルヴァンは、政治の役割とは、人々の衣食住・私的所有・商業活動を保障すること、さらには、偶像礼拝・瀆神行為・宗教侵害によって公共の平穏が乱されるのを抑止することにある、と述べています[43]。それはあくまで、霊的統治とは水準の異なる次元における統治であり、両者が適切に分離され、それぞれの役割を果たすことによって、人々の精神的・物質的安定が保たれる、と考えたのです。彼の政治観はすでに、近代的なそれにかなり接近しています。

とはいえ、カルヴァンの構想が完全に近代的であったと見なすこともできません。言うまでもなく彼は、キリスト

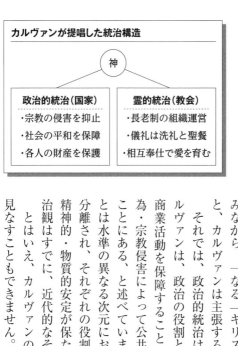

教こそが唯一にして真正なる宗教であり、カルヴァン主義こそが正しい信仰形態であることを確信していましたので、完全に開かれた形で「信教の自由」を認めたわけではなかった。また、パウロの「すべての人は上に立つ権力に従うべきであって、権力に反抗するものは神の秩序に抵抗するのである」[44]という言葉に基づき、世俗権力も神に由来すると考え、為政者に反抗することを禁じた。[45]こうした点について、後のカルヴァン派は、幾度もの宗教戦争を経ることにより、見解の修正を余儀なくされてゆきます。

4 フランスのユグノー戦争

ユグノーの形成

カルヴァンの『キリスト教綱要』の公刊は、プロテスタンティズムの思想や教義が、一定の完成形態に到達したことを意味しました。とはいえ、プロテスタンティズムの体系が明確化されればされるほど、カトリックとのあいだの妥協点がもはや存在しないことも明らかになっていった。以降のヨーロッパは、激しい宗教戦争の時代に突き進んでゆきます。

最初にそれが勃発したのは、カルヴァンの故郷であるフランスにおいてでした。檄文事件を切っ掛けに、カルヴァンはスイスに逃れましたが、以降もフランスとの関係が途絶《とぜつ》したわけではなく、ジュネーヴから送られる人材や文書を介して、彼の支持者は同地で急速に増加していった。一五五九年の時点でフランス国内には、一千を超えるカルヴァン派の教会が設立されていました。また同年五月、パリで第一回全国宗務会議が開かれ、「フランス改革派教会信仰告白」と「教会規則」が採択されたのです。㊻

カルヴァン主義者は一般に「改革派」と呼ばれますが、フランスでは特に「ユグノー」と称されました。その正確な語源は明らかではなく、「連合派（Eidgenossen）」というドイツ語がフランス語に訛《なま》った、あるいは、煉獄から抜け出して夜の町を徘徊する「ユゴン王（Roi Hugon）」の亡霊伝承から名づけられた、といった説が存在します。㊼ともあれこうした名称には、カルヴァン派が急速に増大したことに対する不安感や嫌悪感が込められていたのでしょう。このようにフランス国内では、新旧両派のあいだに不穏な空気が広がってゆきます。

ユグノー戦争の始まり

ユグノーに所属したのは、主に新興の商工業者や知識人でしたが、王侯貴族からも支援者が現れ、国内を二分する対立に発展しました。ヴァロワ朝の王権が衰退するなか、保守強硬派としてカトリック勢の先頭に立ったのは、名門貴族のギーズ家であり、プロテスタント擁護に回ったのが、同じく名門貴族のブルボン家でした。そして一五六二年、ギーズ公の一行がヴァシーという町のユグノーを虐殺したことを切っ掛けに（ヴァシーの虐殺）、以降約四〇年間、八次に及ぶ、「ユグノー戦争」の火蓋が切られることになります[48]。

フランス王家の一員でありながら、プロテスタントに属していたブルボン家のアンリ・ド・ナヴァール（後のアンリ4世）は、こうした状況を憂慮し、調停の方法を模索しました。そしてアンリは、カトリック信徒であるフランス王の妹と、宗派を越えて結婚することを決意します。両者は一五七二年八月一八日、パリのノートルダム大聖堂広場で盛大な結婚式を開いたのです。

ところが、宗教融和を目的としたこうした行事が、逆に大きな悲劇を招き寄せてしまう。結婚式の数日後、一人の提督が狙撃されて負傷する事件が起こり、それを切っ掛けとして、新旧両派のあいだに双方への疑心暗鬼が広がりました。そして、聖バルテルミーの祝日に当たる八月二四日、パリの民兵と市民によるプロテスタントの無差別殺戮が始まり、約三千名が虐殺されてしまったのです（聖バルテルミーの虐殺）。暴動はフランス全土にも波及し、約一万名のプロテスタントが殺害されるという事態に至りました[49]。

暴君放伐論――抵抗権の理論

先に見たように、カルヴァンは『キリスト教綱要』において、世俗権力もまた教会権力と同じく神によって立てられたものであるため、それに反抗してはならないと論じていました。とはいえ、ユグノーの大量虐殺を目の当たりにしたカルヴァン派は、果たして権力者の良心を信頼し、状況を傍観するだけで良いのか、と疑問を抱き始めます。そして彼らは、公共の平和を維持するという本来の役割を果たさない権力者は「暴君」に過ぎず、武力を行使してでもその横暴を止めなければならない、と主張するようになったのです。こうした理論は「暴君放伐論《モナルコマキ》」と呼ばれます。

カルヴァン派が発表した代表的な暴君放伐論には、フランソワ・オトマン『フランコ・ガリア』（一五七三）、テオドール・ド・ベーズ『為政者の臣下に対する権利』（一五七四）、ユニウス・ブルートゥス『暴君に対する反抗の権利』（一五七九）などがあります。ここでは、カルヴァンの後継者であるベーズが執筆した文書を見ておくことにしましょう[50]。

人文主義的教養に富むベーズは、聖書のみならず、古代ギリシャ・ローマのさまざまな事例を引き合いに出しながら、誤った政治を矯正する方法について論じています。冒頭の記述は次の通りです。

唯一神の意志以外には、すべての正義の永久かつ不変の規範となるべきものは何一つない。従って、私たちは例外なく神のみに服従しなければならない。そして、君主たちが求める服従に関しては、もし彼らが神の声が命ずる限度で求めるのであれば、ちょうど神に対するように、彼らにも例外なく服従しなければならない。しかし、事実はしばしば逆であるため、君主たちが不敬虔あるいは不公正を命じることがない限りにおいて、との条件が付けられなければならない。

（テオドール・ド・ベーズ『為政者の臣下に対する権利』[51]）

このようにベーズは、キリスト教徒が従うべき不変の規範は、根本的には「唯一神の意志」のみであり、君主への服従もまた、「神の声が命ずる限度内」に留めなければならない、と主張します。カルヴァンと同じく、徹底した神中心主義が前提とされながらも、それに基づいて君主の権力に制限を課すべきと論じているところが、大きな特色です。

さらにベーズは、人民と為政者の関係について、次のように述べています。人民は為政者よりも古くから存在し、人民が為政者に由来するのではない。すなわち、人民が為政者のために作り出されたのではなく、為政者こそが人民のために作り出されたのである[52]。為政者は人民の合意によって選出され、その役割は、人民に平和をもたらすことにある。ゆえに、為政者が暴君となって平和を乱す場合、まずは下位の統治機構（議会や次位の為政者）が彼に抗議しなければならない。それが機能しない場合、人民は統治機構に自らの義務を果たすよう訴えなければならない、というのです。

そして同書の末尾においては、為政者が正しい宗教を迫害するケースが取り上げられています。これについてベーズは、平穏な神礼拝を守ることこそが為政者の第一の役割であるにもかかわらず、為政者自身がそれを侵害するようであれば、信徒たちには武力を用いてでも自衛する権利がある、と主張するのです。

政治権力が人民の合意によって形成され（社会契約）、権力が暴走した際にはそれに抵抗する権利がある（抵抗権）という考え方は、近代の「立憲主義」を構成する最も基礎的な要素です。そして実は、これらが初めて明確な形で提示されたのは、聖バルテルミーの虐殺の衝撃を受けて現れた、カルヴァン派の言説においてでした。その構想は宗教戦争の時代を通じて練り上げられ、最終的にはジョン・ロックの『統治二論』という著作によって、一貫した形式に纏め上げられます。それについては、次講で見ることになるでしょう。

ナント勅令

その後のフランスの状況を、簡単に押さえておきましょう。カトリック強硬派のギーズ家は、一五七六年に「カトリック同盟」を結成し、プロテスタントへの圧力を一層強めました。とはいえ、一五八四年にフランス国王の弟が結核で死去し、ブルボン家のアンリ・ド・ナヴァールが王位継承者の筆頭に繰り上げられると、大きく風向きが変化します。フランス国内からプロテスタントを一掃するのはもはや無理であるという見方が強まり、新旧両派の融和を探る動きが生まれたのです。こうした勢力は「ポリティーク派」と呼ばれ、後に彼らは、フランスの絶対王政を基礎づける理論として、「王権神授説」を作り上げることになります[53]。

ユグノー戦争の末期には、カトリック側の分裂が目立つようになり、一五八八年にはギーズ公が暗殺され、翌年にはフランス国王アンリ3世も暗殺されました。こうしてヴァロワ朝が終焉を迎え、アンリ・ド・ナヴァールがアンリ4世として国王に即位することにより、ブルボン朝が始まります。彼は一五九三年、カトリックとプロテスタントの融和の象徴として、自らカトリックに改宗した。そして九八年に「ナント勅令」を発しました。これによってプロテスタントに、公開の礼拝を行う権利、教育を受ける権利、公職に就く権利などが保障されたのです[54]。長期にわたって続いたユグノー戦争は、ようやく幕を閉じました。

5　ドイツの三十年戦争

イエズス会の結成

とはいえ、宗教戦争自体が終結に向かったわけではなく、その炎はヨーロッパ各地に飛び火します。それが最も激しく燃え盛ったのは、宗教改革の本場であるドイツにおいてでした。一六一八年から四八年まで同地を中心に続いた戦争は「三十年戦争」と呼ばれ、「最後にして最大の宗教戦争」とも称されます。以下にその経緯を見ておきましょう。

プロテスタントの宗教改革が活性化するのに対して、カトリック側でもそれに対抗する新たな修道会が結成されました。日本でも良く知られている「イエズス会」です。

同会の創始者であるイグナチオ・デ・ロヨラ（一四九一－一五五六）は、スペインに生まれ、若い頃は勇猛な騎士として活躍しました。ところが30歳のとき、フランス軍との戦いで重傷を負い、生死の境を彷徨《さまよ》うことになる。怪我を治療する生活のなかで、イグナチオはキリスト教信仰に目覚め、自身に生じた数々の神秘体験をもとに、心身を浄化するための鍛錬法を考案しました。

その手法を記したのが、『霊操《れいそう》』という書物です。体を鍛えるための運動は一般に「体操」と呼ばれますが、これに対してイグナチオは、霊を鍛える瞑想を「霊操（exercicios spirituales)[55]」と称した。それは四週間のプログラムから成り、「大勇猛心と創造主への惜しみない心[56]」によって、人間の罪深さやイエスの受難を克明《こくめい》に想像することを基調としています。元は軍人であったイグナチオらしい、気迫に満ちた鍛錬法です。

とはいえ彼は、決して勇猛一辺倒の人間ではありませんでした。エルサレムへの巡礼を終えた後、バルセロナやサラマンカで高等教育を受け、さらにはカルヴァンと同時期にパリ大学で学び、キリスト教神学のみならず、人文学の教養をも身に付けた[57]。そして一五三七年、司祭に叙階されています。

パリ大学在学中にイグナチオは、フランシスコ・ザビエル（一五〇六－一五五二）を含む六名の同志たちと共に、神に献身する誓いを立てました。彼らは『霊操』に基づいて精神鍛錬を行い、自分たちを「イエスの友」と称した。その集いは新たな修道会に発展し、一五四〇年に教皇からも認可を受け、イエズス会が成立します。

同会の会憲によれば、その基本精神は、「主キリストの最高の代理者である教皇聖下、あるいは会の長上への従順において、世界の諸所を経《へ》巡《めぐ》って神の御《み》言葉《ことば》を告げ知らせる[58]」ことに置かれています。プロテスタントが急速に勢力を伸ばすなか、イエズス会はそれに対抗し、カトリック信仰を世界中に広めることを目指しました。同会は特にアジア布教に力を注ぎ、一五四九年にザビエルが来日してキリスト教を伝えたことは、私たちも良く知るところです。

ハプスブルク家と「キリスト教帝国」の夢

初期のイエズス会は、ヨーロッパの名門ハプスブルク家と強く結びつきました。ハプスブルク家は、本講で見たように、ルターと対峙した神聖ローマ皇帝カール5世の時代に最盛期を迎えましたが、その後は混迷する社会情勢に翻弄され、衰退傾向にありました。これに対してイエズス会は、同家を支える信仰上のバックボーンの役割を果たしたのです。イエズス会の拠点は、スペイン・ハプスブルク家が築いたエスコリアル宮殿内に置かれ、そこからカトリックの世界布教が推進されることになりました[59]。

イエズス会の影響力は、スペインのみならず、オーストリア・ハプスブルク家にも及びました。なかでもフェルディナント2世（一五七八－一六三七）は、幼少期からイエズス会による教育を受け、強固なカトリック信仰を植えつけられた。そして、「邪教徒どもに支配されるよりは、荒野で悪魔に魅入られる方がましだ」と考え、プロテスタント勢力と正面から対決することを決意したのです[60]。

ヨーロッパの歴史においては、世界帝国とキリスト教を融合させようという夢、「キリスト教帝国」の夢がしばしば現れました。例えば、ローマ帝国のコンスタンティヌス帝、フランク王国のカール大帝、神聖ローマ帝国のオットー大帝の活動の背景には、そうした壮大なヴィジョンが存在していたわけです。

そして、中世末期に現れたハプスブルク家の若き当主、フェルディナント2世もまた、そうした夢想に取り憑かれたと言い得るかもしれない。とはいえ、いささか時宜《じぎ》を逸したその夢想は、ヨーロッパに凄惨な宗教戦争をもたらすことになります。

ボヘミアで戦端が開かれる

少し時代を遡りましょう。現在のチェコ中西部に当たるボヘミア地方には、ルターやカルヴァンよりも約一世紀前に、ヤン・フス（一三七〇頃－一四一五）という宗教改革者が現れました。フスは時代に先んじてカトリック教会を批判しましたが、異端宣告を受け、火刑に処されてしまいます。しかしその後は彼の教えの賛同者が増加し、一四一九年から三六年まで「フス派戦争」が起こりました。フス派はプラハを中心とするボヘミア地方で人々から広範に支持され、同地の統治者たちもその信仰を容認する傾向にあったのです。

ところが一六一七年、ボヘミア王に就任したフェルディナント2世は、フス派への弾圧に着手します。翌年、それに反発したボヘミアの貴族たちは、プラハ城を訪れた王の側近を捕らえ、窓から放り出すという事件を起こしました。これは「プラハ城窓外投擲《そうがいとうてき》事件」と呼ばれ、三十年戦争の始まりを意味する出来事と見なされています。

その後、ボヘミアの勢力は、周辺地域を巻き込みながら反乱軍を組織しました。フェルディナント2世は一六一九年、神聖ローマ皇帝に就任したのですが、ボヘミア議会はこれを拒絶し、新たなボヘミア王としてプファルツ選帝侯フリードリヒ5世を指名した。こうして両者の対立は決定的なものとなり、一六二〇年、プラハ近郊で「白山《はくさん》の戦い」が起こります。この戦いでは、皇帝軍がフェルディナントの統率のもとに団結したのに対し、反乱軍はプロテスタント諸派の足並みが揃わなかったため、皇帝軍が勝利を収めました。

ドイツ北部の戦い

ボヘミア平定に成功したフェルディナント2世は、続いてドイツ北部に進出します。その動きに最初に抵抗したのは、デンマーク王のクリスティアン4世でした。そこでフェルディナントは、強大な軍事力を有していたヴァレンシュタインという傭兵隊長を自陣に迎え入れます。彼は首尾良くデンマーク軍を破り、一六二九年、リューベックで和約を結びました。

この勝利に力を得たフェルディナントは、同年「回復令」を発します。その骨子は、カルヴァン派を宗教和平の埒外《らちがい》に置く、プロテスタントが没収した修道院と教会領をカトリックに返還させる、皇帝は教会領に関して新たな法を定める権利を持つ、というものでした。(61) 要するに、アウクスブルクの宗教和議においてプロテスタントが獲得した権利を否定し、皇帝権力とカトリック信仰こそがヨーロッパの中心的原理であることを示そうとしたのです。

回復令によってフェルディナントの真意を悟ったプロテスタント諸侯は、一斉にこれに反対しました。そして次に立ち上がったのが、「北方の獅子」と呼ばれる北欧の強豪、スウェーデン王のグスタフ・アドルフ（一五九四－一六三二）でした。彼は北部ドイツに進軍し、軽量速射砲を装備した機動力の高い軍隊を用いて、次々と失地を回復していったのです。

カトリック勢のヴァレンシュタイン軍と、プロテスタント勢のグスタフ・アドルフ軍は、一六三二年、「リュッツェンの戦い」で激突しました。日本風に表現すれば、「天下分け目の戦い」といったところでしょうか。戦闘自体は、最新の軍事技術を備えていたグスタフ軍が勝利を収めましたが、グスタフ王はその最中、流れ弾に当たって命を落としてしまう。これによってプロテスタント勢は、戦いを続けてゆく求心力を失ってしまいました。

またヴァレンシュタインも、リュッツェンの戦いから二年後、皇帝の意に反してプロテスタント側と密かに和平を結ぼうとしたという疑惑を掛けられ、刺客の手によって暗殺されてしまいます。三十年戦争の花形たる両雄は、共に不本意な仕方で世を去ったのです。

カトリック国フランスがプロテスタント側で参戦

フェルディナント2世は一六三五年、カトリックに有利な状況でプロテスタント諸侯と「プラハ条約」を結び、その二年後に死去しました。とはいえ、カトリックの勝利という形で三十年戦争が終わったわけではありません。先に述べたように同戦争は、スペインとオーストリアを支配するハプスブルク家が、カトリック信仰に基づいてヨーロッパを統一しようと目論んだことから始まったのですが、その企図に最も強く脅威を覚えていたのは、実はそのあいだに挟まれたフランスだったからです。

当時のフランスでは、ブルボン朝第2代国王ルイ13世（在位：一六一〇－一六四三）が、宰相リシュリューの補佐を受けながら、絶対王政を確立する道を歩んでいました。フランスはカトリック国の一つだったのですが、ハプスブルク家がヨーロッパの覇権を握りそうな状況を見ると、一六三五年にスペインに対して宣戦布告し、プロテスタント側に加勢する形で参戦します。

こうしたフランスの行動を切っ掛けとして、三十年戦争は後半になると、その性質が大きく変化しました。すなわち、戦争の長期化に伴い、カトリックとプロテスタントの信仰が共に活力を失い、それに代わって、近代的なナショナリズムの感情が勃興してきたのです。『ドイツ三十年戦争』という浩瀚《こうかん》な歴史書を著したヴェロニカ・ウェッジウッドによれば、「十字架は軍旗に取って代わられ、ヴァイサーベルクの『サンタ・マリア』の叫びは、ネルトリンゲンの『スペイン万歳』の叫びに取って代わられた」[62]。三十年戦争は二つの宗派間の対立であることを止め、ヨーロッパ各国が適切なパワーバランスを模索するための戦いへと推移していったのです。

フランスがスペインと戦い始めることにより、スウェーデン軍も息を吹き返し、ドイツの戦場で皇帝軍を打ち破ってゆきました。こうして三十年戦争は、カトリックの勝利でもプロテスタントの勝利でもなく、「近代的ナショナリズムの芽生え」という状況を見せながら、終局に向かいます。

ウェストファリア条約

戦争が開始されて二〇年以上が経過すると、さすがにどの陣営においても、疲労の色が濃くなりました。ヨーロッパは著しく荒廃し、飢饉や疫病の蔓延が常態化した。その結果、戦争はもはや、何らかの大義のための行為ではなく、当面の食料の奪い合いといった次元

戦争の惨禍（絞首刑）

にまで低劣化してしまったのです[63]。

三十年戦争の情景を描いたフランスの画家に、ジャック・カロ（一五九二－一六三五）という人物がいます。彼は、戦争の惨禍をテーマとした一八の連作を残しました。上に掲載した「絞首刑」という作品には、多くの人々が一斉に大木で殺戮される様子が描かれています。眺めているだけで、三十年戦争の荒廃した雰囲気が伝わってくるようです。

こうした状況を受け、和平を求める動きが徐々に高まり、最終的に一六四八年、グスタフ・アドルフの娘であるスウェーデン女王クリスティーナの主導により、「ウェストファリア条約」が結ばれました。三〇年にわたって続いた戦争の講和条約ですので、極めて複雑な取り決めが交わされましたが、その要点は次頁のように整理されます[64]。

三十年戦争は、全体として見れば、イエズス会の教育を受けてカトリック信仰に目覚めたハプスブルク家の当主が、ヨーロッパから宗教改革の影響を排除すること、ひいては「キ

ウェストファリア条約の決定条項

①宗教規定

アウクスブルクの宗教和議が廃棄され、カルヴァン派の公認、領邦教会制の撤廃が定められた。結果として、領民が領主とは違う宗派を信仰することが黙認されるようになった。

②憲法規定

フェルディナント2世が発した回復令が棚上げにされ、皇帝の立法権・条約権が議会の決定に拘束されること、皇帝選挙権を除く選帝侯の特権を廃止し、すべての諸侯が同権となることが定められた。

③政治規定

フランスはアルザス・ロレーヌ地方の統治権、スウェーデンは北部ドイツの司教領などを獲得。スイスとオランダは神聖ローマ帝国から離脱した。

リスト教帝国」の夢を実現することを目指して引き起こした出来事でした。しかし結果としてそれは、ヨーロッパ社会を大きく分裂させ、互いを「信仰の敵」「悪魔」と呼んで殺戮し合うという、凄惨極まりない状況を招き寄せたのです。そしてウェストファリア条約は、もはやそのような発想を放棄しなければならないということを、ヨーロッパ社会の総意として再確認する内容となりました。

ドイツを主戦場とした三十年戦争の惨状を目にしながら、周囲に位置したフランス、スウェーデン、オランダ、スイスといった各国では、近代的な主権国家体制、すなわち、中央集権的な政府を作り上げ、国民に愛国心を涵養《かんよう》し、領土を防衛する、という体制が整えられてゆきました。他方でドイツの被害は極めて大きく、一説によれば同地域の人口は、約二一〇〇万人から一三五〇万人にまで減少したと推定されています(65)。これによって神聖ローマ帝国の権力は完全に形骸化しましたが、それは同時に、多数の地域権力がモザイク状に犇《ひし》めき合うという、前近代的な秩序を再び浮かび上がらせることにも繋がっていった。宗教改革によって中世の体制を突き崩したドイツが、それゆえにこそ最も激しい宗教戦争を経験し、近代化への歩みに後れを取ることになったわけですから、この上なく皮肉な事態と言わざるを得ません。

註

(1) エピクロス派のローマ詩人ルクレティウスの『物の本質について』が修道院の書庫で発見され、水面下で思想的影響を広げていったことについては、スティーヴン・グリーンブラット『一四一七年、その一冊がすべてを変えた』に詳しい。
(2) 第6講上217頁を参照。
(3) 二宮敬『エラスムス』249－250頁を参照。
(4) ウルガータとは、ラテン語で「共通」の意。
(5) 沓掛良彦『エラスムス』24頁を参照。

（6）斎藤美洲『エラスムス』60頁、沓掛良彦『エラスムス』34－36頁を参照。
（7）『宗教改革著作集2』445頁を参照。
（8）『宗教改革著作集2』216－217頁。
（9）沓掛良彦『エラスムス』71－72頁を参照。
（10）徳善義和『マルティン・ルター』128－131頁を参照。
（11）森田安一『ルターの首引き猫』『木版画を読む』の二著には、宗教改革期の木版画が数多く収録されている。
（12）森田安一『木版画を読む』230－234頁を参照。
（13）森田安一『木版画を読む』176－179頁を参照。
（14）半田元夫＋今野國雄『キリスト教史Ⅱ』27－31頁を参照。
（15）アンナとは聖母マリアの母であり、カトリックでは聖人の一人として崇敬されている。
（16）徳善義和『マルティン・ルター』55－56頁を参照。
（17）正式名称は、「贖宥の効力を明らかにするための討論」。マルティン・ルター『宗教改革三大文書』に邦訳が収録されている。
（18）「小破門」とは、教会との交わりを一時的に絶たれることを意味し、これに対して「大破門」とは、現世から来世にわたって完全に追放されることを意味する。
（19）徳善義和『マルティン・ルター』82－83頁を参照。
（20）「キリスト教界の改善について」「教会のバビロン捕囚について」「キリスト者の自由につい

て」の三論文を指す。

(21) マルティン・ルター『宗教改革三大文書』54－55頁。

(22) マルティン・ルター『宗教改革三大文書』61頁を参照。

(23) ルターの宗教改革が、スコラ学と教会法に依拠した中世カトリック的な法観念を突き崩し、新しい法学への道を開いたことについては、ハロルド・J・バーマン『法と革命Ⅱ』第Ⅰ部（31頁以下）に詳しい。

(24) 斎藤美洲『エラスムス』138－148頁を参照。

(25) 『世界の名著23　ルター』に抄訳が収録されている。

(26) 再洗礼派の歴史については、永本哲也他編『旅する教会――再洗礼派と宗教改革』に詳しい。

(27) 農民戦争に関するルターの諸文書は、『世界の名著23　ルター』に収録されている。

(28) 中村賢二郎他編訳『原典宗教改革史』361－362頁を参照。

(29) 久米あつみ『カルヴァン』99－101頁を参照。

(30) ルター、ツヴィングリ、カルヴァンにおける聖餐論の形成過程を詳細に跡づけた労作として、赤木善光『宗教改革者の聖餐論』がある。

(31) 久米あつみ『カルヴァン』161頁を参照。

(32) カルヴァンは、一五三七年と四一年の二度にわたって「ジュネーヴ教会規則」を執筆しており、後者に関しては、中村賢二郎他編訳『原典宗教改革史』に邦訳が収録されている。

(33) 日本語ではこれらの役職は「教職者」と訳され、カトリックにおける「聖職者」との違いが明確化されている。

(34) 久米あつみ『カルヴァン』163－165頁を参照。

(35) 久米あつみ『カルヴァン』185－187頁を参照。

(36) 渡辺信夫『カルヴァン』164－165頁を参照。

(37)『キリスト教綱要』初版は、『宗教改革著作集9』に邦訳が収録されている。

(38) ジャン・カルヴァン『キリスト教綱要』第3篇第23章1節を参照。

(39) ジャン・カルヴァン『キリスト教綱要』第3篇第23章12節を参照。

(40)『ローマの信徒への手紙』8：29－30。

(41) ジャン・カルヴァン『キリスト教綱要』第3篇第24章1節を参照。

(42) ジャン・カルヴァン『キリスト教綱要』第4篇第3章・第10章・第19章を主に参照。

(43) ジャン・カルヴァン『キリスト教綱要』第4篇第20章3節を参照。

(44)『ローマの信徒への手紙』13：1－2。

(45) ジャン・カルヴァン『キリスト教綱要』第4篇第20章23節を参照。とはいえ、『綱要』第五版を執筆している最中、フランスでユグノーが迫害されているという知らせがカルヴァンの耳にも届いたのか、第4篇第20章31－32節においては、正しい信仰を破壊する為政者の命令には服従する必要はなく、下位の為政者や議会の力を用いてこれを止めるべきである、と述べている。後述するようにこうした権力抑止論を、カルヴァンの後継者たちが発展させていった。

(46) 松本宣郎編『キリスト教の歴史1』258頁を参照。

(47) 木崎喜代治『信仰の運命』20-21頁を参照。
(48) 長谷川輝夫『聖なる王権ブルボン家』17-18頁を参照。
(49) 長谷川輝夫『聖なる王権ブルボン家』26-28頁を参照。
(50) 同書は『宗教改革著作集10』に邦訳（一部抄訳）が収録されている。
(51) 『宗教改革著作集10』107頁。
(52) 『宗教改革著作集10』112頁を参照。
(53) 第12講下150頁を参照。
(54) 木﨑喜代治『信仰の運命』38-39頁を参照。しかし同書によれば、ナント勅令はユグノー戦争を終わらせるための妥協的な取り決めに過ぎず、決して近代的な「信教の自由」を確立するものではなかった。一六一〇年にアンリ4世がカトリック教徒に殺害されると、再びプロテスタントへの締めつけが始まり、一六八五年にはルイ14世によってナント勅令が廃止され、ユグノーの大量亡命を生むに至った。
(55) イグナチオ・デ・ロヨラ『霊操』58頁を参照。
(56) イグナチオ・デ・ロヨラ『霊操』64-65頁を参照。
(57) この頃のパリ大学を舞台とした興味深い歴史推理小説に、佐藤賢一『カルチェ・ラタン』がある。
(58) 「イエズス会会憲」は『宗教改革著作集13』に収録されている。同359頁を参照。
(59) 江村洋『ハプスブルク家』125-128頁を参照。

(60) 江村洋『ハプスブルク家』135―137頁を参照。
(61) 菊池良生『戦うハプスブルク家』93頁を参照。
(62) C・ヴェロニカ・ウェッジウッド『ドイツ三十年戦争』415頁。ヴァイサーベルクとは、一六二〇年にボヘミア地方で起こった「白山の戦い」。ネルトリンゲンとは、一六三四年にドイツで起こった戦争の場所の名前。それぞれ、三十年戦争の前期と後期の代表的な戦いを指す。
(63) 菊池良生『戦うハプスブルク家』182頁を参照。
(64) 菊池良生『戦うハプスブルク家』188―190頁の記述に依拠した。
(65) C・ヴェロニカ・ウェッジウッド『ドイツ三十年戦争』557頁を参照。

第12講　近代的な国家主権論の形成
――ピューリタン革命の動乱、社会契約論の提唱

前講では、宗教改革の動乱がヨーロッパ中に吹き荒れ、中世の秩序を崩壊させる過程について、ドイツとフランスを中心に概観しました。本講では続いて、イギリスの状況を見てゆきましょう。

具体的な話に入る前に、歴史の大まかな流れを確認しておくことにします。中世から近代に至るまでの社会構造の変遷を簡潔に図式化すると、次頁のようになります。

まず中世においては、キリスト教カトリックによって「テオクラシー（神権政治）」の理論が唱えられました。それによれば、世界の頂点に存在するのは唯一普遍の神であり、そして地上における最高権威は、使徒ペトロの後継者＝教皇が率いるキリスト教会である。ゆえに王侯貴族を始めとする世俗権力は、教会の権威に服従しなければならない、と主張されたのです。こうして作り上げられた体制は、「教皇主権」と呼ぶことができます。

中世から近代までの社会構造の変遷

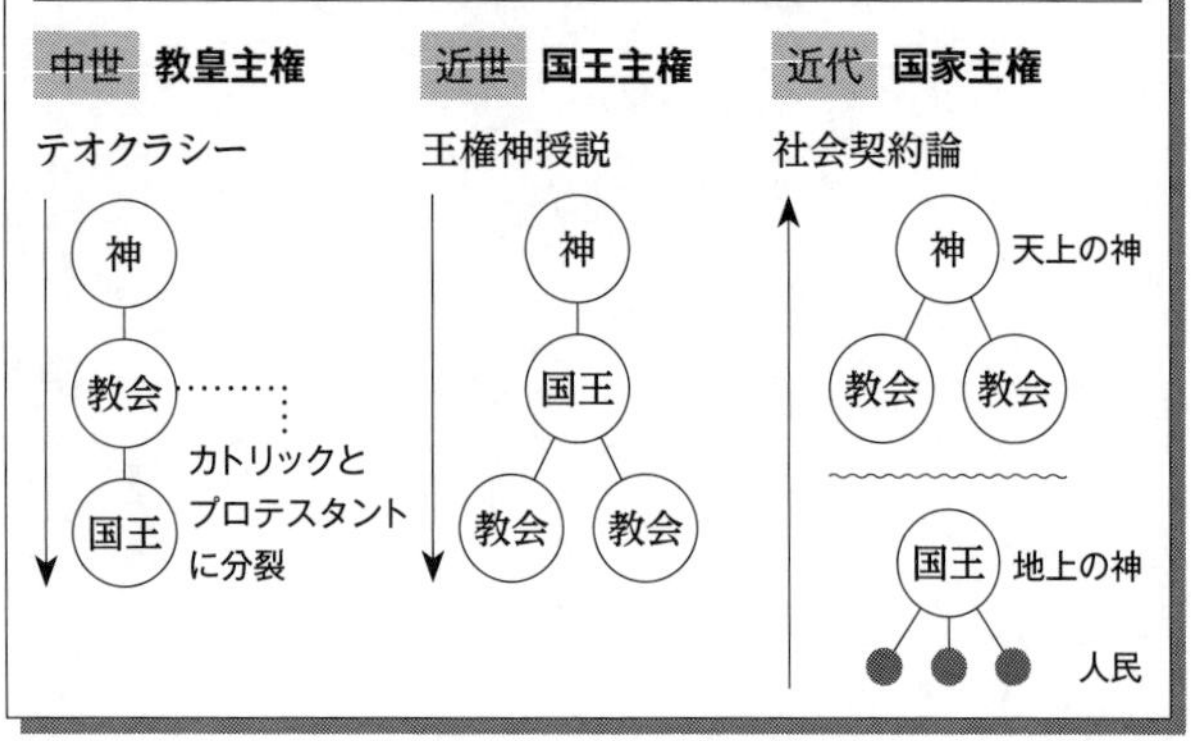

　ところが、教皇権があまりに肥大化すると、そのあり方はさすがにキリスト教の基本精神に反しているのではないか、という批判が提起されるようになりました。こうして宗教改革が始まり、結果として教会は、カトリックとプロテスタントに大きく分裂します。そして16世紀後半から17世紀前半に掛けて、激しい宗教戦争が巻き起こったのです。

　このような状況に歯止めを掛けるため、中世と近代の過渡期に当たる近世においては、国王を地上の最高権力者に位置づける「国王主権」の体制が模索されました。それを正当化するために案出された理論が、いわゆる「王権神授説」です。そこでは、国王は教会を介さず、社会や人民を統治する権力を神から直接授けられている、と唱えられたのです。

とはいえその体制も、長くは続きませんでした。なぜなら国王は、足下に従えた諸教会を平等には扱わず、自分に都合の良い宗派を優遇する傾向を見せたため、依然として宗教問題が燻《くすぶ》り続けたからです。最も状況が深刻化したのは、本講で見るイギリスであり、国王チャールズ1世がピューリタンを弾圧したことから革命が勃発し、逆に国王が処刑されるという事態にまで至りました。

そのためイギリスでは、「どうすれば宗教対立を乗り越えることができるのか」という問題に対する、ラディカルな思索が進められました。こうして現れたのが、トマス・ホッブズやジョン・ロックが唱えた「社会契約論」です。そこでは、人民の契約に基づいて国家を創設し、それに主権を与えるという「国家主権」の体制が提起された。また、神や教会に関連する宗教的領域を、国家という政治的領域から区別する「政教分離」の原則も示された。さらには、従来の政治・宗教論においては、神を世界の頂点に置き、そこからトップ・ダウン式に理論を展開するのが常道《じょうどう》だったのですが、社会契約論においては、個々の人間を出発点として、ボトム・アップ式に理論を積み上げてゆくという思考形式が現れたのです。本講では、イギリスの歴史を振り返りながら、現在にも繋がる近代的な体制が考案されたプロセスについて確認してゆきましょう。

1　イングランド国教会の成立

イギリスの特殊性——複合国家と立憲主義

先に述べたようにイギリスにおいては、宗教改革の影響が深刻化した結果、国王が処刑されるという市民革命にまで発展し、他のヨーロッパ諸国に先駆けて近代の体制が案出されました。なぜこうしたことが起こったのでしょうか。大きな要因としては、イギリスが複合国家であったこと、立憲主義の伝統を有していたこと、という二つの点が挙げられます。

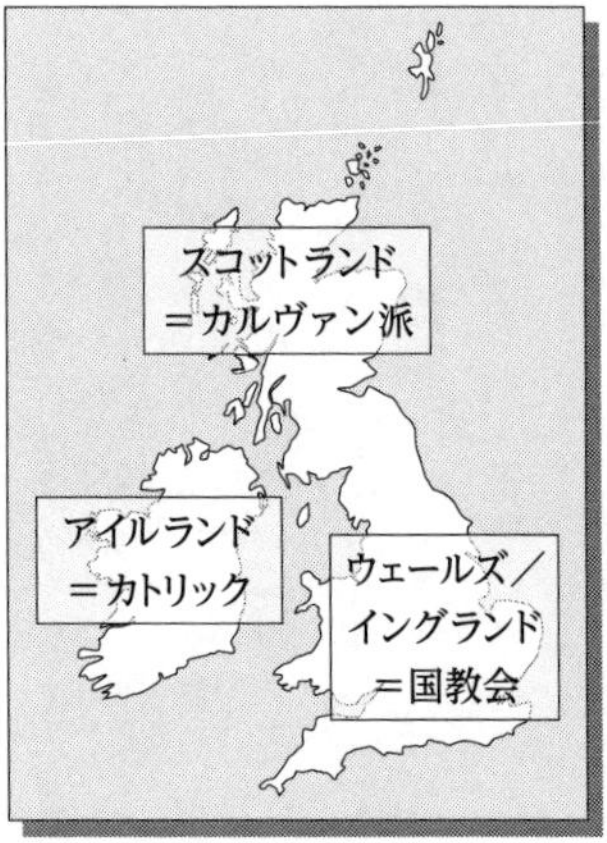

イギリスは、グレートブリテンとアイルランドという二つの島を中心とする島国であり、そのなかに、イングランド、ウェールズ、スコットランド、アイルランドという四つの国家が併存しています。これらの国家は、歴史的に複雑な関係を取り結んできたのですが、宗教改革が起こった16世紀には、イングランドとウェールズが国教会、アイルランドがカトリック、スコットランドがカルヴァン派というように、主流を占める宗派がそれぞれ異

なるという状況が生まれていました。宗教問題はイギリスにとって、複合国家体制の破綻をもたらしかねない大きな不安材料となっていたのです[1]。

当初イギリスは、絶対王政の強化によってこの問題を克服しようとするのですが、逆にピューリタン革命を引き起こしてしまい、それに挫折します。そうした動乱のなか、国家を制御する原理として改めて注目されるようになったのが、「立憲主義」の伝統でした。イギリスには中世以来、コモン・ローやマグナ・カルタなど、「法の支配」によって王権の暴走に歯止めを掛け、政治をコントロールするという文化が存在していた。こうした伝統に新たな精神が吹き込まれ、近代的な立憲主義の原理が練り上げられていったのです。

以下では、イギリスの複合国家体制と立憲主義という二つの要素に注目しながら、国教会の誕生から名誉革命までの歴史を具体的に見てゆくことにしましょう。

ヘンリー8世の離婚問題

イギリスにおける宗教改革が、ルターやカルヴァンのそれのように純粋なキリスト教運動から始まったものではなく、国王ヘンリー8世（一四九一－一五四七）の離婚問題に起因することは、広く知られています。ヘンリーは年上の妻キャサリンと一八年間連れ添っていたのですが、一五二七年に突然、結婚を解消したいと言い出したのです。一体どういう状況だったのでしょうか。

キャサリンは、スペイン・アラゴン王家の出身者であり、元々はヘンリー8世の兄アーサーと結婚するために、一五〇一年にイングランドにやって来ました。ところがアーサーは生まれつき体が弱く、王に即位する前に病死してしまった。両者の結婚は、スペインとイングランドの同盟強化を狙った政略的なものでしたので、イングランド王家はアーサー急死の埋め合わせとして、一五〇九年に次男ヘンリーを国王に即位させた上で、改めてキャサリンと結婚させたのです。

ヘンリー8世は、後に希代《きたい》の暴君としての姿を露わにしますが、本来は実直な性格であり、また敬虔なカトリック教徒でもありました。ルターの宗教改革が始まると、彼は『七秘蹟の擁護』という論文を著してこれを批判し、ローマ教皇から「信仰の擁護者」という称号を与えられています。

ところが、その一本気な性格が、徐々に裏目に出るようになる。王妃キャサリンが流産と死産を繰り返し、なかなか男子の跡継ぎに恵まれなかったことから、ヘンリーは、この結婚は神に祝福されていないのではないか、と不安を抱き始めたのです。旧約聖書『レビ記』20：21には、「人が兄弟の妻をめとるなら、兄弟を辱《はずかし》めることになる。それは汚れたことで、その者らに子どもはない」という記述があります。ヘンリーは、こうした定めが

自身に降りかかったと思い込んだのでした。(2)

とはいえカトリック教会は、原則的に離婚を認めていません。『マタイによる福音書』19：6には、「神が結び合わせてくださったものを、人は離してはならない」という離婚を禁じるイエスの言葉があり、そしてカトリックでは、結婚を秘蹟の一つとして位置づけているからです。

ヘンリーは教皇庁に、キャサリンとの結婚がそもそも成立していなかったと見なしてくれるよう求めましたが、時の教皇クレメンス7世は、即座に裁定を下すことができませんでした。その結婚は、三代前の教皇ユリウス2世の特別な認可によって成立したものであり、今さらそれを無効にするのが難しかったこと、またキャサリンの甥に当たり、当時絶大な権力を振るっていた神聖ローマ皇帝カール5世の機嫌を損ねることを危惧したからです。教皇は問題の先送りを繰り返した挙げ句、ヘンリーとキャサリンをローマに召喚しようとしたため、イングランド国民のあいだでも教皇への反感が高まりました。そこでヘンリーは、議会を招集して問題の解決を諮《はか》ることにします。(3)

宗教改革議会――カトリックからの独立

一五二九年に始まった議会では、教皇制に反対する法律が次々と採択されました。それは現在、「宗教改革議会」と呼ばれています。ヘンリー自身は終生カトリックの信仰を持ち続けましたので、どこまで彼の意図通りに事が運んだのかは分かりませんが、結果としてイングランドは、カトリックからの独立を決定しました。その経緯は、以下の通りです。(4)

議会は一五三三年に「上告禁止令」を発し、国内の訴訟を国外に持ち出すことを禁止しました。これにより、教皇が有していた最高司法権を否認すると同時に、ヘンリーの離婚問題を国内で解決することを宣言したのです。そしてカンタベリー大主教は、ヘンリーとキャサリンの結婚の無効、愛人アン・ブーリンとの結婚を正式に承認しました。

一五三四年には、イングランドの司教任命に教皇が干渉することを禁じた「聖職任命令」、ローマ教会への寄付を遮断した「ペトロ献金支払禁止令」、国王がイングランド教会の唯一にして最高の首長であることを定めた「国王至上法」を採択しました。特に国王至上法によってイングランドは、カトリックからの分離・独立を決定し、国教会を形成する道を歩み始めます。(5)

また、一五三六年に「小修道院解散法」、三九年に「大修道院解散法」を制定し、すべての修道院を解散させ、その財産をジェントリに払い下げてゆきました。この政策は、中世の社会体制を根底から解体し、近代社会を担う新たな階級の誕生を促進するという意味合いをも有したのです。(6)

英国教会主義と国王主権の確立

　イングランドはその後、カトリックとプロテスタントのあいだを揺れ動きながら、国教会のあり方を模索してゆきました。全体として言えば、教皇権への批判においてはプロテスタンティズムを、組織面・制度面に関してはカトリシズムを模範とすることにより、イングランドにとって最適な体制を作り上げていったと見ることができるでしょう。

　キャサリンと離婚した後、ヘンリー8世は次々に五人の妻を迎え、その内の二人を処刑してしまいます。また、エラスムスの盟友であったトマス・モアを始め、自らの意に反する人物を次々とロンドン塔に送り込み、粛清してゆきました。カトリックによって課されていた箍《たが》が外れた結果、権力欲の抑制が利かなくなり、暴君に転落していったかのようです。

　ヘンリーが死去した一五四七年、唯一存命していた彼の息子が、エドワード6世として即位しました。彼はカルヴァン主義の信奉者であり、カンタベリー大主教の補佐を受けながら、宗教改革を推進していった。「礼拝統一法」を定め、ラテン語で行うカトリック式の典雅《てんが》な礼拝を、英語で行う簡素な礼拝に変更したことは、国教会に大きな変化をもたらしました。(7) しかしエドワードは病弱な体質であったため、五三年に15歳の若さで夭折《ようせつ》してしまいます。

その後は、ヘンリー8世の最初の妻であるキャサリンの娘が、メアリー1世として即位しました。メアリーは、母を蔑《ないがし》ろにし、スペインとカトリックを裏切ったイングランド人たちに怨恨を抱いており、「異端火刑法」を復活させ、約三百名のプロテスタントを火炙《ひあぶ》りにした。[8] ゆえに彼女には「血塗れ《ブラッディ》メアリー」という綽名《あだな》が付けられています。現在では、トマトジュースとウォッカから作られる真っ赤なカクテルの名前として知っている人の方が多いかもしれません[9]。

　メアリーも子供を儲けることなく一五五八年に死去し、その後はヘンリー8世とアン・ブーリンの娘が、エリザベス1世として即位しました。彼女は優れた指導力を発揮し、四五年にわたるその治世に、イングランドの王政は絶頂期を迎えます。エリザベスは毛織物業を振興し、貿易を発展させました。また一五八八年、当時「無敵艦隊」と呼ばれていたスペインの海軍を「アルマダの海戦」において撃破したのです。

　宗教面に関しては、エドワード6世がプロテスタント寄り、メアリー1世がカトリック寄りであったのに対して、エリザベスは自覚的に「中道主義」を取りながら、国教会の体制を整えました。その方針は現在、「英国教会主義《アングリカニズム》」と称されています。

　エリザベスは一五六三年に議会を招集し、国教会の基本的なあり方を示す「三十九箇条」の要綱を採択しました。同文書では、教義面においてはプロテスタント、制度面においてはカトリックに範を取った「主教制[10]」が採用されています。そして特に注目すべき点は、37条「国の統治者について」において、国王主権が明記されていることです。

> 女王の主権は、イングランドの国土と女王の支配するその他の領地において至上の権力を持っている。教会のものであろうと世俗のものであろうと、この領土内の全ての財産《エステイト》に対する至上の統治権は、全ての場合において女王の主権に帰せられるのであって、外国の管轄権の下にはないし、また、あるべきではない。……聖書において敬虔な王たちに対して神御自身から常に与えられてきたと私たちが考えている独自な国王大権《プリロガテイブ》とは、神によって王たちに委任された全ての財産と階級を、それが教会のものかこの世のものかを問わず、王たちが統治することであり、また、頑固で悪い人々をこの世の剣をもって制止することである。
>
> （「イングランドの教会の三十九箇条[11]」）

ここでは、国王こそがイングランドにおける至上の統治権を有していること、その権力は神から与えられたものであることが記されています。そしてこうした発想は後に、「王権神授説」として理論化されてゆくのです。

エリザベス治世末期の宗教状況

エリザベスが示した中道主義という方針は、必ずしも社会に順調に受け入れられたわけではありませんでした。教皇ピウス5世によるエリザベス破門、スペインとの戦争勃発という事態が起こり、カトリック勢力との関係が悪化したため、エリザベスはやむなく一五九三年に「国教忌避者処罰令」を発し、カトリック弾圧に着手しています。

またプロテスタントからは、カルヴァン主義の影響を受け、宗教改革を徹底しようとする人々が現れました。彼らは純粋な信仰生活を求めたことから、「ピューリタン（純粋主義者）」と呼ばれます。エリザベスは彼らも取り締まりましたが、その勢力は徐々に成長してゆきました。

さらには、隣国のスコットランドとアイルランドでも、大きな宗教上の変化が起こりました。スコットランドは元々、カトリックが多数派を占めていたのですが、カルヴァンと親交があった牧師のジョン・ノックス（一五一四頃–一五七二）による改革運動が成功し、カルヴァン派が主流を占めるようになったのです。[12]

そしてアイルランドでは、イングランドが国教会制度を定着させようと働きかけた結果、かえって反発を招いてしまった。アイルランドはカトリック教会に救援を要請し、それを受けてイエズス会の一団が派遣され、同地に対抗宗教改革の拠点が築かれました。[13] こうして16世紀末には、先に述べたように、イングランドとウェールズは国教会、スコットランドはカルヴァン派、アイルランドはカトリックという、複雑な三竦《さんすく》みの構造が成立したのです。

エリザベス1世の治世においては、彼女の強い統率力によって、こうした宗教的分裂は何とか押さえ込まれていました。しかし一六〇三年にエリザベスが死去すると、問題が徐々に表面化してゆきます。

2　ピューリタン革命と名誉革命

王権神授説の提唱

エリザベスも子孫を残さずに死去したため、彼女の治世でテューダー朝は終わりを迎えます。その後は、スコットランド王がイングランド王を兼ね、ジェームズ1世として即位し、新たにステュアート朝を開きました。

ジェームズは、カルヴァン派が主流となっていたスコットランドの王でしたので、イングランドのピューリタンたちは、自分たちの求める改革が進められることを期待しました。彼らからの要請を受け、ジェームズは一六〇四年に「ハンプトン・コート会議」を開き、新たな英語訳聖書の作成を決定します。そして七年後に「欽定《きんてい》訳聖書（King James Version）」が完成しました。同書は、リズミカルかつ格調高い文体を特徴とし、多くの国民に愛され、近代英語が形成される上で模範的な役割を果たしたのです。[14]
とはいえジェームズ1世の宗教政策は、ピューリタンに好意的なものではありませんでした。実は彼は王権神授説の信奉者であり、その立場から国教会を強化することを望んでいたからです。
王権神授説とは、先に述べたように、「国王は人民を統治する権力を神から直接的に与えられている」とする考え方です。その思想が最初に明確化されたのは、フランスの法学者ジャン・ボダンが一五七六年に公刊した『国家論』という著作においてでした。当時のフランスでは、ユグノー戦争が激化するなか、カトリックとプロテスタントの双方から距離を取り、国家の秩序を安定させるための方法を摸索する「ポリティーク派」という人々が現れていた。[15]ボダンもその一人であり、彼は国家を「家族」のような共同体と捉え、「父親」の位置に当たる国王に主権を集中させるべきことを説いたのです。[16]
ジェームズ1世は、イングランド王に即位する五年前の一五九八年、『自由なる君主国の真の法』という論文を著しています。(17)そこで彼はもっぱら、旧約聖書において祭司サムエルが最初のユダヤ王を選ぶ記述に依拠しながら、(18)王の権力が神に由来すること、人民が王に服従することによって社会の秩序が保たれることを強調している。おそらくジェームズは、フランスにおけるユグノー戦争の動乱を横目で眺めながら、宗派分裂が進むイギリスにおいても、王権神授説に基づく絶対王政を確立する必要があると考えたのでしょう。

こうしてジェームズは、国王が国教会の首長として君臨し、ピューリタンとカトリックを抑圧するという専制的姿勢を示しました。しかし、当然ながら反発も強まり、一六〇五年には、カトリック教徒のガイ・フォークスらが国王爆殺を企てる「火薬陰謀事件」を起こしています。ジェームズは国民の支持を十分に集めることができず、一六二五年に失意の内に死去しました。(19)

立憲主義からの反論――権利請願

続いて即位したチャールズ1世も、先王と同じく王権神授説を提唱し、専制的な政治を行いました。その体制を擁護するために一六四〇年頃著された書物として、ロバート・フィルマーの『家父長制君主論』があります。(20)フィルマーは、国王の権力とは、神がアダムに世界の統治を委ねたことに由来すると規定し、その神聖性を強調しました。同書は、ジヨン・ロックが『統治二論』の前篇で詳細に反駁したことでも知られています。

チャールズ1世は贅沢を好んだ上、スペインやフランスとの戦争に巨額の戦費を使ったため、財政が逼迫《ひっぱく》しました。ところがチャールズは、この問題を議会に諮《はか》ろうとせず、臨時課税によって解決しようとしたことから、周囲の反発が高まってゆきます。

こうしたなか、一六二八年に議会が提出したのが、「権利請願」という文書でした。[21] その発案者は、『イギリス法提要』の著者として知られる法律家、エドワード・コーク（一五五二―一六三四）という人物です。[22] コークは、イングランドの政治体制は、中世以来の伝統を有するコモン・ローに基づくべきであるとする、「古来の国制（Ancient Constitution）」論を提唱しました。そして、たとえ国王といえども、そうした伝統に反して独断で政治を行うことは許されないと主張したのです。コークの思想は今日、「法の支配」を明確化し、古典的な「立憲主義（Constitutionalism）」を確立したものと捉えられています。[23] 彼は権利請願において、イングランドでは13世紀のマグナ・カルタ以来、自由人が法に反して逮捕・監禁されたり、財産を奪われたりすることは禁じられている、と訴えました。

チャールズ1世は、一旦はこの要求を受け入れましたが、直ちに心変わりして翌年議会を解散し、以後一一年にわたって専政を行いました。彼は国教会の信仰を強制し、イングランドのピューリタン、アイルランドのカトリック、スコットランドのカルヴァン派を弾圧したため、各地で激しい反発が引き起こされます。特にスコットランドでは暴動が生じ、一六三九年から「主教戦争」と呼ばれる戦乱が勃発しました。こうした状況を受けてチャールズは、戦費調達のために議会を招集せざるを得ない状況に追い込まれます。

ピューリタン革命①——イングランド内戦

一六四〇年に議会が開かれると、当然ながら、国王の失政への非難が吹き荒れました。結果として、不当な課税や宗教弾圧の禁止、少なくとも三年毎に議会を開催すること、などが取り決められたのです。

他方でそのあいだにも、スコットランドやアイルランドの政変が進み、それぞれカルヴァン派とカトリックの信仰に基づきながら、国家としての独立を目指す動きが生じました。そのためイングランドでは、事態に対処するために議会が主導権を握るべきと唱える人々と、王のもとで団結すべきと唱える人々が対立するようになった。ここから「議会派」と「王党派」が形成され、両者は一六四二年、チャールズ1世が不用意にも五人の議員を逮捕しようとした事件を切っ掛けとして、内戦を開始してしまいます。

戦争は当初、王党派が優勢でした。同派が経験豊かな軍隊を擁していたのに対して、議会派の軍隊は、民兵を中心としたアマチュアの集団であったからです。(24) ところが議会派では、指導者の一人としてオリヴァー・クロムウェルが登場し、急速に頭角を現しました。彼は議会派の軍隊に強固な規律と宗教的使命感を与え、戦況を覆《くつがえ》していったのです。

クロムウェルは一五九九年、イングランド東部でジェントリの家系に生まれました。母親が熱心なピューリタンであったため、彼は幼少期からその影響を受けながら成長した。また、フリースクールやケンブリッジ大学在学中にもピューリタンの教師による指導を受け、同派の思考法を体得してゆきます[25]。その後は庶民院の議員に選出され、一六四〇年の議会にも参加しました。

一六四二年に内戦が始まると、クロムウェルは議会派の指揮官として参戦します。当初、その軍隊は小規模でしたが、彼は兵士たちに聖書の携帯を義務づけ、キリスト教精神を叩き込むと同時に、『兵士のための問答』という文書を配布し、戦いの目的を明確化した。同文書の一節は、次の通りです。

一、私は戦う。国王を教皇派（カトリック）の手から救いだすために[26]。
二、私は戦う。この国に恣意的で専制的な政府を実現しようと長い間努めてきた人たちによって、いまや崩壊の危機に瀕している、わが国の法律と自由のために。
三、私は戦う。われわれの議会を守り抜くために。

四、私は戦う。今やこの国において激しく反対されまったく抑圧されようとしている、真実のプロテスタントの信仰を守るために。

（オリヴァー・クロムウェル『兵士のための問答』[27]）

このようにクロムウェルの軍隊は、自分たちの戦闘相手が「神の敵」であること、神の意志に従って戦う限り決して敗北しないということを、強固な信念として抱くようになったのです。

国王軍と議会軍は一六四四年、「マーストン・ムーアの戦い」で激突します。最初は国王軍が優勢でしたが、クロムウェル軍の献身的な奮闘により、戦いは議会軍の逆転勝利に終わりました。その後に議会軍は「ニューモデル軍」として全面的に再編され、クロムウェルは同軍の副司令官に就任します。そして四五年の「ネーズビーの戦い」において、チャールズ1世が自ら指揮する国王軍と対決する。ここでもクロムウェル率いる軍隊が目覚ましい活躍を見せ、議会軍は国王軍を打ち破りました。彼はこのとき、「幸運な勝利でした。神はその僕を喜んで使いたもうたのです」と述べ、自身の功績のすべてを神の御業《みわざ》に帰しています[28]。

ピューリタン革命②――国王処刑とクロムウェル独裁

ネーズビーの戦いによって王党派は壊滅し、チャールズ1世も議会軍に捕縛されました。そして一六四九年、「専制君主、反逆者、殺人者、国家に対する公敵」という罪状で、彼の死刑が決定したのです。

国王を処刑するという前代未聞の事態に、国民のあいだには動揺が広がりました。兵士のなかから死刑執行人を募ったものの、それに応じる人間はまったく現れなかった。そこで、高額の報酬と引き換えに、ある一般人が処刑を行ったのですが、彼も数ヶ月後、心身消耗の末に死んだと伝えられています。(29) こうしてチャールズ1世は、国民の異様な呻《うめ》き声が響き渡るなか、ホワイトホール宮殿前で斬首されました。王党派の一人はこうした経験を、次のように嘆いています。「これまでこれほど恐るべき教理がこの世の中に吐き出されたことは一度もなかった。……国王を裁くとは一体どんな法廷にできるか。一体誰がその裁判官になれるか。その死刑を平然と眺めるとは何たる不敬虔な目であることか。主の膏《あぶら》注がれた者に斧を振りおろすとは何という腕であることか(30)」。

強固な宗教的使命感に駆り立てられ、革命を成功させたクロムウェルでしたが、その後の道のりは平坦ではありませんでした。国王という柱を失った状態において、どのようにして国家秩序を保つことができるのか、決して明らかではなかったからです。

彼を悩ませた問題の一つは、議会派のなかで「長老派」と「独立派」の対立が始まったことでした。まず長老派は、王権と妥協した上で、カルヴァン主義を国教に据えるべきであると考えた。これに対して独立派は、王権を廃し、民主的な政治を行うことを望んだ。独立派内の急進勢力はさらに「水平派」を形成し、一六四七年に「人民協約」の採択を求めます。彼らの主張は、人権の保障や普通選挙の実現を目指す先進的なものでしたが、当時の状況にあっては政治の安定を脅かすものでしかなく、クロムウェルも四九年から弾圧に着手しました(31)。

もう一つの問題は、アイルランドやスコットランドとの関係でした。これらの地域で反革命の動きが生じることを恐れたクロムウェルは、四九年にアイルランド、五〇年にスコットランドに侵攻します。特にアイルランドでは、苛烈な虐殺や土地の収奪に踏み切ったため、同地に強固な反イングランド感情を根づかせることになってしまいました。

革命後の議会は、分裂と解散を繰り返し、急速に空洞化します。そのためクロムウェルは、五三年に「護国卿《ごこくきょう》」に就任し、事実上の独裁を開始しますが、その体制も安定せず、彼は五八年にインフルエンザで命を落としたのです。

名誉革命と権利章典

クロムウェルが死去すると、イングランドは無政府状態に陥りました。そして国民からは、再び王政を求める声が高まったため、一六六〇年、ヨーロッパ大陸に亡命していたチャールズ1世の息子を呼び戻し、チャールズ2世として即位させました。いわゆる「王政復古」の実現です。

ところがチャールズは、フランスでルイ14世による庇護を受け、彼から強く感化されていました。チャールズは、「太陽王」としてフランス絶対王政の頂点を画していたルイの姿に憧れを抱き、イングランドにも絶対王政とカトリックの支配を実現したいと夢想したのです。

とはいえ、当然ながら議会はこれに反発し、かつての王党派と議会派のように、王権を擁護する保守的な「トーリー党」と、それに反発するリベラルな「ホイッグ党」が現れました。チャールズ2世は一六八五年に死去し、その弟がジェームズ2世として即位しましたが、彼もまたカトリックの復興を求めたため、両党は協議し、王を交代させることを決定します。

そこでイングランドに招かれたのが、共にイングランド王家の血を引く人物、オランダ総督ウィレムと、妻のメアリーでした。ウィレムは当時オランダで、ルイ14世による侵攻に抗して戦っていましたので、フランスの影響力から脱するという役割を、イングランドでも期待されたわけです。結果として一六八八年、ジェームズ2世はフランスに亡命し、ウィリアム3世とメアリー2世のイングランド王即位が実現しました。流血を見ずに理性的に革命が達成されたことから、この一件は「名誉革命」と称されています。

その際、「権利章典」という文書が議会に提出され、両王もこれを承認しました[32]。同文書では、先王ジェームズ2世が、金銭の不当な徴収、宗教裁判所の設置、議員選挙の妨害、残虐な刑罰などによって、国民の諸権利を不当に侵害したことが非難されています。そして、これらの「権利および自由は、その一つ一つが全部、わが国の人民の真正で、古来から伝えられ、疑う余地のない[33]」ものであることが宣言されたのです。かつての「権利請願」において、エドワード・コークが提示した古典的な立憲主義の考え方が、ここでも踏襲されています。

権利章典は今日、近代的な立憲君主制のあり方を明確化したものと捉えられています。君主の存在によって国家の統合性・一体性を保ちつつ、実際の政治は議会が遂行する、という様式です。こうした体制を確立することにより、長く混乱が続いたイギリス社会は、ようやく安定を取り戻したのでした。

3　ホッブズの国家主権論

リヴァイアサンとは何か

以上のようにイギリスでは、ヘンリー8世が結婚の解消を求めた一五二七年から、名誉革命が達成される一六八八年まで、約一六〇年ものあいだ、宗教と政治が安定しない時期が続きました。こうした状況を前にして、思想や学問の世界でも、社会の基盤を再構築するための方法が模索された。その際、近代的体制の原案を描き出したのが、トマス・ホッブズの『リヴァイアサン』という著作でした。

ホッブズの考え方は、シンプルでありながら、極めて大胆でもあります。すなわち彼は、宗教改革が開始されて以降、激しい混乱が続くのを目にし、もはや社会の根拠を「キリスト教の神」や「聖書の物語」に置くことはできないと考えた。そこで、「主権国家」と「社会契約の物語」を新たに案出し、それに基づいて政治秩序を再編成するべきことを主張したのです。統治の正統性の根拠をもはやキリスト教には求めないことにしたのですから、中世や近世の思考法と比較すると、革命的な変化を意味します。

ホッブズは主権国家を、旧約聖書の『ヨブ記』41章に登場する「地上最強の怪獣」にちなみ、「リヴァイアサン」と名づけました。その強大な力を表現するための名称であることは確かなのですが、私自身は、なぜホッブズは新たに考案した国家像にこうした不穏な名前を付けたのか、今一つ腑に落ちませんでした。

とはいえ、左の絵の存在を知ったとき、疑問が解かれたように思いました。[34] これはピューリタン革命期にイングランドで出回った、「三つに裂かれた王の政治的身体」という風刺画です。そこには、「陰謀論者の教皇派」「血塗れのアイルランド派」「悪辣《あくらつ》な王党派」によって、国家の頭部が三つに引き裂かれた様子が描かれている。現在のイングランドではこのような怪獣が暴れ回っており、社会を混乱に陥れている、というわけです。

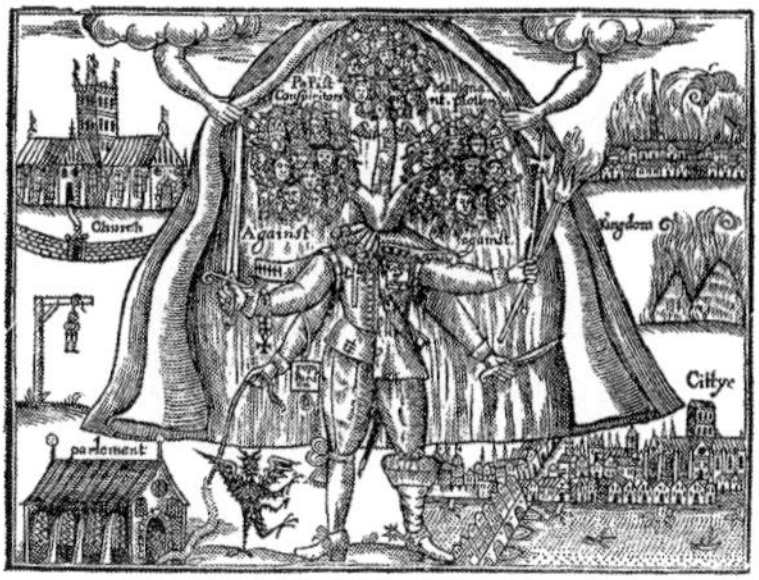

「三つに裂かれた王の政治的身体」

　ホッブズはピューリタン革命の動乱について論じた書物に、同じく『ヨブ記』に登場する怪獣である「ビヒモス」という名前を付けています。そして、このような「内乱の怪獣」を組み伏せるためには、「主権の怪獣」リヴァイアサンを登場させる必要がある、と考えたのではないでしょうか。

『リヴァイアサン』の扉絵

『リヴァイアサン』の冒頭には、上のような扉絵《とびらえ》が掲載されています。まず上部には、山よりも大きな巨人、リヴァイアサンの姿が描かれている。よく見るとその身体は、多数の人間が集合することによって作られていることが分かります。また彼の手には剣と司教杖が握られ、地上の最高権力者であることが表現されている。そして下部には、教会・議会・軍隊といった国家の構成要素が描かれ、リヴァイアサンの統治下にあることが示されているのです。このように並べて眺めてみると、リヴァイアサンという存在は、風刺画の怪物に対応する形で考案されたということが見て取れるように思われます。

ホッブズの生涯

それではまず、ホッブズの生涯を概観しておきましょう。

ホッブズは一五八八年、イングランドのウィルトシャーで生まれました。ちょうどその頃、スペインの無敵艦隊が襲来するという噂が流れ、恐怖した母親は、月足らずの状態でホッブズを産み落としてしまった。ホッブズは自伝において自身の誕生を、「母は大きな恐怖を孕《はら》み、私と恐怖との双生児を産んだ」と記しています(35)。彼はピューリタン革命の動乱のなかで常に命を脅かされ、人間存在の根底に「恐怖」という感情を見出すようになりますので、極めて含蓄深く響く言葉です。

ホッブズの父親は、イングランド国教会の牧師でした。とはいえ、彼の素行には問題が多く、暴力事件を起こした末、ホッブズが幼い頃に死去してしまう。その後にホッブズは叔父の援助を受けて養育され、オックスフォード大学に進みました。しかしそこでは依然として伝統的なスコラ学が教えられていたため、進歩的な性格であった彼は、教育内容に不満を覚えることが多かったようです(36)。

卒業後にホッブズは、有力な貴族であるキャベンディッシュ家の家庭教師になりました。そして、教え子の付き添い役としてしばしばヨーロッパ大陸に渡り、最新の学問に触れるようになった。一六二九年には、偶然ユークリッドの『原論』を目にし、数学的な方法で真理を探求する魅力に開眼しています。また、ガリレオ・ガリレイ、ルネ・デカルト、ピエール・ガッサンディといった先進的な学者たちと親交を結びました。特にガッサンディは、エピクロス派の哲学の研究者であり、ホッブズは彼から、唯物論的・原子論的な自然観を学んでいます。後述するようにホッブズの理論には、原子論的な個人主義や、力の相克から社会を捉える視点が存在しており、そこにはエピクロス的自然観からの濃密な影響が認められる[37]。実にそれは、ホッブズがスコラ学的世界観から脱却する際の重要な足掛かりとなったのです。

このようにホッブズは、新たな思想や学問を旺盛《おうせい》に吸収しましたが、父親が国教会の牧師であったこと、貴族の家庭教師を務めたことから、彼の現実的な立場は、王権寄りのものとならざるを得ませんでした。そして一六四〇年に議会が招集され、王政への非難が盛り上がると、ホッブズにも身の危険が迫り、パリへの亡命を余儀なくされます。二年後にはピューリタン革命が勃発し、長期の動乱が続いたため、彼は一一年ものあいだパリでの生活を続けました。四六年には、ピューリタン革命の動乱を避けて亡命してきた王太子を迎え、彼に数学を教えています。

ホッブズはパリで思索を深め、一六五一年に『リヴァイアサン』を完成させました。とはいえ、そのなかでカトリックを厳しく批判したため、フランスにも居辛くなってしまう[38]。やむなく彼はイングランドに帰国し、クロムウェル率いる新政権への帰順を表明したのです。

一六五八年にクロムウェルが死去、六〇年に王政復古し、ホッブズの教え子であった王太子が、チャールズ2世として即位しました。そこで翌年ホッブズは、『哲学者と法学徒との対話』を公刊して王政を擁護し、エドワード・コークを批判しています。ようやくホッブズも、堂々と論陣を張れるようになったわけです。ところがその直後、彼の思想は危険な無神論なのではないかという嫌疑を掛けられてしまう。結果として彼は六六年、政治と宗教に関する著作の出版を禁じられました。以降もホッブズは、イングランド内乱史『ビヒモス』を始め、多くの著作を書き上げましたが、公的に十分な評価を受けることはなく、一六七九年に91歳で世を去ったのです。

人間理性によって作られる人工の主権者

以上のようにホッブズは、近代思想の偉大なパイオニアであったにもかかわらず、ピューリタン革命の動乱に翻弄され、不遇な人生を過ごしました。とはいえ、そのなかで彼は、人間の本性を率直に見つめ直し、国家主権という新たな統治の仕組みを案出したのです。以下では『リヴァイアサン』の記述を追いながら、その論理を確認しましょう(39)。

同書の正式名称は、『リヴァイアサン――政治国家と教会国家の素材・形態・権力』であり、次頁のような四部から構成されます。まずホッブズは「序説」において、これから提示しようとする国家のあり方を、次のように描写します。

『リヴァイアサン』の内容

序説
第1部　人間について
第2部　コモンウェルスについて
第3部　キリスト教的コモンウェルスについて
第4部　暗黒の王国について

《自然》（すなわち神がこの世を作り統治する技《わざ》）は、人間の「技術」によってしばしば模倣される。……「技術」は……自然のつくった理性的でもっともすぐれた作品である「人間」さえも模倣する。すなわち、《コモンウェルス》とか《国家《ステイト》》と呼ばれる偉大な《リヴァイアサン》を創造するが、それは疑いなく一個の人工人間にほかならない。ただ、この人工人間は、自然人よりは大きくて強く、自然人を保護し防衛することを意図している。

（『リヴァイアサン』序説）

ホッブズは序説において、「人工人間」としての国家の組成を詳細に描き出しています。すなわち、主権こそが人工の「魂」であり、それが国家の全身に生命を与える。人々の富と財産が「体力」に当たり、国家の「仕事」は人民の安全を守ることである。和合は「健康」、暴動は「病い」、内乱は「死」である。そして、国家という人工人間を作り上げるものは、人々が取り結ぶ契約であり、それは神がこの世を作るときに宣した「人間を作ろう」という命令に似ている、というのです。

神から創造された存在である人間が、自らに備わる理性と想像力を用い、人民の安全を守るための人工人間として、国家という新たな神を創造する――。一言で言えば、それが『リヴァイアサン』の構想となります。

こうした理路《りろ》を展開する際に、『リヴァイアサン』では、上のような三段階の構成が用いられました。①まず始めに、そもそも人間とは何かが問われ（人間論）、②次に、人間同士が裸の状態でぶつかり合うとどうなるかが論じられ（社会論）、③最後に、そこで生じる問題を解決するために国家の存在が要請される（国家論）、という組み立てです。

このような構成により、キリスト教の神に依拠せずに、国家を基礎づけることが可能になりました。ちなみにこの枠組みは、ホッブズの後にも多くの理論家たちによって継承され、近代思想の最も根幹的な構造へと成長してゆきます。言わばそれは、「近代的弁証法の基本形態」と名づけることができるでしょう。

以下では、こうした三段階の構成に照らしながら、『リヴァイアサン』の内容を追うことにしましょう。

近代思想の基本構造

① 人間論 → ② 社会論 → ③ 国家論

人間論——想像力の機能

まず第1部では、人間に備わる諸性質について考察されます。そのなかで特に重視されているのは、「想像力《イマジネーション》」の機能です。想像力とは、現実には存在しないものを存在するかのように捉える力ですが、人間は他の動物と比較すると、著しくそれが発達している。想像力によって人間は、過去を反省したり、未来に思いを馳せたり、新しいものを作り出したりすることができる。またそれは、言語の能力と結びつき、世界に対する綿密な考察をも可能にする。人間は、諸事物に対して適切な名称を与えた上で、それらの相互関係を推論してゆくことにより、学問体系の構築さえ達成することができるのです[40]。

とはいえ想像力は、人間にとって肯定的な意味のみを持つわけではありません。人間は想像力を有するゆえに、多種多様な情念や感情に取り憑かれ、それらによって幸福を感じると同時に、苦悩をも与えられることになる。過去を振り返って後悔する、未来を予測して不安を覚える、理想の自己像と現実の自分とのギャップに苦しむ、他人が自分より恵まれていることに嫉妬する、といった事柄です[41]。こうした性質を持つ人間同士の関係は、必然的にどのようなものとなるのか。それが次のテーマとなります。

社会論——終わりなき戦争

ホッブズによれば、人間は想像力を有するがゆえに、肉体の強靭《きょうじん》さや容姿の美しさ以外にも、深慮・技芸・高貴・雄弁・富・評判・名誉・友好など、さまざまな要素に価値を認めるようになります。そして人間は、これらの要素を可能な限り増大させたいという欲求、すなわち「権力欲」を抱く。現在が充実していることに満足せず、より大きな欲求が遠い将来にわたって満たされ続けることを望むのです(42)。

しかし人間は、こうした性質と欲求ゆえに、困難な相互関係を強いられることになる。ホッブズはその原因として、自負・競争・不信の三点を挙げています。彼によれば人間は、明確な根拠がないにもかかわらず、「自分は他人よりも優れているはずだ」という自惚《うぬぼ》れや自負心を抱きがちである。そして、その気持ちを満足させるためには、競争に打ち勝って他者を屈服させなければならない、と考える。ところが、人間の能力には本質的にそれほど差がないため、機先を制して攻撃することが、他者に打ち勝つ上での最も効果的な手段となる。こうして人間のあいだでは、「先に攻撃しなければ攻撃されるのではないか」という不信や疑心暗鬼が広がり、必要以上に争いが頻発してしまう——。ホッブズは、プリミティブな人間関係のあり方を、端的に「戦争状態」と称しています。

自分たちすべてを畏怖させるような共通の権力がないあいだは、人間は戦争と呼ばれる状態、各人の各人にたいする戦争状態にある。……このような状態においては勤労の占める場所はない。勤労の果実が不確実だからである。したがって、土地の耕作も、航海も行われず、……時間の計算、技術、文字、社会、のいずれもない。そして何よりも悪いことに、絶えざる恐怖と、暴力による死の危険がある。そこでは人間の生活は孤独で貧しく、きたならしく、残忍で、しかも短い。

(『リヴァイアサン』第1部第13章)

国家論──社会契約が創造する新たな神

ホッブズは、国家や法制度が未だ存在しない自然状態において、すべての人間は、「自分の生命を維持するために、自分の力を自分が欲するように用いる」権利を有していると考え、それを「自然権」と呼んでいます[43]。出生や家柄などに関係なく、人間が本来的に平等な権利を有していることを明確に主張したのは、西洋思想史においては、ホッブズが最初でした。彼が素描した自然権という概念を起点として、後に「人権」という概念が練り上げられていったのです。

とはいえホッブズによれば、人間にとって自然権は、一義的に良い存在というわけではありません。先述したように、自然状態において個々人が思うままに自然権を行使すれば、権力欲の肥大化に歯止めが掛からなくなり、終わりなき戦争状態を招き寄せてしまう。そうなると逆説的にも、個々人の生命は常に脅かされ続けることになるのです。

そこで人々は、想像力の暴走によって戦争状態を招来《しょうらい》するのとは反対に、想像力の善用によって平和を実現することを求められる。すなわち、個々の権利を結集させて特定の一人格＝主権国家を作り上げ、社会を防衛する任務を委ねなければならないのです。

> 多数の人々が一個の人格に結合統一されたとき、それは《コモンウェルス》……と呼ばれる。かくてかの偉大なる《大怪物》（リヴァイアサン）が誕生する。否、むしろ「永遠不滅の神」のもとにあって、平和と防衛とを人間に保障する地上の神が生まれるのだと（畏敬の念をもって）いうべきだろう。
>
> （『リヴァイアサン』第2部第17章）

このようにホッブズは、主権国家を、天上的な「永遠不滅の神」（キリスト教の神）のもとにあって、平和と防衛とを人間に保障する「地上の神」と位置づけています。「二神論」という特異な形式を採用することによって、国家の存在をキリスト教の神から截然《せつぜん》と切り離しているわけです。この構想のためにホッブズは、「無神論者」や「異端」の嫌疑を掛けられ、著述の公刊を禁じられることにもなったのですが……。ともあれ、未だ荒削りではあるものの、ここには近代的な政教分離の原型がはっきりと示されています。

　またホッブズは、国家において最も重要なことは、その主権性が脅かされないことにあると主張しました。彼は伝統的な政治学に倣い、国家の基本的な形態として、君主政・貴族政・民主政の三種類があることを認めていますが、一旦何らかの政体が成立してしまえば、後から変更されるべきではないと考えた。そういった事態が起こると、主権の土台が激しく動揺することになるからです[44]。そしてこの考え方をイングランドに適用すると、同国の伝統的な政体は君主政であり、革命によってそれを転覆することは望ましくない、という結論が導かれる。このようにホッブズの理論には、革新性と守旧性が奇妙に同居しているという特色が見られます。

　法に関してもホッブズは、主権国家の絶対性を強調しました。すなわち法には、自然法・慣習法・市民法など、さまざまな種類が存在しますが、そのなかで正式な法として認められるのは、主権者が発布・承認した法だけである。また、唯一の立法者である主権者は、法を超越しており、それに縛られることはない。こうした理路からホッブズは、コモン・ローに基づいて王権を制限しようとしたエドワード・コークを批判したのです[45]。

　ゆえにホッブズによれば、国民は、国家が事実上解体しているといった例外的な状況を除き、国家の法や命令にどこまでも服従することが義務づけられる。(46)やや不思議に感じられることですが、国家に怪獣の名前を与えたにもかかわらず、『リヴァイアサン』においては、暴走した国家をいかにして止めるかという、「抵抗権」に繫がる考え方が極めて希薄です。それほどまでにホッブズは、内乱状態（ビヒモス）の発生を恐れ、主権国家（リヴァイアサン）の統合性・安定性を重視していたものと思われます。

キリスト教論——「霊的主権」への批判

以上のようにホッブズは、国家像を描き出すに当たって、その主権性と統合性を重視しました。そして当時、国家に分裂をもたらす最大の要因となっていたのは、何よりキリスト教の信仰でした。そのため『リヴァイアサン』の第3部と第4部では、キリスト教のあり方が批判的に論じられています。

ホッブズはそこで、聖書のさまざまな箇所を参照しながら、宗教と政治の関係を考察しています。その論点は多岐にわたりますが、全般的に言えば、宗教権力が政治主権者の地位を脅かすときに大きな混乱がもたらされる、ということを繰り返し指摘している。

その際にホッブズは、キリスト教の本来的なあり方を明確化するために、「そもそもキリストとは何か」という問題を論じています。彼によればキリストは、「罪を贖《あがな》う者」「牧

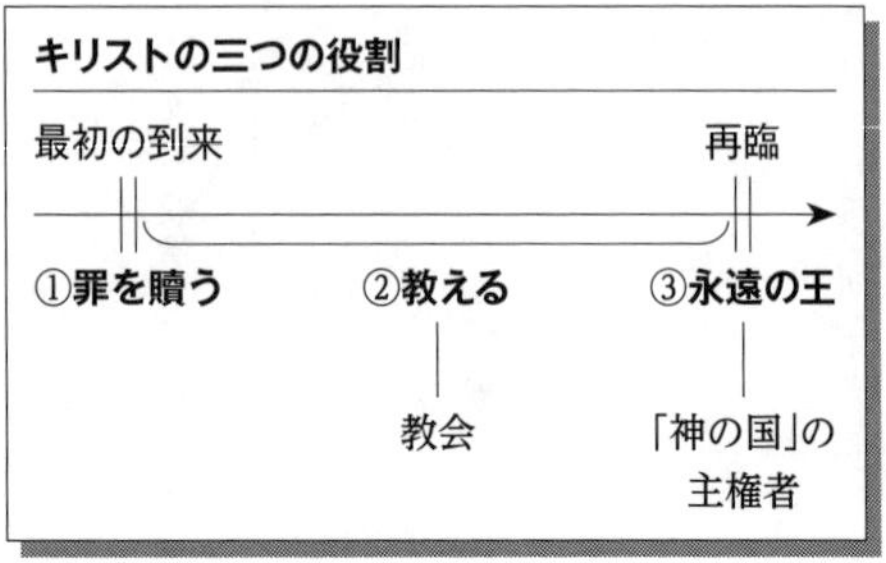

者や教師」「永遠の王」という三つの役割を持っている。そしてそれらの役割は、歴史の流れのなかで順次展開されてきた。すなわち、まずキリストは、世界に最初に到来したとき、自らの命を犠牲に捧げることにより、人類の罪を贖った。またキリストは、神の国に関する福音を人々に教え、その内容は現在も、教会を通じて広められている。さらにキリストは、世界の終末時に再臨し、神の国における永遠の王、神的な主権者として統治を行うことになる[47]。その歴史観を図式化すると、上のようになります。

ホッブズは、こうした仕方でキリスト教の根幹を整理することにより、教会とは、キリストの最初の到来から再臨に至るまでの中間の時代にあって、福音を宣《の》べ伝えるという役割を担った「教える権力」に過ぎないこと、現世においてそれが主権性を主張するのは誤りであることを訴えたのです[48]。

ところが、中世のカトリック教会は、神権政治《テオクラシー》の理論を唱え、教皇こそが現世の主権者であると主張してきました。ホッブズはこれを、古代世界においてローマ帝国が保持していた政治的主権性を不当に簒奪したものとして、厳しく批判しています。それによって出現したものは、「神の国」どころか「暗黒の王国」であり、「もし人がこの偉大な教会支配権の起源を考えてみるならば、『教皇制』とは、死滅した『ローマ帝国』の『亡霊』が、その墓の上に冠をいただいて坐っているのにほかならないことに容易に気づくであろう」[49]とさえ論難するのです。

第9講で論じたように、そもそも「教皇主権」という体制は、中世のカトリック教会が、世俗権力による教会私有を抑止するために考案したものでした。ゆえにそれを、「暗黒の王国」や「過《あやま》てる霊的主権」と見なすホッブズの評価は、やや酷であるように思えなくもありません。とはいえ彼は、正当な形式の「神的主権」は、やがて到来する神の国において初めて確立されるものであり、現在の教会にそのような地位を認めてはならないこと、現世において主権を保持すべき存在は国家であり、国内においてどのような宗教が許容されるかについても、国家の決定に従うべきであることを主張し、透徹した「国家主権」の姿を示そうとしたのです。

4　ロックの近代的立憲主義

ロックの生涯

　ホッブズは、主権国家のあり方を鮮烈なイメージによって描き出しましたが、そこには未だ荒削りな点や、考察が十分ではない点が残されていました。ホッブズから社会契約論を継承し、さらに磨き上げていったのは、彼より四四年後に生を受けた思想家、ジョン・ロックでした。

　ロックは一六三二年、イングランド南西部のサマセット州に生まれました。家の宗派はピューリタンであり、弁護士であった彼の父は、ピューリタン革命時の内戦に議会派の一員として参戦しています。ロックは四七年にウェストミンスター・スクールに入学し、ロンドンでの生活を始めました。ちょうどその年、チャールズ1世が議会軍に捕縛され、二年後に処刑されています。ロックが通っていた学校は、処刑が行われたホワイトホール宮殿の近くにありましたので、彼自身も革命の衝撃を肌で感じたものと思われます。

　ロックは優秀な学生であり、一六五二年からオックスフォード大学に進みました。彼は当初、医学に関心を抱き、それを通じてさまざまな実験科学を知るようになった。そして、ロバート・ボイルやアイザック・ニュートンの自然学、ルネ・デカルトやピエール・ガッサンディの哲学などに触れることにより、スコラ学的な世界観から脱却してゆきました。初期のこうした知的遍歴は、ホッブズのそれと似たところがあります。

ロックは静謐《せいひつ》を好む性格でしたので、自然科学者として穏やかな生活を送ることを望んでいましたが、ある切っ掛けから、政治状況に深く巻き込まれてゆきます。それは一六六七年、有力な政治家であるアシュリー卿と知り合い、彼の主治医兼秘書になったことです。

その頃は、クロムウェルが死去して王政が復古していたのですが、依然として宗教問題が燻《くすぶ》り続けていました。革命後の揺り戻しを見せるかのように、国教会を強化し、ピューリタンを始めとする非国教会派を弾圧する法律が、次々と制定されていたからです（クラレンドン法典）。アシュリー卿はこうした動きに反対を表明しました。そしてロックも、信教の自由を明確な形で保障するべきであると考え、一六六七年に『寛容論』を執筆します。一六七一年には、主著の一つとなる『人間知性論』の執筆に着手しました。

その一方、国王のチャールズ2世がフランスと密約を結び（ドーバー条約）、イングランドをカトリック化する計画を進めていたことが発覚しました。そこでアシュリー卿は、反国王派としての活動を本格的に開始します。こうした動きに対抗するため、国王派は、王権の正当性を論証しようと、チャールズ1世時代に執筆されていたロバート・フィルマーの『家父長制君主論』を公刊しました。そこでロックは、同書に反論する著作として、『統治二論』の執筆を始めます。以降も国王派と反国王派の対立は激化の一途を辿り、ロックもまた八三年、オランダへの亡命を余儀なくされたのです。

その後ロックは、名誉革命が達成された一六八九年に帰国し、それまで書き溜めていた『寛容についての手紙』『人間知性論』『統治二論』などを立て続けに公刊しました。当時は議会中心の政治体制を確立することが求められていましたので、ロックはそうした要請に応える思想家として、高い名声を集めたのです。晩年の彼は、法律や経済に関する政府のアドバイザー役を務め、一七〇四年に72歳で死去しています。

ホッブズとロックの差異

ホッブズとロックは、社会契約に基づく国家論を構築した点で大きく共通していますが、それ以外の点では、極めて対照的でした。ホッブズが国教会の牧師の父を持ち、王権擁護のスタンスを取ったのに対して、ロックはピューリタンの家庭に育ち、議会擁護のスタンスを取った。性格面でも、ホッブズが外向的かつアグレッシブであったのに対して、ロックは内向的で物静かであった。また、ホッブズがピューリタン革命の動乱期を生き、非難のなかで生涯を終えたのに対して、ロックは名誉革命の達成期に生き、イングランドの新体制を定着させる役割を担った。ともあれ、二人が対照的な存在であったことによって、社会契約論は短期間の内に磨き上げられたようにも思います。

両者の思想に見られる最も大きな相違点は、ホッブズが恐怖や闘争を人間の本質と見なし、戦争論を基盤として理論を組み上げたのに対して、ロックは所有と労働を重視し、経済学的な発想を土台に据えたことです。これによりロックにおいては、ホッブズのような刺激的な理論展開が影を潜める一方、社会の着実な発展を捉える視点が導入されました。それでは、『統治二論』を参照しながら、彼の理論を追うことにしましょう。

『統治二論』①――所有権の発展

先述したように、『統治二論』の前篇でロックは、フィルマーの『家父長制君主論』を徹底して論駁しています。フィルマーは同書において、神がアダムに地上の最高統治権（主権）を与え、現在の王はその権力を正当に継承しているという王権神授説を展開したのですが、ロックはそうした主張に根拠がないことを逐一指摘したのです。前篇の詳細な内容については、あまりに話が細かくなってしまうため、ここでは省略することにしましょう。

そして『統治二論』の後篇では、ホッブズの『リヴァイアサン』と同じく、①人間論、

②社会論、③国家論という順序に沿いながら、統治のあり方について論じられています。各段階の概要は、以下の通りです。

まず「人間論」において、ロックは人間の自然状態を、「人それぞれが自然法の範囲内で自分の行動を律し、自らが適当と思うままに自分の所有物や自分の身体を処理することができる、完全に自由な状態」と規定します。神は決して、同種の被造物である人間一人一人のあいだに、地位や権力の優劣を設けなかった。すべての人間が本来的に自由で平等であることは、あまりにも明らかだ、と論じるのです[50]。

フィルマーは『家父長制君主論』において、神は人類の父祖であるアダムに対して主権者としての特別な地位を与えたのであり、ゆえに他の人間は、それに由来する権威＝王権に服従しなければならない、と主張しました。しかしロックはこの考え方を否定し、すべての人間は本来的に自由で平等な存在として創造された、と明記しています。そしてホッブズが説いた「自然権」と同じく、すべての人間に自己保存と自己決定の権利があることを認めたのです。

それでは、こうした権利を用いて、人間は何を始めるのか。ホッブズが「戦争」を始めると考えたのに対して、ロックは「労働」を始めると考えました[51]。彼によれば原初的な人間関係は、労働によってこそ築かれる。ロックが描く「社会論」の原型は、次のようなものです。

人は誰でも、自分自身の身体に対する固有権《プロパティ》をもつ。……彼の身体の労働と手の働きとは、彼に固有のものであると言ってよい。従って、自然が供給し、自然が残しておいたものから彼が取りだすものは何であれ、彼はそれに自分の労働を混合し、……彼自身のものである何ものかを加えたのであって、そのことにより、それを彼自身の所有物とするのである。

（ジョン・ロック『統治二論』後篇第5章27）

このようにロックは、所有と労働という概念に依拠しながら、社会形成のプロセスを描き出してゆくのですが、その出発点に置かれているのは、「自分自身の身体に対する固有権」という考え方です。

自分の身体が自分の所有物であるというのは、言うまでもなく当たり前ではないか、と思われるかもしれません。とはいえ古代においては、奴隷制が広く存在しており、そこでは自己身体の固有権を持つ自由人と、他者に所有される奴隷とが厳然と区別されていました。さらに中世のキリスト教社会においては、個人の身体は神から与えられた預託物であり、「キリストの体」（教会共同体）の一部であるという感覚が一般的でしたから、ロックの身体観は、実は極めて革新的です。「自己身体の自己所有」という考え方こそは、近代的な人権概念の最も重要な礎石となるものであり、そして近代社会は、そうした基盤の上に構築されています。私たち近代人は、こうした観念によって多くの自由と喜びを与えられ、しかし同時に、それに伴う苦悩に苛まれていると言ってさえ過言ではないかもしれません[52]。

原初状態において人間は、すべてが共有物である世界のなかで、自然の恵みを享受して生活しますが、やがては自己身体を用いて労働するようになり、私的所有権の範囲を広げてゆきます。こうして、牧畜や農耕の技術が進歩するとともに、私財の蓄積や交換を行う道具として、貨幣が出現したのです[53]。

私的所有のシステムが発展を遂げ、本格的な経済活動が開始されると、相互の権利衝突を調停し、個々人の生命と財産を保護するために、国家（政治的共同体）という共通権力が求められるようになります。ロックの基本的な「国家論」は、次の通りです。

> 何人かの人々が、自然法を執行する自分自身の権利を放棄し、それを公共の手に委ねるという形で結合して一つの社会を作るとき、そこに国家が出現することになる。人々は国家の立法部に、社会の公共善のために法を作る権威を与える。そして為政者は、国家の法に依拠しながら、各成員の権利を保護するための統治を行う。こうして人々は、「自然状

態を離れ、政治的共同体の状態のなかに自らを置くのである」[54]。

『統治二論』②――国家権力の制御

以上のようにロックは、所有権の発展という観点から、人間・社会・国家のあり方を描き出しました。そのなかで国家は、「固有権《プロパティ》の保全」[55]、すなわち、個々人の生命と財産を守るという役割を与えられています。

こうした見地からロックは、ホッブズが示したような、「一旦成立した国家権力にはどこまでも服従すべきである」という絶対主義的主張に反対しました[56]。国家が地上の最高権力であることは認められるべきであるとしても、その役割は、国民の生命と財産を保全することに限られる。国家がそれに反した場合、権力の行使には歯止めが掛けられなければならない。ホッブズの『リヴァイアサン』とは異なり、ロックの『統治二論』では、国家権力の制御に関する議論が積極的に行われています。以下でそれを見ましょう。

ロックはまず、国家の根幹を形作るものが「法」であることを、次のように表現します。

人々が社会に入る大きな目的は、彼らの固有権《プロパティ》を平和かつ安全に享受することであり、しかも、そのための主要な手段と方法とはその社会で制定された法に他ならない。従って、すべての政治的共同体〔国家〕の第一の、そして根本的な実定法は、立法権力を樹立することにある。……そうした立法権力は、政治的共同体の最高権力であるだけではなく、共同体がひとたびそれを委ねた人々の手中にあって神聖かつ不変の権力でもある。

（ジョン・ロック『統治二論』後篇第11章134）

国家は人間と社会を、法を公布することによって統治する。ゆえに国家にとっての最高の権力は、新たな法を制定する権力＝立法権力である。[57]そして、立法部を通して制定された法以外は、効力を有するものとは見なされない。しかし他方、立法部が制定した法であるからといって、すべてが有効であるというわけでもない。なぜなら国家は、国民の生命と財産を守るという自らの役割に反した法を制定することはできないからです。ロックは、「立法部の権力は、その範囲をどんなに大きく見ても、社会の公共善に限定される。それは、保全以外の目的をもたない権力であり、従って、臣民を破滅させたり、奴隷にしたり、あるいは故意に貧困にさせたりする権利をもつことは決してできない[58]」と明記しています。

先に見たようにロックは、人間が本来的に自己保存権を持つことを認めていました。そして、そのような「自然法の義務」は、国家状態においてもなお有効であり、国家の法は、自然法によって人間に与えられた権利を侵害することができない。イングランドにおける伝統的な法（コモン・ロー）に依拠して王権を制限しようとするのが「古典的立憲主義」であるとすれば、自然法や社会契約論に依拠して国家権力を制限しようとするロックの考え方は、「近代的立憲主義」と呼ぶことができるでしょう。

さらにロックは、法の作成は短期間で終わることが多いため、立法部が常時存在し続ける必要はなく、行政部を別に設けるべきこと、また行政部を内政担当（執行権力）と外交担当（連合権力）に分け、国家権力の一極集中を防ぐべきことを論じています(59)。このような権力分立と抑制均衡の仕組みも、近代的立憲主義を構成する重要な要素の一つです。

それでは、国家が暴走し、国民の生命と財産を侵害するようになった場合、どうすれば良いのか。ロックは次のように述べます。

> 立法部が、社会のこの基本的な規則に違反し、野心や恐怖や愚かさや堕落によって人民の生命、自由、資産に対する絶対的な権力を自ら握ろうとしたり、あるいは誰か他人の手に置こうとしたりする場合にはいつでも、立法部は、この信託違反によって……権力を喪失し、人民にその権力が復帰することになろう。人民は……新たな立法部を設立することによって、彼らが社会のうちに身を置く目的である自分自身の安全と保護とに備える権利をもつからである。　（ジョン・ロック『統治二論』後篇第19章222）

ロックは、ホッブズやルソーといった他の社会契約論者と異なり、明確な仕方で国家への「抵抗権」を認めています。前講で見たように、抵抗権は本来、カルヴァン派が提唱していた概念でした[60]。ロックは幼少期にピューリタンの教育を受けましたので、もしかしたらそれを耳にする機会があったのかもしれない。また次講で見るように、ここで示された抵抗権の概念は、アメリカがイギリスから独立する際の理論的根拠となったものですので、歴史的にも大きな影響力を発揮したのです。

『寛容についての手紙』①——政教分離原則

『統治二論』が立憲主義的国家像を描いた著作であるのに対して、『寛容についての手紙』（以下『手紙』と略す）はさらに、国家と教会の関係、政治と宗教の関係という、より広いテーマについて論じています。本書は、近代的な「政教分離」原則を理論的に明確化し、「信教の自由」のあり方について規定した著作ですので、その重要性は『統治二論』に劣るものではありません。近代社会の最も基礎的な構造を知るためには、まずはこの論文に当たるべきであると思われます。

『手紙』の冒頭でロックは、ヨーロッパに吹き荒れた宗教戦争の様子を振り返り、カトリックであろうとプロテスタントであろうと、宗教のためと称して武力や政治力を行使することは、そもそも福音書に説かれた愛の原理に反する、と述べています。そして、縺《もつ》れに縺れた宗教問題を解決するためには、「政治的統治の任務と宗教の任務とを明確に区別し、両者の間に正しい境界線を設定することが何にもまして重要[61]」と訴えるのです。

その前提としてロックは、国家と宗教の定義を試みます。彼によれば国家とは、「もっぱら各人の現世的利益を確保し、維持し、促進するために構成された人間社会[62]」である。ここで言う「現世的利益」とは、具体的には、個々人の生命・財産・自由を守ることを意味します。すなわち、国家や政治が関与し得る領域は、厳密に現世的・物理的な次元に限られる。彼は、国家が「魂の救済」といった精神的な次元に関与すべきではないことに、厳しく注意を促すのです[63]。

少し余談となりますが、翻《ひるがえ》って日本においては、「大和魂《やまとだましい》」や「英霊」といった概念に見られるように、国家の領域と魂の領域が未だ不可分に結びついているところがあります。そのためロックの国家論を読むと、極めて即物的でドライであるという印象を受けるかもしれない。とはいえ、こうした即物性こそが近代国家の本来的な立脚点であるということは、きちんと理解しておく必要があるでしょう。

次に、宗教についてロックは、その真の生命力は、「心の内で完全に納得する[64]」点にあると指摘します。いかなる信仰告白や外的礼拝を行おうとも、それが神の御心に適《かな》うということを自分の心のなかで深く納得できなければ、魂の救済に繋がることはない。真の宗教的救済は内的確信において存在し、それを外部の力によって強制することは不可能である、とロックは説くのです。

ロックは国家を、社会契約によって作られる自発的な共同体として描き出しましたが、教会もまた、次元が異なるとはいえ、そのような種類の存在であると見なしました。彼は教会を、「神に受け容れられ、また魂の救済に役立つと判断する仕方で神を公的に礼拝するために自主的に結合した人々の自発的な結社」[65]と規定しています。

人々は、自分の意志に基づいて自由に教会に加入することができるし、その礼拝が精神的に満たされないと感じるのであれば、自由にそこから離れることができる。教会の側でも、あるメンバーが教会の法に従わないという場合には、彼を追放することができる。とはいえ、教会がそうした人物を異端者と見なして差別・迫害したり、暴力的な制裁を加えたりすることは許されない。また国家は、キリスト教以外の諸宗教であろうと、偶像崇拝に当たるその他の信仰であろうと、宗教の領域に不用意に介入してはならない。政教分離、信教の自由の原則に立脚しつつ、個人・教会・国家が相互に寛容な態度を取るよう努めるべきであるというのが、政治と宗教に関するロックの全般的な見解となります[66]。

『寛容についての手紙』②——国家が宗教に介入すべきケース

とはいえロックは、国家はいかなる場合においても宗教的領域に介入するべきではない、と考えていたわけではありません。『手紙』の終盤では、そうしたことを行うべき五つの例外的なケースについて論じられており、[67]その記述からは、ロックのリアリスティックな側面を窺うことができます。各ケースの概要は、以下の通りです。

①反社会的な団体……政治社会の維持に不可欠な道徳的規則に反する見解を唱え、全人類の審判によって非難されるような事柄を宗教の教義として保持している。
②不当な特権を要求する団体……自分自身が政治権力から特別な権利を与えられることを要求すると同時に、他の団体を異端として不平等に扱うよう唆《そそのか》す。
③他の君主や外国に奉仕する団体……その教会に加わると、実質的に他の君主や外国の保護下に入り、それらに奉仕するようになる。
④無神論者……神の存在を否定する人間は、決して寛容に扱われるべきではない。それは、人間社会の絆である、約束・契約・誓約などの観念を根底から瓦解させてしまう。
⑤反乱を企む秘密集会……秘密裏に集会を行い、反乱を企てているような団体。

ロックはここで五つのケースを挙げていますが、全体としては三種類に分類できると思われます。それぞれの内容について、簡単にコメントしておきましょう。

まず①と⑤においては、社会の秩序を根本から覆そうとするような団体が挙げられています。すなわちロックは、近代社会の根幹を、個々人の生命と財産を保障するために国家を形成することに置いたのですが、こうした団体は、それを脅かすような教えを説いてしまう。具体的には、宗教的真理のためであれば他人の生命を奪っても良い、詐欺的な手法で財産を集めることも許される、といった事柄です。

この部分を読んで、どうしても私の頭を過《よぎ》るのは、やはりオウム真理教を巡る事件です。その際に日本の警察は、「信教の自由が盾となって教団の捜査に着手できなかった」と弁明し続けました。しかし、ロックの考えに即するならば、国民の生命と財産を守るために、また、民間レベルでの紛争を抑止するために、国家は反社会的な性質を帯びた宗教団体に対しては、適切な仕方で介入しなければならないのです。国家的介入がすべて後手に回ったために、オウム問題はあそこまで拡大したように思われます。そして、オウム事件を真に反省するのであれば、宗教問題に国家が介入するための条件や方法について真剣に議論し、新たな制度を考案するべきでしたが、遺憾ながらそうした動きは、現在でも明確には見られていません。

次に②と③においては、国家主権を脅かすような宗教的権威や外国勢力が挙げられています。このときロックが具体的に念頭に置いていたのは、カトリックの教皇制と、イスラム教のカリフ制でした。[68] この講義でも触れてきたように両者は、宗教的指導者を事実上の主権者と位置づけ、世俗の領域にも支配力を及ぼすべきであると唱えますが、こうした見解は、近代的な国家主権体制や政教分離原則とは根本的に相容れないのです。

カトリック教会はその後、近代の秩序に順応するような方向に再編されてゆきましたので、それほど大きな問題は生じなかったのですが、第15講で扱うように、イスラム教におけるカリフ制は現在もなお、「反近代」の立場として少なからず影響力を振るっています。近代主義的な国家に属する国民として、私たちも、イスラム教の根幹であるカリフ制にどのように向き合うべきかということについて、今後も考察を深めてゆかなければならないでしょう。その際には、近代の政教体制を初めて明確化した『手紙』において、イスラム教の問題が早くも姿を見せていることに、もっと注目するべきなのかもしれません。

最後に、一見して意外に思われるのは、④において無神論者を容認するべきではない、と規定されていることです。なぜなら現在では、「信教の自由」とは一般に、いかなる神や宗教も信じない「無神論・無宗教の自由」もあると考えられているからです。

とはいえ、ここでロックが指摘しているのは、「特に何も信じていない」といった消極的な無神論ではなく、他者の信仰を進んで攻撃するような、積極的な無神論が孕《はら》む問題についてです。宗教それ自体を単なる迷妄と捉えたり、特定の信仰者への迫害に走ったりする種類の無神論は、まず何より、近代社会の基礎に置かれるべき寛容の姿勢を見失わせてしまう。例えば、19世紀以降に積極的な無神論を唱えた代表的人物として、カール・マルクスとフリードリヒ・ニーチェが挙げられますが、両者の思想がそれぞれ、共産主義とナチズムという反近代的な全体主義に結びついたことを考えれば、ロックがその危険性をいち早く指摘していたことは、やはり卓見であったようにも思われます。国家は決して、「非寛容」に対して寛容であってはならないのです。

また、これまで見てきたようにロックは、国家であれ教会であれ、さまざまな共同体は「契約」によって作られるという考え方を示しました。そして彼は契約に関して、神が言葉によって世界を創造したように、言葉によって新たな物事を創造する厳粛な行為と見なしていた。ところが無神論者は、神の存在を否定することを通して、共同体の実在性、契約の真理性をも否認してしまい、結果として、社会秩序を根底から掘り崩してしまう。それは究極的にはアナーキズムを帰結せざるを得ず、ゆえに拒絶されなければならないのです。契約についてのこうした感覚は、ロックの時代のみならず、現在の欧米社会にも根強く残っています。

註

（1）岩井淳『ピューリタン革命と複合国家』16－26頁を参照。
（2）半田元夫＋今野國雄『キリスト教史Ⅱ』130－131頁を参照。
（3）半田元夫＋今野國雄『キリスト教史Ⅱ』134－137頁を参照。
（4）以下の説明に関しては、半田元夫＋今野國雄『キリスト教史Ⅱ』137－140頁、松本宣郎編『キリスト教の歴史1』263－264頁を参照。
（5）エラスムスの盟友であり、『ユートピア』の著者として知られる思想家のトマス・モアは、国王至上法に反対し、斬首に処された。彼は現在、カトリックの聖人として扱われている。
（6）『宗教改革著作集11』八代崇「解説」369－371頁を参照。
（7）『宗教改革著作集11』八代崇「解説」377－381頁を参照。
（8）『宗教改革著作集11』八代崇「解説」383－385頁を参照。このとき弾圧を逃れた人々が、ジュネーヴを始めとするヨーロッパ各地に渡り、カルヴァン主義の教えを学んだ。そして彼らは、エリザベス朝期にイングランドに戻り、そこからピューリタニズムが生み出されることになった。
（9）中野京子『名画で読み解く　イギリス王家12の物語』53－54頁を参照。
（10）カトリックの教区制に倣い、国内を管区と教区に分割し、それぞれに主教を配する教会組織の制度。
（11）『宗教改革著作集14』559－560頁。
（12）小嶋潤『イギリス教会史』86－92頁を参照。

(13) 岩井淳『ピューリタン革命と複合国家』23頁を参照。
(14) 小嶋潤『イギリス教会史』108－109頁を参照。
(15) 第11講下120頁を参照。
(16) 清末尊大『ジャン・ボダンと危機の時代のフランス』167頁を参照。
(17) 英文サイトPerseus Digital Library (https://www.perseus.tufts.edu/hopper/) 内に全文が掲載されている。
(18) 『サムエル記上』8章を参照。
(19) 小嶋潤『イギリス教会史』111－115頁を参照。
(20) 『フィルマー著作集』に邦訳が収録されている。
(21) 『人権宣言集』に邦訳が収録されている。
(22) 碧海純一他編『法学史』227－230頁を参照。
(23) 戒能通弘＋竹村和也『イギリス法入門』122－128頁を参照。
(24) 岩井淳『ピューリタン革命と複合国家』47－50頁を参照。
(25) 今井宏『クロムウェルとピューリタン革命』18－21頁を参照。
(26) この場合の「教皇派」とは、直接的にカトリックを意味するわけではなく、純粋なキリスト教信仰を保持していない不信心者という意味合いで用いられている。浜林正夫『イギリス宗教史』153－154頁を参照。
(27) 今井宏『クロムウェルとピューリタン革命』68頁。

(28) 今井宏『クロムウェルとピューリタン革命』91頁を参照。
(29) 大木英夫『ピューリタン』175頁を参照。
(30) 大木英夫『ピューリタン』175－176頁。
(31) 福田歓一『政治学史』344－348頁を参照。
(32)『人権宣言集』に邦訳が収録されている。
(33)「権利章典」第6条。
(34)『世界の名著23　ホッブズ』279頁に掲載。
(35)『世界の名著23　ホッブズ』7頁を参照。
(36) 福田歓一『政治学史』314頁を参照。
(37) エピクロスの哲学がホッブズに与えた影響については、田中浩『ホッブズ』123－128頁を参照。
(38) バートランド・ラッセル『西洋哲学史3』541頁を参照。
(39)『リヴァイアサン』の訳文は、『世界の名著23　ホッブズ』を用いた。
(40) ホッブズ『リヴァイアサン』第1部第2－5章を参照。
(41) ホッブズ『リヴァイアサン』第1部第6－8章を参照。
(42) ホッブズ『リヴァイアサン』第1部第10－11章を参照。
(43) ホッブズ『リヴァイアサン』第1部第14章を参照。
(44) ホッブズ『リヴァイアサン』第2部第19章を参照。
(45) ホッブズ『リヴァイアサン』第2部第26章を参照。

(46) ホッブズ『リヴァイアサン』第2部第21章を参照。
(47) ホッブズ『リヴァイアサン』第3部第41章を参照。
(48) ホッブズ『リヴァイアサン』第3部第42章を参照。
(49) ホッブズ『リヴァイアサン』第4部第47章。「法王」は「教皇」に変更した。
(50) ジョン・ロック『統治二論』後篇第2章4。
(51) 『統治二論』後篇第3章では戦争状態について考察されているが、それはあくまで、他人を自分の絶対的な権力の下に置こうとしたときに生じる例外的状態として扱われている。
(52) 近代人は、「自己身体の自己所有と自己管理」という、単純にして困難な課題を常に背負っている。例えば、社会学者のエミール・デュルケームは『自殺論』(一八九七)において、社会の基盤がカトリック的共同体主義からプロテスタント的個人主義へと変化したことにより、自殺が顕著に増加したことを論じた。
(53) ジョン・ロック『統治二論』後篇第5章44-45を参照。
(54) ジョン・ロック『統治二論』後篇第7章89。
(55) ジョン・ロック『統治二論』後篇第9章124。
(56) ジョン・ロック『統治二論』後篇第7章90-94を参照。
(57) ロックのこうした考え方は、日本国憲法41条「国会は、国権の最高機関であって、国の唯一の立法機関である」という規定にも大きな影響を与えている。
(58) ジョン・ロック『統治二論』後篇第11章135。

(59) ジョン・ロック『統治二論』後篇第12章143－148を参照。
(60) 第11講下117頁を参照。
(61) ジョン・ロック『寛容についての手紙』19－20頁。
(62) ジョン・ロック『寛容についての手紙』20頁。
(63) ジョン・ロック『寛容についての手紙』21－26頁を参照。
(64) ジョン・ロック『寛容についての手紙』22頁。
(65) ジョン・ロック『寛容についての手紙』26頁。
(66) 日本語の「寛容」という言葉には、「相手を優しく受け容れる」という意味合いがあるが、英語のtoleranceの原義は「我慢する」である。すなわち、信仰の異なる人間を前にして不愉快・不安に感じたとしても、一線を引いて距離を取り、不用意に相手の領域に踏み込まないという態度が求められている。
(67) ジョン・ロック『寛容についての手紙』92－98頁を参照。
(68) 具体的には、オスマン帝国の皇帝＝スルタン制を名指しているが、叙述の趣旨としては、イスラム教の政教一致体制＝カリフ制を指していると考えられる。

第13講　アメリカ合衆国の宗教状況
――新大陸発見から福音派台頭まで

ヨーロッパでは、16世紀から17世紀に掛けて、宗教改革と宗教戦争の嵐が吹き荒れました。それにより、長期にわたって支配的であったカトリックの信仰が自明のものではなくなり、プロテスタントの立場を取るさまざまな宗派が現れた。また、凄惨な宗教戦争を終わらせるための方策として、政治と宗教を分離し、国家に主権性を与え、その役割を人民の生命と財産の保護に限定する、という構想が組み上げられていったのです。

このような一連の流れは、「新大陸」として「発見」されたアメリカにも影響を与えました。アメリカは、15世紀末にコロンブスが到達して以降、ヨーロッパ諸国による植民地化が進められました。その地には特に、熱心な信仰心を持つがゆえにヨーロッパ社会に居場所を得られなかった人々が移り住むようになりました。そして彼らは、互いの信仰を認め合って共存するために、社会の基礎として、「信教の自由」や「政教分離」といった原則を採用していったのです。

こうした成立経緯によってアメリカは、著しい二面性を帯びるようになりました。すなわち一方で、アメリカは信仰熱心な人々の集合体であり、彼らの多くは、「聖徒」としての生活を送り、アメリカを中心として「千年王国」を形成する、ひいては「神の国」に入ることを熱望している。こうした宗教的傾向は一般に、「福音主義（Evangelicalism）」と称されます。

しかしながら他方、アメリカに住む人々が抱く信仰心は、決して一枚岩というわけではありませんでした。むしろ彼らが信仰熱心であればあるほど、互いの見解の違いが露わになり、さまざまな宗派が乱立するようになっていった。そのためアメリカでは、宗教上の圧倒的な主流派や国教が形成されるということはありませんでした。逆に、政治と宗教を分離させて多数の「教派」を併存させ、互いの信仰を承認し合うという、「自由主義（Liberalism）」的な体制が作り上げられたのです。

こうしてアメリカにおいては、次頁の図のように、宗教熱心な福音主義と、世俗的な自由主義という、二面的な政教観が形成されました。両者は優れて対極的であるため、予備知識がないまま表面的に眺めると、アメリカはあたかも「二重人格」的な社会であるかのようにさえ見えてくる。とはいえ、同国の歴史をある程度丁寧に辿れば、それが共通の源に由来する二つの側面であり、その社会に独特のダイナミズムを与えているということが理解されます。本講では、そうした経緯について概観してゆきましょう。

1　アメリカ大陸の発見と植民地化

コロンブスとキリスト教信仰

ジェノヴァ生まれの商人、クリストファー・コロンブス（一四五一－一五〇六）は、地理学者トスカネリが描いた地図を入手し、ヨーロッパから西に向かって航海することによって、アジアに到達し得ると考えました。彼は、アラゴン王フェルナンド2世とカスティリャ女王イサベル1世に援助を求めましたが、当時の両王はイベリア半島のイスラム勢力への侵攻を行っており、それに応じる余裕はなかった。

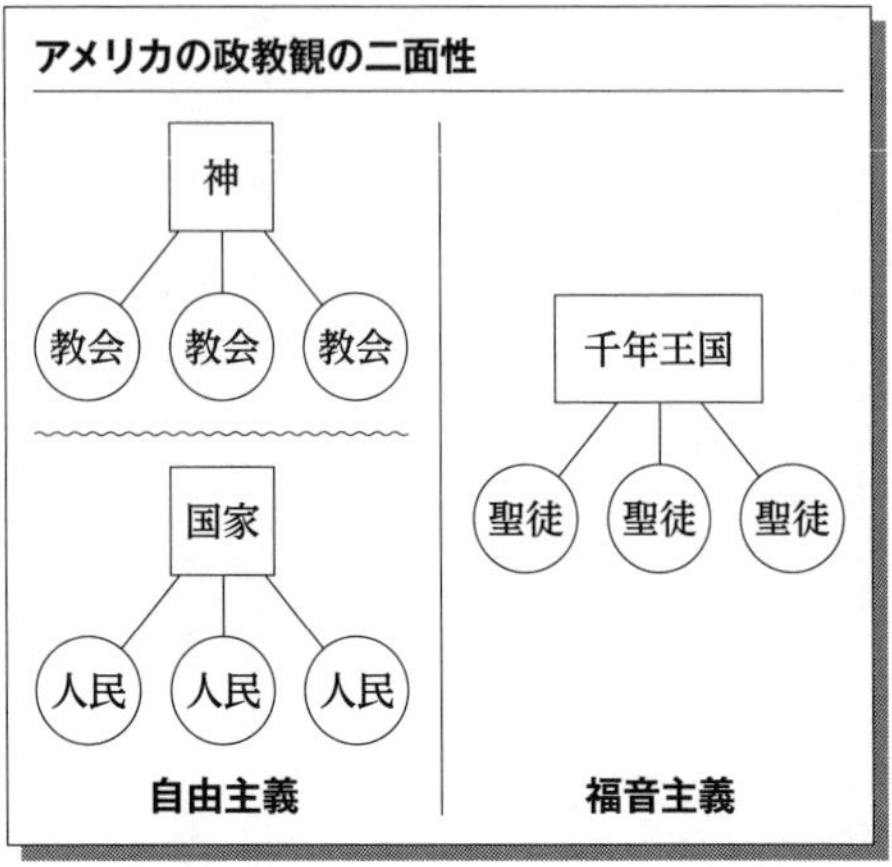

しかし、一四九二年初頭にグラナダの攻略に成功し、「レコンキスタ」を終結させると、コロンブスの計画を支援することを決定します。そしてコロンブスは、三隻の船で西方へ出航し、約二ヶ月後にフロリダ半島南東のバハマ諸島を発見したのです。彼は合計で四度の航海を行い、アメリカ大陸の一部とその周囲の島々を探索しました。

コロンブスはとても有名な人物ですが、一般にあまり知られていないのは、彼の行動が強い宗教的情熱に突き動かされていたということです。例えば、最初の航海の成果を両王に報告する書簡において、彼は次のように記しています。

永遠なる神である我らが主は神の道を歩むすべての者に、不可能と思われるような事柄を成就させる勝利をお授け下さいます。……我らが救い主は我らが聡明なる国王ならびに女王陛下、ならびに両陛下の誉れ高き王国のために、かくも素晴しい勝利を授け給うたのであります。このことをすべてのキリスト教世界は喜び、……多くの民が我らが聖なる信仰に改宗し、我らが聖なる信仰が昂揚《こうよう》されるよう、……すべてのキリスト教徒がこの地にて安息と利得という利益が得られるよう、心から念じるべきと存じます。

（『完訳　コロンブス航海誌』298－299頁）

15世紀後半のヨーロッパは、「中世末期」と称されるに相応しく、爛熟と退廃が進行していました。表面的には絢爛《けんらん》たるルネサンス文化が開花していましたが、そこには後の宗教改革に繋がるような、内部的な矛盾が拡大しつつあった。また東方ではオスマン帝国が領土を広げ、かつての十字軍とは反対に、イスラム勢力がヨーロッパ社会を侵食していた。こうした状況にあって、8世紀前半に開始されたイベリア半島のレコンキスタがついに終結したことは、キリスト教徒たちに大きな興奮をもたらしたのです。

時代の転換期をコロンブスも感じ取っていたのか、彼が著した諸文書には、独特の終末観が存在しています。彼は、神学者ピエール・ダイイが著した『世界像』(一四一〇)という書物に影響され、世界の終末まであと一五〇年しかないと予想していた[1]。そして、それまでに聖地エルサレムをキリスト教徒の手に奪還する必要があると考え、新たなアジア航路を発見することによって、そのための資金を獲得しようと目論んでいたのです[2]。

コロンブスの船団の旗艦は、元々は「娼婦号《マリガランテ》」という名前だったのですが、彼はこれを嫌い、「聖《サンタ》マリア号」に改名しています。そして最初に発見した島を「聖なる救世主《サン・サルバドル》島」と命名した。このようにアメリカは、発見の当初から、キリスト教的歴史観に基づき、新しい時代を切り開くという命運を託されていたようにも思われます。

アメリカ大陸の植民地化

スペインは15世紀末からアメリカ大陸の征服に着手し、メキシコ以南の広大な地域を植民地化しました。その際には、土地開拓を進める手法として、「信託《エンコミエンダ》」制が採用されました。植民者が先住民たちを保護し、キリスト教教育を施すことを条件に、彼らを農園で働かせることを許可するという制度です。

表向きは人道的に見えるものの、実際は奴隷制に等しく、強制労働によって多くの犠牲者が生まれました。カトリック司祭のラス・カサス（一四八四－一五六六）は、『インディアスの破壊についての簡潔な報告』や『インディアス史』を著し、インディオの虐殺や強制改宗を厳しく批判しています。とはいえ、こうした流れに歯止めは掛からず、マヤ文明を継承したアズテック族が一五二一年に滅亡、ペルーのインカ帝国が一五三三年に滅亡しました。ポルトガルもまた一五三二年から南米への植民活動を開始し、現在のブラジルに当たる地域を征服・開拓してゆきました。

翻って北アメリカ大陸においては、16世紀中頃から、イギリスとフランスが進出を開始しました。イギリスは東海岸沿いに植民地建設を進め、一六〇七年設立のヴァージニアから一七三二年設立のジョージアまで、一三の植民地を作り上げた。他方でフランスは、セントローレンス川とミシシッピ川の流域を開拓し、毛皮・木材・水産物の交易を手掛けました。そうした地域は、ルイ14世の名にちなみ、「ルイジアナ」と命名されています。

2 ピルグリム・ファーザーズの移住

イギリスのピューリタンの分裂

イギリスが最初に建設した植民地は、生涯未婚であったエリザベス1世にちなんで名づけられた、ヴァージニア植民地でした。とはいえ、アメリカ史の発端としてより広く知られているのは、「ピルグリム・ファーザーズ（巡礼父祖）」と呼ばれる人々が、二番目の植民地としてプリマス植民地を建設したことです。まずは彼らの来歴を確認しておきましょう。

前講で見たようにイギリスは、ヘンリー8世の離婚問題を切っ掛けとしてカトリックから独立し、国教会の体制を作り上げました。その後は宗教改革の運動が進展し、カルヴァン主義の影響を受けながら改革の徹底を図ろうとする人々として、ピューリタンたちが現れた。彼らの多くは、国教会と融和するための方法を模索したのですが、そのなかには妥協を良しとせず、積極的に分離・独立を志向する一群も存在した。こうした人々は「分離派」と呼ばれています。

さらに、分離派のなかで主流を占めたのが、「会衆派」と呼ばれる人々でした。その創始者は、ロバート・ブラウン（一五五〇頃－一六三三）という人物です。彼はケンブリッジ大学在学中にカルヴァン主義について学び、教会は上位の権威に従うのではなく、より民主的な仕方で運営されなければならないと考えました。ブラウン自身は、運動の途中で国教会と和解したのですが、彼が唱えた教会運営の方法は、以降も「会衆主義」として継承されてゆきます。

ピルグリム・ファーザーズを形成する母体となったのは、イングランド東北部に居住していた、会衆主義的な分離派の一団でした。彼らはジェームズ1世による国教会強化政策に失望し、一六〇八年頃にオランダに移住、そこで約十年間を過ごします。しかしオランダの生活も決して安定せず、加えて一六一八年からは、ヨーロッパ大陸で三十年戦争が始まってしまう。そこで彼らは、福音を世界に広めるという運動をより積極的に推進するために、新天地アメリカへ向かうことを決意したのです(3)。

メイフラワー誓約

一六二〇年、約四〇名の「巡礼者《ピルグリム》」たちがメイフラワー号に乗り込み、大西洋に船出しました。とはいえ、同号の乗船者は彼らだけではありませんでした。その総勢は一〇二名であり、一行は実は、半数にも満たなかった。船のなかでピルグリムたちは、自らを「聖徒《セインツ》たち」、他の人々を「外部の人たち《ストレンジャーズ》」と呼んで区別しています。(4)

メイフラワー号は当初、ヴァージニア植民地に向かう予定でしたが、天候悪化に見舞われ、北方のプリマスに上陸することになりました。その頃、同地には統治機構が存在せず、自然環境も厳しかったため、上陸した途端に無法状態に陥り、食料や財産の奪い合いになることが危惧された。そこでピルグリムたちは、「外部の人たち」を含めて船内で誓約を交わし、共通の目的を掲げることを提案したのです。その内容は次の通りです。

神の名により、アーメン。われわれ、下に名前を記したものは、……神の栄光のため、キリスト教信仰の増進のため、わが王と祖国の名誉のため、ヴァージニアの北部地方に最初の植民地を建設するべく航海してきたものであるが、この証書により、神と各自相互の前で、厳粛に相互に、契約により一つの政治体に結合し、もってわれわれの間の秩序をよりよく形成し、上記の目的を保持し促進しようとするものである。また、その政治体によって、植民地全体の福利のために、もっとも適切と思われる正当かつ公正な法律、法令、条例、憲法、官職を適宜制定し組織し、それに対しては当然服従し遵守することを、ここに約束するものである。（「メイフラワー誓約」[5]）

当時のカルヴァン派では、キリスト教の原点は「契約」にあるという考え方が説かれていました。すなわち、「契約神学」と称される流れです。メイフラワー誓約には、こうした契約概念からの影響を見て取ることができます[6]。

まず会衆派は、信者相互が交わす契約によって、教会が形成されるという考え方を保持していました（教会契約）。さらには、信仰を共有する「聖徒たち」のみならず、その他「外部の人たち」とも契約が取り交わされることにより、それは一般的な「社会契約」の性質をも備えるようになった。メイフラワー誓約は、アメリカが特に契約を重視する社会となってゆく上で、その原型的なあり方を示すことになったのです。

感謝祭の成立

ピルグリム・ファーザーズの一行がプリマスに上陸したのは、一六二〇年一二月のことでした。その冬は寒さが厳しく、彼らは過酷な生活を強いられ、春を迎えるまでに約半数が命を落としてしまった。そこに救いの手を差し伸べたのは、周辺に住んでいた先住民のワンパノアグ族でした。彼らはピルグリムたちに、トウモロコシの栽培、狩猟や漁労《ぎょろう》の方法など、現地で生き延びるための知識を教えたのです。

　こうした援助により、翌年の秋には豊かな収穫を得ることができました。そこでピルグリムたちは、ワンパノアグ族を招いて三日間の祝宴を催し、七面鳥や鹿の肉を共食した。この行事は後に「感謝祭」と呼ばれるようになり、アメリカの初代大統領ワシントンの声明を切っ掛けとして、国民的祝日に制定する動きが進められました。このように感謝祭は、神の恵みのもとでアメリカに新たな共同体が結成され、順調な発展を開始したという象徴的な光景を描き出しているのです。

　プリマス植民地は、アメリカに築かれた植民地のなかでは小規模なものでしたが、その建設物語は範例的な位置を占め、やがてはアメリカ全体の「建国神話」としての役割を果たすようになります。旧約聖書において、モーセの一行がエジプトを脱出して紅海を渡り、過越祭に基づいてイスラエルを建国したように、アメリカにおいては、ピルグリム・ファーザーズの一行がヨーロッパを脱出して大西洋を渡り、感謝祭に基づいてアメリカを建国したという「神話」が創出されたわけです。[7]

丘の上の町

アメリカ建国の理念を表すもう一つの存在として、「丘の上の町」という言葉が知られています。それを語ったのは、政治家のジョン・ウィンスロップ（一五八八－一六四九）という人物でした。

ウィンスロップは、イングランドの地主の家系に生まれ、ケンブリッジ大学在学中に熱心なピューリタンになりました。卒業後は弁護士として働きましたが、チャールズ1世による弾圧が強まったため、一六三〇年にアメリカに移住します。彼は移住団の指導者役を務め、マサチューセッツ湾植民地において何度も知事に就任しました。

アメリカへの移住に当たってウィンスロップは、「キリスト教的慈愛の雛形《ひながた》」という説教を行っています。そのなかで彼は、自分たちがアメリカに移住するのは、神の栄光の偉大さを表すためであり、その実現に向けて各人が自らの職分を果たし、互いに助け合わなければならないと訴えました。そしてこうした任務は、「神との契約」に基づくものであり、自分たちがその達成に向けて努力すれば、神もまたそれに応えてくれるはずだ、と論じたのです。

わたしたちは、この事業において強く結ばれて一つの人間とならなければならない。

……つねに、わたしたちがたずさわっている業務と、ひとつの体に連なる人々の集まりである共同体を、目の前に意識しなければならない。……そうすれば、主はわれらの神となり、われらを神の民として、わたしたちのあいだに住むことを喜びとしてくださるだろう。……われわれは「丘の上の町」となることを、考えねばならないからである。

（ジョン・ウィンスロップ「キリスト教的慈愛の雛形[8]」）

ここで言及されている「丘の上の町」とは、『マタイによる福音書』5：14に登場する文言です。いわゆる「山上の垂訓」が記された箇所であり、そのなかでイエスは聴衆に向かって、あなた方は丘の上に作られた町のように何事も隠し立てすることなく、世を照らす光にならなければならない、と諭《さと》している。この言葉を引きながらウィンスロップは、アメリカに建設される新たな植民地が、キリスト教共同体の模範として世界に光をもたらす存在になるよう努力すべきである、と訴えたのです[9]。

3　大覚醒――アメリカ的キリスト教の成立

信教の自由・政教分離原則の萌芽《ほうが》

先に述べたように、イギリスは一七三三年までに、北米に一三の植民地を建設しました。それらは全体として、国王に直属する「王領植民地」、貴族が建設した「領主植民地」、その他の諸集団が建設した「自治植民地」に大別されます。

開拓が始まった初期には、王領植民地と領主植民地が主流であり、宗教についても、イングランド国教会が大きな力を振るっていました。中部のヴァージニア、南部のキャロライナやジョージアといった植民地では、国教会は公定教会の地位を獲得しています。しかしイングランドのような教区制を敷くことはできず、最終的な判断を常に英本国に仰がなければならなかったため、国教会派は徐々にその活力を失ってゆきました。(10)

これに対して、北部のニューイングランドを中心とする諸地域においては、他のさまざまな宗派が自発的な活動を展開しました。先に見たようにマサチューセッツ湾植民地では、ピルグリム・ファーザーズの後継者や、「丘の上の町」を説いたジョン・ウィンスロップを含め、信仰熱心なピューリタンたちが集い、宗教的理想に基づく社会建設を志した。しかしながらそれは、しばしば神権政治的な様相をも呈し、少数派に対する排斥や迫害が行われたのです。

マサチューセッツで排斥を受けた人々は、南のロードアイランドに逃れ、一六三六年、同地に新たな植民地を築きました。その指導者となったのは、ロジャー・ウィリアムズ（一六〇三－一六八三）という神学者です。

ウィリアムズはロンドンに生まれ、ケンブリッジ大学に進みました。若い頃は「権利請願」を起草したことで知られる法律家のエドワード・コークから薫陶を受け、民衆の自由を尊ぶ精神を学んでいます[11]。また、後にピューリタン革命を指導する人々とも交流しましたが、チャールズ1世による弾圧が強まったため、一六三一年、アメリカのマサチューセッツ湾植民地に移住しました。

ウィリアムズはそこで、ボストン教会の教師に就任することを求められました。しかしそこは分離派の教会ではなかったため、彼はその要請を拒絶します。さらには、マサチューセッツ湾植民地が進めていた「忠誠の宣誓」と「宗規・戒律の統一」にも反対したことから、一六三五年に追放処分を下されてしまう[12]。そのため彼は翌年、ロードアイランドに新たな植民地を築き、「政教分離」と「信教の自由」を統治の原則とすることを宣言したのです。ウィリアムズは、現世の国家は本質的に宗教と関係がなく、魂の世界・キリスト教の世界や礼拝の方法について介入してはならないこと、異教的・異端的な信仰であっても差別的に扱うべきではないことを主張しました[13]。

ジョン・ロックが『統治二論』を公刊し、政教分離と信教の自由について論じたのが一六八九年ですので、ウィリアムズの宣言はそれよりも五〇年ほど早いことになります。こうしてロードアイランド植民地は、さながら政治と宗教の先進的な実験地といった趣《おもむ》きを呈しました。同地には、バプテストやクエーカーなど、他所で排斥された人々が参集し、新たな社会の形態を作り上げていったのです。

続いて一六八一年に建設されたペンシルベニア植民地においては、よりラディカルな体制が模索されました。その創始者は、ウィリアム・ペン（一六四四－一七一八）という人物です。

ペンはロンドンに生まれ、オックスフォード大学在学中、ジョージ・フォックス（一六二四－一六九一）が創始した新しい宗派に出会いました。彼の宗派は、神から「内なる光」を受けることを重視し、その際に激しく体を震わせたことから、周囲は彼らを「クエーカー（Quaker）」と呼ぶようになりました。

ペンは裕福な家庭の生まれでしたが、クエーカーとしての信仰ゆえにイングランドで迫害を受けたため、一六八二年にアメリカに移住し、ペンシルベニア植民地を建設しました。

彼は、唯一の創造者としての神に対する信仰を持つ者であれば、誰でも平等に受け入れることを宣言し、争いのない平和な社会を作ることを目指したのです。そのため同地には、クエーカーのほか、再洗礼派の一派であるメノナイトや、自給自足の素朴な生活を営むアーミッシュなどが住み着くようになりました(14)。

ジョナサン・エドワーズ

アメリカの植民地においては、以上のような独自の動きが散発的に見られたものの、基本的には、ヨーロッパ社会の引き写しのような宗教状況が成立してゆきました。また当時のヨーロッパでは、近代の啓蒙主義的な思想が普及しつつあったため、それとともにアメリカでも、寛容の態度や「理神論(15)」に立脚した宗教観が広まっていったのです。

このような状況に対して強く異を唱えたのが、ジョナサン・エドワーズ(一七〇三－一七五八)という神学者でした。彼の働きから「大覚醒(Great Awakening)」と呼ばれる運動が開始されますので、そこに至るまでの経緯を手短に辿っておきましょう(16)。

エドワーズはアメリカのコネティカットで、会衆派の牧師の家系に生まれました。家の周囲には美しい渓谷が広がり、幼い日の彼は、しばしばそこで祈りや瞑想に耽《ふけ》っていたと言われています。

エドワーズは13歳になると、創設間もないイエール大学に入学しました。彼はそこで、ヨーロッパから伝えられた啓蒙主義の学問、具体的には、ジョン・ロックの哲学やアイザック・ニュートンの物理学を学んだ。こうして、当時の最新の思想を意欲的に摂取しながら、幼少期に身に付けたピューリタニズムの信仰を磨き上げていったのです。ゆえに彼は、「ロックとニュートンの上に鋳直《いなお》されたピューリタン」とも称されています。

さらには17歳の頃、キリスト教徒としての決定的な回心を体験しました。エドワーズの述懐によれば、一つの聖句に触れた途端、神の栄光に関するまったく新しい感覚が心のなかに流れ込み、人間としてのあり方を根底から変えられてしまった。彼はそれを、「得も言われぬ清純、光輝、平和、喜悦」に満たされた特別な瞬間であった、と回顧しています。(17)

大学院を優秀な成績で修了した後、エドワーズは一七二九年から、ノーサンプトンの会衆派教会で牧師を務めました。当時のアメリカ社会では、世俗的な価値観や生活習慣が普及しつつありましたが、それに対してエドワーズは、ピューリタニズムの信仰に照らして厳しい自己点検を行うことを求めたのです。

彼は説教において、回心によって生まれ変わった人間に与えられる輝きを表現する一方、罪人を待ち受けている恐怖と絶望についても強調しました。(18)その結果、一七三四年に数名の回心者が現れたことを皮切りに、民衆の信仰心が急激な高揚を見せ、その動きが波のように拡大するという現象が起こった。いわゆる「大覚醒」の始まりです。エドワーズはこうした状況を見て昂奮し、「すばらしい何かが近づいていることの前兆[19]」と捉えました。

それでは、「すばらしい何か」とは、一体何なのか。エドワーズによれば、キリスト教会は、たとえ分散して存在していても、目に見えない共通の信仰によって結びつけられた一つの「ユニオン」である。それが今や、大覚醒を経験したアメリカを中心として可視化されようとしている、というのです。

> 国の政治を司るリーダーたちによって、国全体の利益に関わる公共の恵みのための祈りの日々が定期的に招集され、人々が目に見える形で結束した場合、それは一つの国家（ネーション）となります。一つの聖なる国家、一つの特別な民、一つの神々《こうごう》しい家族、そして、他のいかなる社会よりも、しっかりと結ばれ、全体に向かって無限に偉大な共通の関心を持つすべての組織は、キリストの教会となるのです。……言葉では言い尽くせないくらいに偉大で荘厳な繁栄と進歩、神はそれを最後の審判の日に遂行することを約束されているのですから。
>
> （ジョナサン・エドワーズ「神の民の目に見えるユニオン[20]」）

エドワーズが期待していたのは、大覚醒を契機として人々がキリスト教信仰のもとに結集し、一つの教会であり国家でもある、「神の民の目に見えるユニオン」を形成することでした。より端的に言えば彼は、アメリカを中心として「千年王国」が建設されることを期待していたのです。後に見るように千年王国とは、世界の終末に先立って出現すると考えられている理想的共同体であり、そのあり方を巡って、古代から議論が続けられてきました。そしてエドワーズは、強固な千年王国論者の一人だったのです。

エドワーズの説教によって始まった大覚醒運動は、一旦は数年で終息しますが、アメリカではその後も合計四度にわたって、約五〇年ごとに反復されてゆきます。それとともにエドワーズが示した「千年王国としてのアメリカ」というヴィジョンも、長く影響力を保ち続けることになったのです。

ジョージ・ホイットフィールド

大覚醒運動の火付け役として、ジョナサン・エドワーズと並んで良く知られているのが、ジョージ・ホイットフィールド（一七一四―一七七〇）という説教師です[21]。彼はイングランドのグロチェスターで宿屋を営む一家に生まれ、18歳になると「特別給費生」としてオックスフォード大学に入学しました。大学における彼の立場は、上流階級の師弟の従者を務めることにより、学費が免除されるというものでした。

ところが、そこでホイットフィールドが目にしたのは、上流階級の学生が贅沢に耽《ふけ》り、学業を疎《おろそ》かにしているという姿でした。当時のオックスフォード大学では、こうした風潮に対抗するため、神学生のジョン・ウェスレー（一七〇三－一七九一）が「ホーリー・クラブ」という敬虔主義的なサークルを主催しており、ホイットフィールドもその一員に加わります。彼らは秩序と形式を重んじる勤勉な生活方法《メソッド》を心掛けたため、周囲から「メソジスト」と称されました。ホイットフィールドもまた、ジョナサン・エドワーズと同様、メソジストとしての禁欲的な生活のなかで、「新生」と称される決定的回心を経験していま す。

大学卒業後、ホイットフィールドはイングランド国教会の執事に任命され、宣教のためにアメリカのジョージア植民地に赴きました。彼はその地で天才的な説教師としての手腕を発揮し、多くの人々を回心に導いた。彼が声色《こわいろ》を変えながら「メソポタミア」という言葉を繰り返すだけで、聴衆は深い感動に引き込まれ、ボロボロと涙を流して泣いたと伝えられています。

ホイットフィールドはその生涯において十数度アメリカを訪れ、伝道に従事しました。彼はもっぱら、教会の建物内ではなく野外で説教を行ったため、宗派の垣根を越えて多くの聴衆が集まった。こうした方式は後に、アメリカ特有の宣教方法である「天幕集会《キャンプ・ミーティング》」として受け継がれてゆきます。同時に彼は、当時発達しつつあった新聞や雑誌などのメディアを積極的に活用し、自らのメッセージを幅広く発信しました。こうした運動により、ホイットフィールドは今日、「信仰復興《リバイバル》の父」あるいは「福音主義の父」と呼ばれています。

大覚醒を契機として急成長した諸教派

一七三〇年代に大覚醒の波が押し寄せたことにより、アメリカの宗教状況は大きく変化しました。ヨーロッパから及ぼされる影響力が弱まる一方、アメリカに根づいた新たな諸教派が急成長を遂げたのです。そのような教派としては特に、バプテスト派、長老派、メソジスト派が挙げられます[22]。それぞれの概要を押さえておきましょう。

①バプテスト派

バプテスト派の創始者は、イングランドの神学者ジョン・スミス（一五七〇頃－一六一二）という人物です。スミスはピューリタン分離派の立場から国教会を批判したため、イングランドで迫害を受け、一六〇七年にオランダのアムステルダムに亡命しました。彼は同地で、再洗礼派の一派であるメノナイトの教えに触れ、本人の信仰が確立していないうちに行われる幼児洗礼は、キリスト教の精神に反していると考えるようになった。こうして、自覚的な信仰告白に基づき、全身を水に浸す洗礼（浸礼《しんれい》）を行うことを重視する、バプテスト派が誕生したのです。

第11講でドイツ農民戦争について触れた際に見たように、再洗礼派はプロテスタントのなかでもラディカルな宗派として危険視されていたため、バプテスト派もまた、容易には安住の地を見つけることができませんでした。そこで同派は、ロジャー・ウィリアムズが諸宗派に寛容な場所として建設したロードアイランド植民地に移り住み、一六三九年、そこに最初の教会を設立します。大覚醒以後は、フロンティアの西漸《せいぜん》に伴って積極的な布教活動を進め、アメリカ中西部と南部に多くの信者を獲得しました。

②メソジスト派

先に見たように、メソジスト派の創設者は、イングランドの神学者であるジョン・ウェスレーです。ウェスレーは、イングランド社会が精神的に堕落している状況を目の当たりにし、禁欲的で勤勉な生活方法による引き締めを図りました。[23] しかし、自己の努力によって救済・栄光が得られるというメソジストの発想は、イングランドよりもむしろ、新たな社会の建設を志すアメリカにおいて多くの支持者を獲得した。メソジスト派は、通商を兼ねた巡回説教を行うことによって信者を増やし、独立戦争時にも大きな役割を果たしました。

③長老派

第12講で見たように、16世紀のスコットランドでは、ジョン・ノックスの改革によってカルヴァン主義が普及しました。彼らはイングランド国教会の「主教制」に対抗して「長老制」の重要性を強調したため、「長老派《プレスビテリアン》」と称されるようになります。

18世紀になると、長老派の多くがアメリカに移住し、主にペンシルベニア植民地に住み着きました。そして大覚醒運動が起こった際、その動きに賛同する「ニューサイド」と、反対する「オールドサイド」に分裂した。ニューサイドは、西部開拓期に積極的にキャンプ・ミーティングを開いて大衆を回心に導き、アメリカ全体に広がってゆきました。

4　アメリカ合衆国の成立

独立戦争と『コモン・センス』

およそ一世紀半に及ぶ植民地時代を経た後、アメリカはイギリスからの独立を達成します。その直接的な切っ掛けとなったのは、フレンチ・インディアン戦争（一七五四－一七六三）の勃発でした。北米大陸の支配権を巡り、イギリス軍とフランス・インディアン連合軍が衝突したのです。

イギリスはこの戦いに勝利しましたが、戦費が大きく膨らみ、財政難に陥ってしまった。そこでイギリスは、軍事費を植民地にも負担させようと、数々の新税を設けたのです。これに対して植民地側は、議会に代表を送っていないにもかかわらず、一方的に課税を決定されたことから不満が高まり、一七七五年に独立戦争を開始します。

当時のアメリカの人々に広く読まれ、独立への動きを大きく後押ししたパンフレットに、トーマス・ペインの『コモン・センス』（一七七六）があります。彼はこの文書において、王と臣民、本国と植民地といった関係性が、もはやアメリカ人としての「共通感覚《コモン・センス》」に適合していないということを主張したのです。

ペインは同書の冒頭において、社会や政府の根本的な存在意義は、人民が相互に助け合うことにより幸福を増進させることにある、と規定します。しかしながら王政は、人民のあいだに根本的な不平等をもたらし、その形式を大きく歪めてしまう。ペインは聖書の記述を縦横に参照しながら、王は神に祝福された存在であるどころか、本質的に不当な略奪者に過ぎないとさえ断言するのです。

ペインによれば、神は本来、すべての人間を平等な存在として創造した。そして政府は、憲章に基づいて人民のなかから代表を選び、法を制定することによって運営されるべきである。『コモン・センス』では、そのことが次のように表現されています。

ある者は言うかもしれない、「アメリカの国王はどこにいるのか」と。わたしは言いたい、友よ、国王は天上に君臨しており、イギリスの高貴な野獣〔国王〕のように人類を破滅させはしないのだ、と。しかしわれわれが俗世間の名誉に欠けていると思われないようにするため、とくに憲章を公布する日を神聖な日として区別しよう。そして憲章を持ち出して神聖な法である聖書の上におき、その上に王冠をかぶせよう。これによって世界は……アメリカにおいては法が国王であることを知るであろう。

（トーマス・ペイン『コモン・センス　他三篇』65頁）

このようにペインは、イギリスという王政の島国によって広大な北米大陸が支配されている理不尽さを指摘し、アメリカは純粋な共和政国家として独立するべきであると主張しました。そして宗教に関しては、全能の神が人間に自由意志を与えたのだから、人々のあいだに信仰上の意見の相違が生じることは当然であり、政府は正しい信仰と誤った信仰を独断で区別せず、すべての良心的な信仰告白者を保護しなければならないという「寛容の原則」を示したのです(24)。ペインは、独立戦争の最中にもアメリカ人を鼓舞する文書を書き続け、その勝利に貢献しました。

独立宣言とジェファソンの思想

独立戦争を開始した翌年の一七七六年、アメリカは「独立宣言」を発します。その起草者は、トマス・ジェファソンでした。彼の思想や経歴は、建国期のアメリカに大きな影響を与えていますので、その概略を簡単に押さえておきましょう。

ジェファソンは一七四三年、ヴァージニア植民地の豊かな農園主の家庭に生まれました。ウィリアム・アンド・メアリー大学を優秀な成績で卒業した後、弁護士として働き、六九年には植民地議会の議員に選出されています。

彼は幼少期から大変な読書家であり、文章力にも秀《ひい》でていたため、さまざまな文書の執筆を任されました。イギリスへの反感が高まった一七七四年には、ヴァージニア革命評議会の一員として、「イギリス領アメリカの諸権利についての意見の要約」という文書を著しています。そして七六年、植民地の中央組織である「大陸会議」の要請を受け、独立宣言を起草したのです。そこには次のように記されています。

われわれは、次の真理は自明のものと信じている。すなわち、人はすべて平等に造られている。人はすべてその創造主によって、誰にも譲ることのできない一定の権利を与えられており、その権利の中には、生命、自由、そして幸福の追求が含まれている。これらの権利を確保するために、人びとの間に政府が設立されるのであって、政府の権力はそれに被治者が同意を与える時にのみ正当とされる。いかなる形体の政府であれ、こうした政府本来の目的を破棄するようになった場合には、人びとはそうした政府を改変あるいは廃止する権利を有している。

（「アメリカ独立宣言」(25)）

ジェファソンは基本的に、啓蒙主義に立脚したリベラルな思想の持ち主でした。ここでは明らかに、ジョン・ロックの『統治二論』の記述に依拠しながら、政府のあり方について論じています。すなわち政府とは、人民の生命・財産・自由を保護するために、被治者の同意によって作り上げられた機構であり（社会契約）、政府がこの役割を果たさない場合、人民には現存の政府を廃して新しい政府を樹立する権利がある（抵抗権）。このように、ロックの思想、特に「抵抗権」という考え方は、アメリカの独立革命を支える理論的バックボーンとして用いられたのです。

独立宣言は、ジェファソンが起草し、ベンジャミン・フランクリンやジョン・アダムズが修正を加え、全植民地による承認を受けました。それに立ち会った人々は今日、「ファウンディング・ファーザーズ（建国父祖）」と呼ばれています。

大陸会議を終えた後、ジェファソンはヴァージニアに戻り、同地の議員や知事を務めました。一七八五年には、独立を支援したフランスの要請を受け、ヴァージニアの歴史・地理・制度について概説した『ヴァージニア覚え書』を執筆しています。そのなかでジェファソンは、立法・行政・司法の三権を厳格に分立させ、相互にチェック・アンド・バランスを働かせることにより、政府が専制に陥るのを防がなければならないと主張した。また宗教に関しては、イギリスのように国教を定めるのではなく、人々に「信教の自由」を保障すべきことを訴えた。どの宗教が正しい宗教かということは、人々が理性に基づきながら討議することによって決定するべきであり、政治権力によって一方的に決められるべきではないと論じたのです。

こうした宗教観は、一七八六年、「ヴァージニア信教自由法」として法制化されるに至ります。それまでのヴァージニアでは、イングランド国教会が公定教会としての地位を占めていたのですが、そうした体制が根本的に変更されたわけです。そこでは、特定の宗教への礼拝や献金を強制すること、信仰の違いによって差別することが禁止されました(26)。「信教の自由」はすでに、ロードアイランドやペンシルベニアなどで表明されていたのですが、ヴァージニア信教自由法は、その原理を明確な仕方で法制化するという意味合いを持ちました。そしてその精神は、合衆国憲法にも受け継がれてゆくことになります。

アメリカ合衆国憲法の成立

一七八三年に独立戦争に勝利した後、アメリカでは、一三植民地が別個の州として併存するべきか、それらを統合する連邦政府を作り上げるべきかという問題を巡って、意見が対立しました。連邦政府に賛成した勢力は「連邦派《フエデラリスツ》」、反対した勢力は「共和派《リパブリカンズ》」と呼ばれ、以降にこうした流れから、アメリカの二大政党制が形成されることになります。

一七八七年五月に「憲法制定会議」が開かれ、九月には連邦憲法案が採択されましたが、地方分権派が激しく反発したため、なかなか各州の承認を得ることができませんでした。

そこで、アレクサンダー・ハミルトン、ジェームズ・マディソン、ジョン・ジェイといった政治家たちは、『ザ・フェデラリスト』という連作論文を発表し、連邦政府が必要であることを広く訴えたのです。なかでもトマス・ジェファソンの弟子であったマディソンは、権力分立と抑制均衡のシステムを連邦政府に取り入れることにより、それが専制や圧政に陥る危険性を抑止し得ると提言しました。

結果として合衆国憲法は、一七八八年に九つの州の承認を受けて発効、さらに九一年には、人民の権利を保障した十箇条の修正条項（権利章典）が付加されました。その第一条では、国教樹立の禁止と信教の自由が謳《うた》われています。

合衆国議会は、国教を樹立する法律もしくは自由な宗教活動を禁止する法律、または言論もしくは出版の自由または人民が平穏に集会し、不平の解消を求めて政府に請願する権利を奪う法律を制定してはならない。

（「アメリカ合衆国憲法」修正第一条[27]）

こうしてアメリカは、世界で初めて成文憲法を制定した、高度な形態の近代国家として出発しました。そしてその礎《いしずえ》には、「政教分離」と「信教の自由」の原理が据えられたのです。

西部開拓を経て南北戦争へ

以降、南北戦争に至るまでのアメリカの歴史を、簡単に押さえておきましょう。

一八〇三年にフランスからルイジアナを購入したことを皮切りに、アメリカは西部開拓を本格化させました。そのプロジェクトは「明白な運命《マニフェスト・デスティニー》」と称され、神的なミッションの遂行として位置づけられた。先に挙げたバプテスト派、メソジスト派、長老派などは、積極的にキャンプ・ミーティングを行い、新規開拓地の信者を増やしてゆきました。結果として19世紀半ば、アメリカの領土は太平洋岸に到達します。

西部開拓が進行する一方、本格的な産業化に取り組む北部と、農業を中心とする南部のあいだで、奴隷制の是非を巡る対立も生じました。キリスト教の各教派も、奴隷制の賛成派と反対派に分裂しましたが、そのなかでも着実に、キリスト教本来の精神に基づいて奴隷制を廃止するべきであるという声が大きくなってゆきました。

そうした流れを代表する人物として、「信仰復興《リバイバル》」（第二次覚醒）の推進者であるチャールズ・フィニー（一七九二―一八七五）が挙げられます。彼は奴隷制や女性蔑視を罪と見なし、これらに強く反対しました(28)。また、一八六一年に第16代大統領に就任したエイブラハム・リンカーンも、「神の啓示に照らしても、自然神学に照らしても」奴隷制は誤りであり、いずれ「全能者の怒り」を招くに違いないと主張したため、これを切っ掛けとして南北戦争が勃発します[29]。そして六五年に北軍が勝利することにより、アメリカの南北分裂阻止、奴隷制の廃止が成し遂げられたのです。

アメリカは世俗国家か、宗教国家か

さて、アメリカ合衆国が国家としての輪郭を整えるまでの経緯は、大枠として以上の通りです。ここで改めて、基本的な事柄を問い直してみましょう。それは、このような仕方で建国されたアメリカは、果たして世俗国家なのか、宗教国家なのか、という問題です。

一見したところ、この問いへの答えは、あまりにも自明であるように思われます。世俗国家とはすなわち、「政教分離の原則を採用した国家」を意味し、そしてアメリカこそは、世界に先駆けて明確な仕方でそれを実現した国家であるからです。そして各州でも、憲法に記された国教樹立の禁止に従い、公定教会の廃止が進められてゆきました。

国教や公定教会が存在しない状態は、宗教学の用語で「教派主義《デノミネーショナリズム》」と称されます。特定の宗派が政治権力によって「正統」と認められ、それ以外の宗派が「異端」や「セクト」として扱われるのではなく、すべての宗派が「教派《デノミネーション》」として対等に扱われる、という体制です[30]。アメリカではデノミネーショナリズムのもと、ヨーロッパで排斥されていた諸宗派も自由な活動を許容されました。さらには、モルモン教、エホバの証人、クリスチャン・サイエンスなど、アメリカ独自の新たな宗派が叢生《そうせい》していったのです。[31]

しかし他方、アメリカは実際には、世俗国家の装いを纏《まと》った宗教国家なのではないかということも、しばしば指摘されてきました。代表的な見解としては、宗教社会学者のロバート・ベラーが著した「アメリカの市民宗教」（一九六七）という論文があります。[32] このなかでベラーは、アメリカの独立宣言や歴代大統領の就任演説において、神への信仰を表明する言葉が数多く現れることに注意を促している。例えば、初代大統領となったワシントンの就任演説には、次のような一節が見られます。

われわれが独立した国民という役割にまで進んできた一歩一歩は、明らかに神の配剤の印しを帯びていたようである。……天の慈悲深い微笑みは、天自らが命じた秩序と権利という永遠の規則を無視する国民に向けられるとは期待できない。……共和制的な政府の型の自由と運命の聖火を保持することは、おそらくは深くかつ終局的に、アメリカ国民に任せられた実験に賭けられていると考えてよいであろう。

（ワシントンの第一回大統領就任演説[33]）

日本の神学者である森孝一氏もまた、ベラーの議論を継承しながら、アメリカという国家に独特の宗教性が潜んでいることを指摘し、それを「見えざる国教」と呼んでいます[34]。アメリカは、建国以来の歴史がまだ浅く、そこに住む人々も多様な出自を有するため、国民にとっての「共通の過去」が存在しない。ゆえに、国家としての統合性を保つためには、「未来についての共通の意志」を掲げる必要がある。そのヴィジョンとは、かつてウィンスロップが「丘の上の町」について論じたように、神に祝福される生き方を実践し、世界から特別視される理想的な国家を建設することである。そしてアメリカの大統領は、単なる政治家というわけではなく、そうしたヴィジョンへと人々を導くための「祭司」の役割を担っていると、森氏は論じるのです。

5　原理主義の形成

自由主義と福音主義の対立

このようにアメリカには、自由主義的な世俗国家という側面と、福音主義的な宗教国家という側面が、複雑な仕方で同居していると考えられます。そして植民地時代から南北戦争の時代までは、アメリカのこうした二つの側面は、基本的に共に手を携えながら、国家と社会の形成を推進しました。ところがそれ以降、近代化が着実に浸透するようになると、両者はさまざまな局面で対立を見せ始めます。

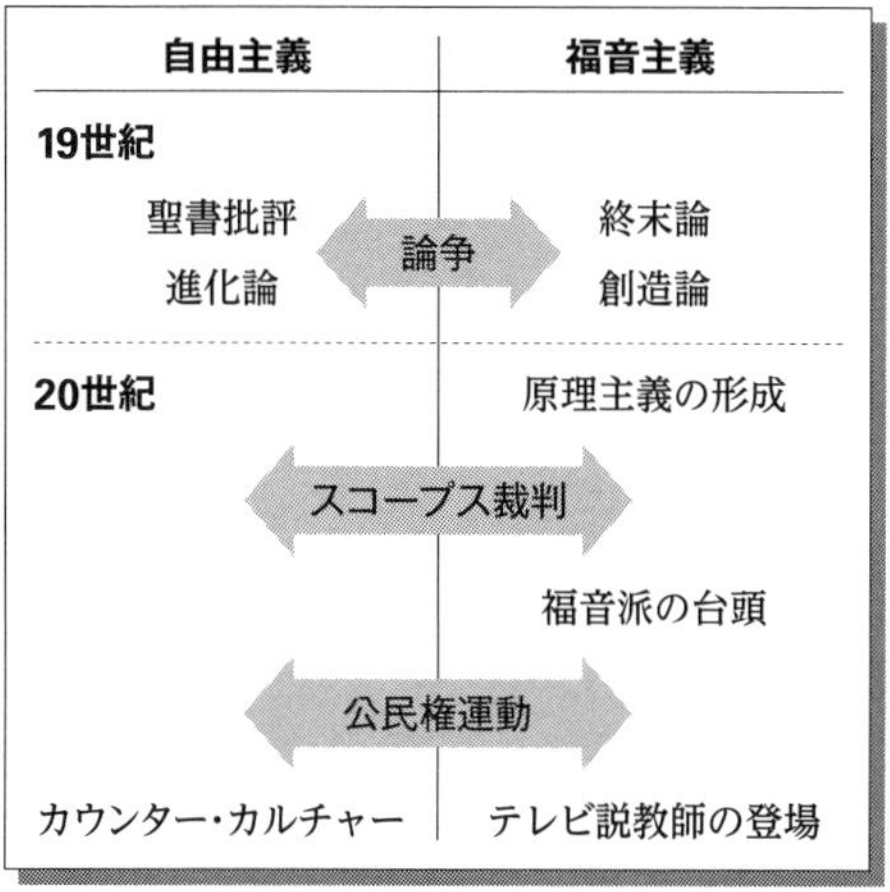

両者の対立の流れを簡略的に図式化すると、上のようになるでしょう[35]。まず19世紀末において、聖書や教義の捉え方に関する見解の相違が顕在化し、そこから20世紀初頭の「原理主義」の形成を見る。次に両者は、進化論教育の是非を巡る「スコープス裁判」で直接的に対決する。さらに20世紀半ば以降には、自由主義が左翼思想やカウンター・カルチャーに傾斜するのに対して、「福音派」が台頭し、アメリカの伝統的な価値観を擁護しようとする——。以下では、特に福音主義側の動向に注目しながら、こうした経緯について概観することにしましょう。

第三次覚醒──ドワイト・ムーディ

ジョナサン・エドワーズによる第一次覚醒、チャールズ・フィニーによる第二次覚醒に続き、第三次覚醒と呼ばれる動きを牽引《けんいん》したのは、ドワイト・ムーディ（一八三七－一八九九）という人物でした。彼の元々の職業は靴販売業者であり、正式な神学教育を受けていたというわけではありません。とはいえムーディは、「キリスト教青年会（ＹＭＣＡ）」に参加したことを切っ掛けとして信仰に興味を持ち、神に触れられるという神秘体験によって回心を遂げ、独自の仕方で伝道に従事し始めます[36]。

ムーディのメッセージは単純かつ情熱的であり、多くの聴衆を惹《ひ》きつけました。一八七〇年代からは、イラ・サンキーという声楽家の協力を仰ぎ、説教に「福音唱歌《ゴスペル・ソング》」を取り入れます。ムーディの集会はエンターテインメントとしての側面をも濃厚に有し、ロンドンで行われた四ヶ月間の伝道では、二百万人もの人々を集めたのです[37]。

またムーディは一八八六年、福音伝道者を育成する高等教育機関として、「ムーディ聖書学院」を創設しました。当時は自由主義者たちのあいだで、聖書を近代的・客観的な方法で研究しようとする「高等批評」の手法が急速に普及しつつあった[38]。これに対してムーディ聖書学院で教育を受けた神学者たちは、聖書が神の無謬《むびゅう》の言葉であるというスタンスを守り続けようとしたのです。ムーディの働きは、後のプロテスタント保守派の流れに少なからず影響を与え、彼はアメリカにおける「原理主義の父」と呼ばれています[39]。

ディスペンセーション主義と前千年王国説

ディスペンセーション主義の歴史観

①無垢の時代―― エデンの園
②良心の時代―― アダムからノア
③人間統治の時代――ノアからアブラハム
④約束の時代―― アブラハムからモーセ
⑤律法の時代―― モーセからキリスト
⑥教会の時代―― 使徒宣教から最後の審判
⑦御国の時代―― キリスト再臨による千年王国

原理主義の形成において大きな役割を果たしたもう一人の人物として、ジョン・ダービー（一八〇〇－一八八二）が挙げられます。彼は元々、アイルランド教会で牧師を務めていましたが、国教会制度に疑問を抱いて職を辞し、一八三〇年に「プリマス・ブレザレン」という新たな教派を立ち上げました。そして六〇年代以降は、アメリカとカナダで積極的な伝道を行います。

ダービーの思想は、カルヴァン主義に立脚しつつも、歴史の捉え方に大きな特徴があり、現在それは「ディスペンセーション主義」と称されています。上のような七つの段階を経て、神によって定められた「摂理《ディスペンセーション》」が展開してゆくという考え方です[40]。

なかでも注目すべきは、⑦に示された終末観の内容です。

ダービーの終末観は、キリスト教神学において「前千年王国説」と呼ばれるものに属します。

『ヨハネの黙示録』の終盤、20章から22章に掛けては、キリストの再臨と千年王国の樹立について記されています。ところが、描写の仕方が多分に幻想的であるため、キリストの再臨が千年王国樹立の前なのか後なのか、今一つ判然としません。そのため千年王国論は、前と解釈する「前千年王国説」と、後と解釈する「後千年王国説」という二つの立場に分かれることになりました(41)。

小さな違いのように思われるかもしれませんが、終末を待つ信徒の立場からすれば、極めて大きな違いです。すなわち、前千年王国説が正しいとすれば、今この瞬間にでもキリストが再臨し、終末へのプロセスが開始される可能性がある。それに対して、後千年王国説が正しいとすれば、キリスト再臨の前に、千年王国の建設という猶予期間が置かれることになる。終末が突如として訪れるか、ゆっくり訪れるかという違いがあるのです。ダービーは、ディスペンセーション主義によって「前千年王国説」を先鋭化させ、今すぐにでも終末が到来する可能性について訴え、アメリカの人々に早急な回心を求めたわけです。

一九〇九年には、ムーディとも親しかった会衆派教会の牧師サイラス・スコフィールド（一八四三－一九二一）が、『スコフィールド注釈付聖書』を公刊しました。これは、聖書の個々の記述をディスペンセーション主義的に読解する方法を教える書物でした[42]。そして20世紀前半には、第一次世界大戦、ロシア革命、第二次世界大戦、イスラエル建国といった、終末の接近を思わせる出来事が数多く起こったため、『スコフィールド注釈付聖書』は、それらの事象の意味を読み解くための手引き書として用いられ続けたのです。また同書の影響から、『ヨハネの黙示録』に依拠しながら現代史を読み解き、終末の到来を予言するといった内容の書物も多数出版されるようになりました[43]。

『諸原理』の刊行

20世紀初頭のアメリカでは、国民のあいだの経済的な格差が深刻化し、貧困層が増大したことが大きな社会問題となりました。これを見た自由主義的なキリスト者たちは、「社会的福音」という運動を起こします。その提唱者は、牧師のウォルター・ラウシェンブッシュ（一八六一－一九一八）でした。彼はキリスト教道徳の原点を再考し、それは貧しい者の救済にあると考えた。そして、社会のさまざまな問題を解決することにより、漸進的に「神の国」に近づいてゆくことができると訴えたのです。ハーバード大学名誉教授のチャールズ・エリオットもこの動きに共鳴し、今後のキリスト教においては、他者への奉仕によって示される神の愛こそが中心に置かれるべきであり、教会・聖書・礼拝は二次的なものに過ぎない、と主張しました[44]。

自由主義者が示したこのような「福音」のあり方に対して、保守派の人々は反発しました。特に伝統的な長老派は、キリスト教信仰の核心を、①聖書の無謬性、②キリストの処女降誕、③十字架上のキリストによる罪の贖《あがな》い、④キリストの肉体の復活、⑤キリストが行った奇跡の客観的な事実性、という五つの原則にあることを強調した[45]。つまり、聖書に記されていることは文字通りの真実であり、終末は突如として訪れる。それこそが信仰の核心である、と反論したのです。

こうした宗教観を広めるため、一九一〇年から『諸原理――真実への証言』というシリーズの公刊が始まりました。以降の五年間で一二巻が編纂され、累計で約三百万部が発行されています。著者となったのは、ムーディ聖書学院長ジェームズ・グレイ、先述のサイラス・スコフィールドなど、キリスト教保守派の論客たちでした[46]。そしてこの雑誌の名前から、厳格な保守派に対する呼称として「原理主義《ファンダメンタリズム》」という言葉が定着してゆきます。

進化論裁判

自由主義と原理主義の対立は、さらに別の論点でも顕在化しました。生物学者のチャールズ・ダーウィンが『種の起源』（一八五九）で提唱した、進化論に関する問題です。それは間もなくアメリカ社会にも伝わり、最新の科学理論の一つとして素直に受容するべきか、聖書に記された創造説に反する理論として退けるべきか、賛否両論の反応を引き起こしました。そして20世紀に入ると、公立学校で進化論を教えることの是非を巡って論争が生じるようになったのです。

反進化論の先頭に立ったのは、ウィリアム・J・ブライアン（一八六〇－一九二五）という人物でした。彼は三度も大統領候補になった著名な政治家であり、高い知名度と雄弁の才能を生かしながら、運動のネットワークを広げていった。結果として一九二〇年代には、南部を中心とした一三州の議会において、続々と「反進化論法」が制定されます(47)。

こうしたなか、一九二五年のテネシー州において、理科の教師であったジョン・スコープスが、公立学校で進化論を教えたために訴追されるという事件が起こります。彼の裁判は、ブライアンが検察側、辣腕《らつわん》の弁護士クラレンス・ダローが弁護側についたことにより、全米の注目を集めました。

八日間にわたった審議のなかで、終盤にダローは、ブライアン自身を証人として尋問し、聖書を文字通りに捉えた際の不合理さを執拗にあげつらうという戦略を取ります。結果として、スコープスには、百ドルの罰金を科すという判決が下りましたが、裁判の過程を通して、原理主義者とは合理性を欠いた時代遅れの人々であるという印象が社会に広まることになった。一連の出来事を通して過重なストレスを受けたためか、ブライアンは裁判終了から三日後に急死してしまいます。

スコープス裁判は現在、「科学としての進化論が、頑迷な宗教に勝利した事件」と受け止められることが多いのですが、その内容を改めて見直してみると、必ずしもそのような単純な話ではなかったことが分かります。実はブライアンが反対していたのは、生物学としての進化論そのものではなく、それが安易に人間社会に適用されることについてでした。

当時は、ハーバート・スペンサーやウィリアム・グラハム・サムナーによって「社会進化論」が唱えられ、それを背景として、自由競争のなかで優れた企業が市場を独占することが正当化されていた。庶民の側に立つ政治家であり、独占企業の横暴と戦っていたブライアンは、社会進化論が主張する「適者生存」の論理が、実際には「強者の優遇」と「弱者の切り捨て」に繋がることに警鐘を鳴らしたのです。実に社会進化論的な発想は、次講で見るナチズムにおいては、「優生学」に基づく「人間による人間の選別」という事態にまで発展しますので、ブライアンの主張は、科学主義の行き過ぎという未来を鋭く見通していたとも考えられるでしょう[48]。

6　福音派の台頭

プロテスタント諸教派の再編

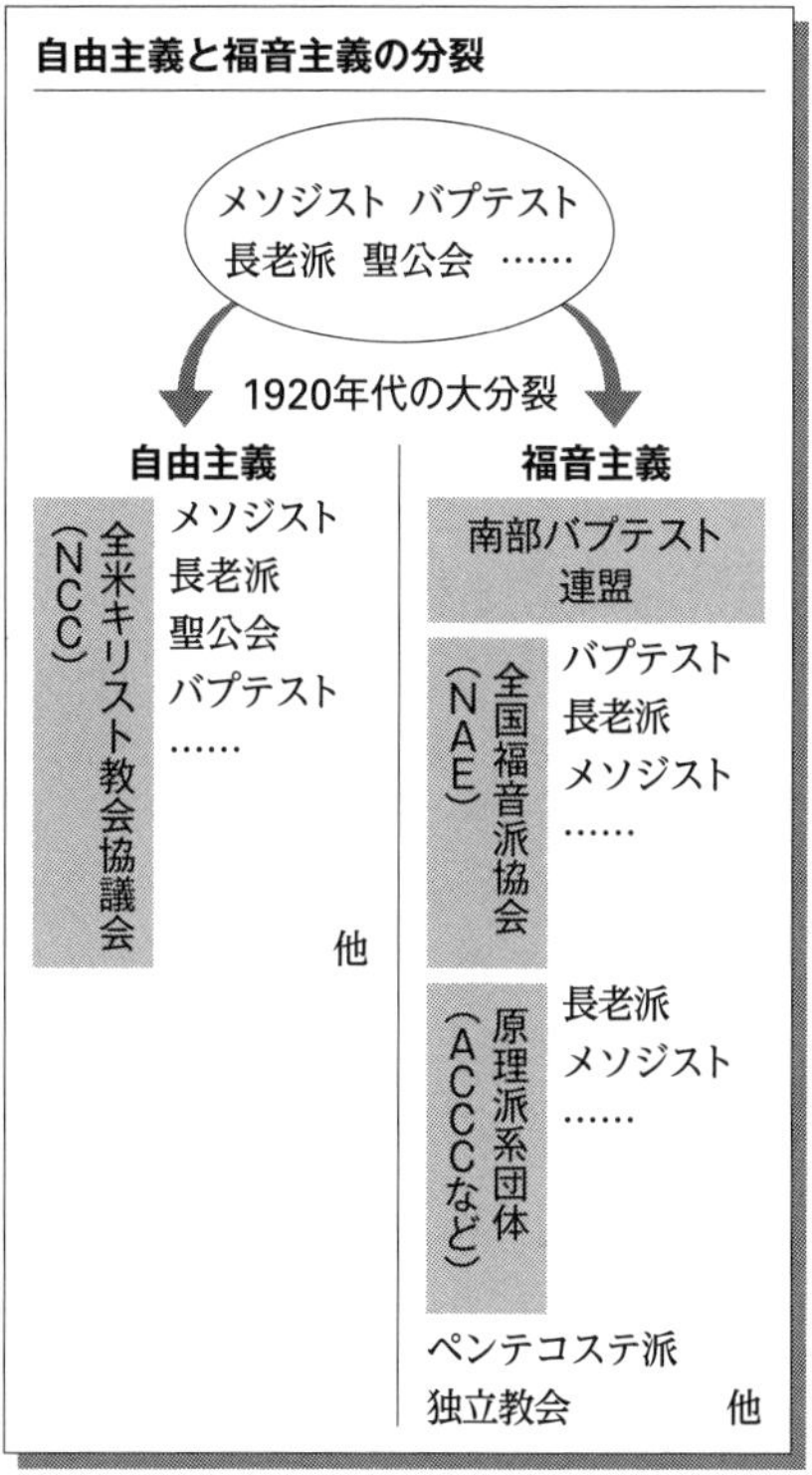

一九二〇年代から四〇年代に掛けては、プロテスタント諸教派の全体において、大きな再編が起こりました。その概要を図式化すると、上のようになります[49]。

原理主義や進化論を巡る論争を介して、アメリカのプロテスタントは、自由主義と福音主義の陣営に明確に分裂しました。一方で自由主義側は、多数の教派が緩やかな連携を形成してゆき、一九五〇年にはその中心組織として「全米キリスト教会協議会（NCC）」が設立されました。こうした流れは「メインライン（主流派）」と総称されるようになります。

他方で福音主義の側では、原理主義的なスタンスの是非を巡り、内部対立が生じました。原理派は、「異端者と背教者から離れ、信仰の純粋さを守らなければならない」と訴え、メインラインの教会との交流を遮断し、進化論を教える学校に子供を通わせることを拒むようになった。ところが、そうした排他的な態度はさすがに行き過ぎであると考える人々も増加し、原理派とは一線を画する「福音派」が形成されてゆきました。彼らは一九四二年、「全国福音派協会（NAE）」を設立します。また、南部の保守派として大きな勢力を保持してきた「南部バプテスト連盟」も、攻撃的な原理主義者が激しい論争の末に脱退することにより、福音派の流れに接近していったのです[50]。

福音派と原理派の差異

福音派と原理派は、共にアメリカの保守系プロテスタントから派生しているため、基本的な立場は共通しており、両者が重なり合っているケースもしばしば見受けられます。とはいえそこには、少なからず相違点もある。最も大きな違いは、福音派においては、原理主義の特徴であった「前千年王国説」的な終末論が後景に退いていることです。

先述したように、前千年王国説をもとに考えると、今すぐにでも終末が到来する可能性があるため、社会を改善するための地道な努力は、ほとんど意味を失ってしまう。むしろ社会から自分を隔離し、神の救済を待つべきであるという発想になるわけです。

原理派がこのように考えたのに対して、福音派は、キリスト教徒は社会の改善のために積極的な役割を果たすべきであると考えました。[51] さらに細かく見ると、両者の相違点として以下の七点が挙げられます。[52]

①聖書解釈……原理派は福音派よりも、聖書を文字通りに解釈しようとする。
②文化……原理派は世俗の文化に懐疑的だが、福音派は文化活動を神の恵みと見なす。
③社会貢献……原理派は社会貢献や経済活動を軽視するが、福音派はそれらを重視する。
④分離主義……原理派が個人の敬虔な態度を優先し、世俗社会との関わりを避けるのに対して、福音派は文化や政治に積極的に参加し、社会改革を志す。
⑤自由主義との対話……原理派がリベラル派との対話を無意味と見なすのに対し、福音派はそこから何かを学び、彼らに影響を与えたいと考える。

⑥信仰の本質……原理派も福音派も、神の恩寵による救済を重んじるが、原理派は福音派よりも規則や禁忌に注目する。

⑦対立……原理派が厳格さゆえに多くの対立を抱えるのに対して、福音派は融和を求める。

福音派と原理派はしばしば一括《ひとくく》りに語られますが、両者の大きな傾向の違いを認識しておくことは、アメリカの宗教状況を理解する上でとても重要です。

自由主義の迷走――公民権運動からカウンター・カルチャーへ

一九四〇年代の時点では、メインラインと呼ばれた自由主義・リベラル派が、名称の通りアメリカ社会において主流の位置を占めていました。一九四四年に行われた調査によれば、人口の約44％がメインライン、福音主義とカトリックがそれぞれ約18％という割合だった。[53] さらに一九五〇年代に入ると、リベラル派を主体として「公民権運動」が盛り上がりを見せます。すなわち、黒人やさまざまなマイノリティに、白人男性と同等の権利を求める運動です。

リベラル派の中心組織である「全米キリスト教会協議会」は、公民権運動を積極的に支持しました。また、本来は保守的である「南部バプテスト連盟」からも、マーティン・ルーサー・キング牧師（一九二九－一九六八）が現れ、卓越した指導力で運動を牽引《けんいん》した。結果として一九六四年、人種差別を禁じる「公民権法」が制定されます。南部の白人を中心とする福音主義の勢力は、支持政党を共和党に鞍替えしてこれに抵抗しましたが、その流れを押し止めることはできませんでした(54)。

このようにリベラル派は、二〇世紀半ばまでは順調に勢力を伸ばし、個人的自由・社会的平等を実現するための諸制度を作り上げてゆきました。ところが、一九六〇年代後半からベトナム反戦運動が活発化し、多様な「対抗文化《カウンター・カルチャー》」が繁茂すると、むしろ個人主義の行き過ぎが目立つようになる。その経緯は、以下の通りです。

ベトナム戦争は、一九六一年に開始された当初は、共産主義陣営との戦いとして、国民から広く支持されていました。ところが、六五年から大量派兵と大規模な北爆が行われ、現地の悲惨な状況が報道されるようになると、徐々に風向きが変わり、過剰介入ではないかという批判が生じ始める。六七年からは学生運動もこれに合流し、即時撤退を求める反戦デモが頻発しました。結果としてベトナム戦争は、七五年、アメリカの敗北に終わります。

反戦を切っ掛けとして盛り上がった学生運動は、一九七〇年代に入ると、国家のみならず、企業・大学・家族など、多くの既成の権力に対する反抗運動にまで広がり、多様なカウンター・カルチャーを生み出しました。フリー・セックス、「愛と平和《ラブ・アンド・ピース》」を求めるコミューンの形成、神秘主義的な新宗教への傾倒、菜食主義、ドラッグの濫用、「新左翼《ニューレフト》」やフェミニズムの政治運動、同性愛者の解放などです(55)。

ところが他方、自由の追求がここまで極端化・多様化すると、これに眉を顰《ひそ》める人々も増加するようになり、そうした流れから、福音派の台頭という現象が生じます。その経緯を手短に押さえておきましょう。

ビリー・グラハムの福音伝道

20世紀のアメリカ福音派の動向において、最も大きな影響力を及ぼした一人は、ビリー・グラハムという人物です。彼は二〇一八年に99歳の生涯を終えるまで、その活動を強力に牽引しました。大統領就任式における祈禱役を何度も務めたため、「国家の牧師」とも呼ばれています。

グラハムは一九一八年、ノースカロライナ州に生まれました。三四年に回心を経験した後、ボブ・ジョーンズ大学に入学しますが、同校の原理主義的傾向とは肌が合わず、フロリダ聖書学院に転校し、三九年に南部バプテスト連盟の牧師になっています。

グラハムは若い頃から、卓越した説教の才能を示しました。彼のメッセージは極めてシンプルであり、その内容は、「イエス・キリストが人間の罪の身代わりとなって死んだこと、甦った救い主であることを受け入れ、新生《ボーン・アゲイン》しなさい」というものでした[56]。彼は常に、キリスト教信仰が人の生き方を変えるための即効力を有することを強調したのです。また、ドワイト・ムーディに倣って伝道集会のエンターテインメント化に取り組み、聴衆を楽しませることを心懸けました。そのため彼の活動は、「20世紀半ばの大覚醒運動」とも称されています[57]。

グラハムは一九四四年、福音派の宣教団体「ユース・フォー・クライスト」に招かれ、本格的な伝道活動を開始しました。四九年にはロサンゼルスで二ヶ月間の大集会を開き、三五万人が参加、三万人以上を回心に導いています[58]。また五七年には、ニューヨークのマディソン・スクウェア・ガーデンで四ヶ月にわたる集会を開き、メインラインの諸教派からの協賛をも得たのです[59]。

グラハムの思想的立場は、福音への目覚めに基づいた新生を促しつつ、アメリカ社会における伝統的な道徳観・家族観を擁護するというものでした。一九五〇年代と六〇年代には積極的に共産主義を批判し、ドワイト・アイゼンハワーからリチャード・ニクソンに至る歴代大統領のアドバイザー役を務めています[60]。さらに七〇年代以降は、カウンター・カルチャーの隆盛に反対する立場を取り、真の革命は「イエス革命」のみであるというメッセージを発信しました[61]。後に第43代大統領となるジョージ・W・ブッシュが、若い頃にアルコール依存症に陥り、グラハムとの出会いによって回心と新生に導かれたことは、一般にも広く知られています。

テレヴァンジェリストの登場

一九七〇年代半ばになり、カウンター・カルチャーの流行に陰りが見え始めると、それに代わって、伝統的な道徳観を擁護する福音主義の陣営が力を強めました。ちょうどその頃、アメリカの一般家庭では、ケーブルテレビや衛星放送が普及して多くのキリスト教放送が流され始めており、そうした番組のキャスターは「テレビ伝道師《テレヴァンジェリスト》」と呼ばれ、多くの視聴者を獲得していったのです。

彼らの説教においては、かつて福音派と袂《たもと》を分かったはずの原理主義的主張が、ポピュラーな装いを纏《まと》いながら再び盛り込まれました。すなわち、キリスト再臨を準備するという目的のためにイスラエルを支持する、ハルマゲドンの直前に正しい人間だけが「天国移送」されるといった、終末論的かつ幻想的な思考法です[62]。

代表的なテレヴァンジェリストの一人に、ジェリー・ファルウェルという人物がいます。彼は一九三三年にヴァージニア州に生まれ、五六年に原理主義的な団体「トマス・ロード・バプテスト教会」を創設しました。同時に、テレビの伝道番組「オールド・タイム・ゴスペル・アワー」を開始し、人気を博しています。(63) さらに七九年には「道徳的多数派《モラル・マジョリティ》」という団体を結成し、伝統的道徳観の復興を訴えた。同会が発行したパンフレットによると、その主張は次の通りです。

「道徳的多数派」は、私たちの国家が道徳的に低下していることを憂慮しており、私たちの国家の基礎である伝統的な家庭と道徳的価値が、多くの不道徳な世俗的人間中心主義者や自由主義者によって破壊されつつある現実に、嫌気がさしている。私たちはアメリカ合衆国に道徳的健全さを取り戻すことを、唯一の関心とすることによって結び合わされている。（「道徳的多数派とは何か」(64)）

同会は短期間のうちに三五〇万人もの会員を集め、アメリカ最大の宗教ロビーに成長しました。政治的にも大きな影響力を発揮し、保守派の政治家であったロナルド・レーガン大統領の政権（一九八一－一九八九）を援助する、主要な支持母体としての役割を果たしたのです。

九〇年代以降、福音主義の次なる牽引役となったのは、パット・ロバートソンという人物です。彼は一九三〇年にヴァージニア州に生まれ、ニューヨーク聖書神学校を卒業しました。そして六〇年、倒産しかかっていた小さなテレビ局を買い上げ、「クリスチャン・ブロードキャスト・ネットワーク（CBN）」を開局します。ロバートソンの番組は、さまざまなゲストを呼んで回心や癒やしの体験を語らせるほか、寸劇や歌などのエンターテインメント要素をも取り入れ、多くの視聴者を集めました。七七年には「CBN大学」を設立し、テレビ伝道に携わる人材の育成を手掛けています[65]。

八九年にファルウェルが「道徳的多数派」を解散すると、ロバートソンは福音主義の勢力を結集する新たな政治組織として、「キリスト教連合」を立ち上げました。若手の政治活動家ラルフ・リードが彼の片腕として草の根のネットワークを広げることに努め、九六年には一七〇万人の会員を獲得した。こうした地道な努力が、二〇〇一年のジョージ・W・ブッシュ大統領の誕生に結びついてゆくことになります。

アメリカの宗教の現状

本講のまとめとして、アメリカにおける自由主義と福音主義の現状について概観しておきましょう。

先に述べたように、「メインライン」と呼ばれるプロテスタント自由主義は、一九四四年の時点では、全人口の約44％の信者を集めていました。しかしその後は右肩下がりの状態が続き、二〇〇四年の調査では約19％まで低下しています。単純に人口面から言えば、それはもはや、メインラインという名称に相応《ふさわ》しい存在ではなくなってしまったのです。

他方で福音主義は着実に勢力を伸ばし、一九四四年の約18％から、二〇〇四年の約25％まで増加しました。[66] 特に、ボーン・アゲインを経験したジョージ・W・ブッシュが大統領を務めた時期（二〇〇一－二〇〇九）は、福音主義の陣営にとって一つの絶頂期であったと言っても過言ではないでしょう。

しかしながら、そうした経験は同時に、彼らに幻滅と限界を感じさせることにもなりました。福音主義者は政治に対して、人工妊娠中絶と同性愛結婚の禁止、公立学校での祈りの復活などを求め続けましたが、それらは結局、ブッシュ政権においても実現されなかった。[67] また、二〇〇一年に起こった「アメリカ同時多発テロ事件」を皮切りに、イスラム過激派との戦いが本格化し、その過程で、原理主義的なキリスト教に潜む狭隘さや偏向性も少なからず批判に晒されるようになったからです。

自由主義と福音主義が共に求心力を失うなか、国民を一致させるための「未来のヴィジョン」を示すという課題を背負ったアメリカの宗教性が、今後はいかなる方向へ進んでゆくのか――。容易に見通すことができない状況が続いています。

註

(1) 増田義郎『コロンブス』178―179頁を参照。

(2) 『完訳　コロンブス航海誌』427―429頁・607頁、増田義郎『コロンブス』181頁を参照。

(3) 同集団の指導者の一人であったウィリアム・ブラッドフォードは、「プリマス植民地について」という回顧録を残している。同文書の抄訳を収めた遠藤泰生編『史料で読む　アメリカ文化史1』79頁を参照。

(4) 大木英夫『ピューリタン』108頁、大宮有博『アメリカのキリスト教がわかる』23頁を参照。

(5) 遠藤泰生編『史料で読む　アメリカ文化史1』82頁。

(6) 大木英夫『ピューリタン』112―113頁を参照。

(7) とはいえそこに、さまざまな事実の歪曲や美化が含まれていたことも否定できない。ワンパノアグ族との関係は当初は良好であったが、移住者が領土を広げるにつれて険悪化し、一六七五年には「フィリップ王戦争」が引き起こされた。そのため感謝祭は、先住民のあいだでは「呪いの日」と称されることもある。こうした主題については、大西直樹『ピルグリム・ファーザーズという神話』に詳しい。

(8) 遠藤泰生編『史料で読む　アメリカ文化史1』95頁。

(9) 従来のカルヴァン主義では、人間の運命は神が一方的に予定しているという考え方（片務《へんむ》契約）が支配的であったが、ウィンスロップの説教では、人間の働きに応じて神が恩恵を与えるという考え方（双務《そうむ》契約）に変化している。さらにここから、社会的な成功を収めた者は神から祝福された義なる者であるという、アメリカ特有の人間観が発達した。森本あんり『宗教国家アメリカのふしぎな論理』31－43頁を参照。

(10) 増井志津代『植民地時代アメリカの宗教思想』24頁を参照。

(11) 久保田泰夫『ロジャー・ウィリアムズ』23頁を参照。

(12) 久保田泰夫『ロジャー・ウィリアムズ』51頁を参照。

(13) 久保田泰夫『ロジャー・ウィリアムズ』192－193頁を参照。

(14) 大宮有博『アメリカのキリスト教がわかる』33－35頁を参照。

(15) 理神論とは、神はいたずらに奇跡を起こして世界の秩序を乱すようなことはせず、自然に内在する合理的な法則を遵守するはずである、と見なす立場。近代科学に適合する宗教観として普及した。大宮有博『アメリカのキリスト教がわかる』41頁、増井志津代『植民地時代アメリカの宗教思想』272－283頁を参照。

(16) 以下で述べるエドワーズの経歴については、児玉佳与子「ジョナサン・エドワーズと大いなるめざめ」（大下尚一編『講座アメリカの文化1』所収）を参照。

(17) アメリカ学会訳編『原典アメリカ史　第一巻』298－299頁を参照。

(18) エドワーズが行った有名な説教として、「怒れる神の手中にある罪人」がある。その邦訳は、アメリカ学会訳編『原典アメリカ史　第一巻』302－305頁に収録されている。

(19) 遠藤泰生編『史料で読む　アメリカ文化史1』227頁。

(20) 遠藤泰生編『史料で読む　アメリカ文化史1』229頁。

(21) ホイットフィールドの経歴に関しては、増井志津代『植民地時代アメリカの宗教思想』239頁以下を参照。
(22) この三派に関しては、大宮有博『アメリカのキリスト教がわかる』50－59頁を参照。
(23) 神学的には「アルミニウス主義」と呼ばれ、予定説に立脚するカルヴァン主義と区別される。ウェスレーがアルミニウス主義者であったのに対して、盟友であったホイットフィールドはカルヴァン主義者であったことから、両者はある時期に決別した。
(24) トーマス・ペイン『コモン・センス　他三篇』81頁を参照。
(25) 荒このみ編『史料で読む　アメリカ文化史2』38頁。このように独立宣言は、すべての人間は神によって平等に造られたと謳《うた》っているが、実際のアメリカは、先住民から奪った土地に建国され、奴隷制に立脚して経済を成り立たせていた。近代主義の理想と現実のあいだには、当初から深刻な矛盾が存在していたことを見逃してはならないだろう。
(26) 『世界の名著33　フランクリン・ジェファソン他』269－271頁を参照。
(27) 高橋和之編『新版　世界憲法集　第2版』75頁。
(28) 大宮有博『アメリカのキリスト教がわかる』75－85頁を参照。
(29) 栗林輝夫『アメリカ大統領の信仰と政治』79頁を参照。
(30) 「デノミネーション」という概念は、神学者リチャード・ニーバーの著作『アメリカ型キリスト教の社会的起源』（一九二九）において最初に提起された。ニーバーはこの概念を、多数の教派が乱立し、キリスト教の一体性が失われた状況を否定的に論じるために用いたが、彼以後の研究者たちは、アメリカの宗教状況を客観的に捉える概念として使用するようになった。
(31) 森孝一『宗教からよむ「アメリカ」』50－52頁を参照。
(32) R・N・ベラー『社会変革と宗教倫理』に邦訳が収録されている。
(33) R・N・ベラー『社会変革と宗教倫理』353頁。
(34) 森孝一『宗教からよむ「アメリカ」』37頁を参照。
(35) 小原克博＋中田考＋手島勲矢『原理主義から世界の動きが見える』151頁の図を参照し、一部を改変して作成した。
(36) 青木保憲『アメリカ福音派の歴史』79－80頁を参照。
(37) 大宮有博『アメリカのキリスト教がわかる』140－143頁を参照。
(38) 高等批評の概要については、第2講上46頁を参照。
(39) 小川忠『原理主義とは何か』53－54頁を参照。
(40) 大宮有博『アメリカのキリスト教がわかる』182－183頁を参照。
(41) 青木保憲『アメリカ福音派の歴史』83－85頁を参照。
(42) 大宮有博『アメリカのキリスト教がわかる』184－185頁を参照。
(43) 代表例としては、ハル・リンゼイが公刊した『今は亡き大いなる地球』（一九七〇）がある。同書がオウム真理教の終末論に与えた影響については、拙著『オウム真理教の精神史』176－179頁を参照。
(44) 小原克博＋中田考＋手島勲矢『原理主義から世界の動きが見える』122－125頁を参照。

(45) 小原克博＋中田考＋手島勲矢『原理主義から世界の動きが見える』125頁を参照。
(46) 小原克博＋中田考＋手島勲矢『原理主義から世界の動きが見える』125－126頁、青木保憲『アメリカ福音派の歴史』137－139頁を参照。
(47) 大宮有博『アメリカのキリスト教がわかる』189－191頁を参照。
(48) 森孝一『宗教からよむ「アメリカ」』194－196頁、青木保憲『アメリカ福音派の歴史』172－178頁を参照。
(49) 飯山雅史『アメリカの宗教右派』53頁の図を改変して作成。
(50) 飯山雅史『アメリカの宗教右派』52－57頁を参照。
(51) 飯山雅史『アメリカの宗教右派』65頁を参照。
(52) マーク・R・アムスタッツ『エヴァンジェリカルズ』49－50頁を参照。
(53) 飯山雅史『アメリカの宗教右派』68頁を参照。
(54) 飯山雅史『アメリカの宗教右派』74－79頁を参照。
(55) 飯山雅史『アメリカの宗教右派』79－81頁、青木保憲『アメリカ福音派の歴史』325－326頁を参照。
(56) 大宮有博『アメリカのキリスト教がわかる』202頁を参照。
(57) 青木保憲『アメリカ福音派の歴史』259－262頁を参照。
(58) 青木保憲『アメリカ福音派の歴史』237－240頁を参照。
(59) 大宮有博『アメリカのキリスト教がわかる』201頁を参照。

(60) グラハムの共産主義批判の説教「燃える世界」が、アメリカ学会訳編『原典アメリカ史　第六巻』に収録されている。
(61) ビリー・グラハム『もう一つの革命』を参照。
(62) こうした動向については、グレース・ハルセル『核戦争を待望する人びと――聖書根本主義派潜入記』に詳しい。
(63) 飯山雅史『アメリカの宗教右派』116頁を参照。
(64) 森孝一『宗教からよむ「アメリカ」』209－210頁。
(65) 青木保憲『アメリカ福音派の歴史』417－421頁を参照。
(66) 飯山雅史『アメリカの宗教右派』176頁を参照。
(67) 飯山雅史『アメリカの宗教右派』217頁を参照。

第14講　ナチズムの世界観
——アーリア人種優越論と反ユダヤ主義

　欧米の社会は、宗教改革、宗教戦争、市民革命を経て、中世を成り立たせていたキリスト教中心の秩序から脱却してゆきました。そして近代においては、人間の理性を立脚点として科学的思考を発展させること、合理的な統治システムとして主権国家の体制を作り上げることが目指されたのです。

　これまでキリスト教に関連した話があまりにも長く続いてしまったため、それに飽いてしまった方々は、「ようやくこれで厄介な宗教的ドグマの世界から足を洗える」と、少し安堵《あんど》されたかもしれません。とはいえ、以降の歴史は、明らかにそれほど単純なものとはならなかった。近代においては、科学主義と国家主義が特異な仕方で結びつき、歪んだ形態の宗教性を露わにするという現象が見られるようになったからです。ドイツのナチズムは、その代表例の一つです。

ナチズムもまた複雑な現象ですが、その本質は、極端な「科学主義」と「国家主義」の融合にあると考えられます。それでは、ナチズムを支えていた「科学」とは、具体的には何だったのか。すなわちそれは、「アーリアン学説」や「優生学」と呼ばれるものでした。

19世紀のヨーロッパにおいては、文系・理系を問わず、アーリアン学説という人種論が声高に提唱されていました。同説によれば、アーリア人という優れた人種が太古の時代から存在し、彼らは世界各地を移動しながら高度な諸文明を築いた。そして、ドイツ人を含むゲルマン民族は、そうした人種の末裔であるというのです。また、優生学においてアーリア人は、特別に優れた遺伝子の保持者という位置づけを与えられました。

アーリア人とは対極的に、劣った人種と見なされたのは、何よりユダヤ人でした。近代になるとユダヤ人は、主権国家の一員として「信教の自由」を保障され、それまでに被っていた「宗教的反ユダヤ主義」からは解放されていったのですが、次第にそれに代わって、「人種的反ユダヤ主義」が蔓延するようになった。そしてナチズムは、アーリア人とユダヤ人の相克こそが世界史の実相であり、ユダヤ人を駆逐してアーリア人の純血を取り戻すことこそが、現代ドイツにおける喫緊《きっきん》の課題であると唱えたのです。科学的な方法を用いて優れた「民族共同体」を作り上げること――それこそがナチズムの目標でした。

このようにアーリアン学説は、ナチズムの本質を捉える上で決して避けて通れない存在なのですが、それにもかかわらず、遺憾ながら現状では、その影響力や問題性が十分に認識されていません。そこで本講では、特にそうしたテーマに注目しながら、ナチズムの運動を概観してゆくことにしましょう。

1 アドルフ・ヒトラーの前半生

根無し草の青年時代

ナチズムの運動において絶対的な指導者として君臨したのは、改めて言うまでもなく、アドルフ・ヒトラーでした。ナチスが政権を握るまでの彼の前半生は、以下の通りです。

ヒトラーは一八八九年、ドイツとの国境に位置するオーストリアの小さな町、ブラウナウに生まれました。ヒトラーと言えば「ドイツ人のなかのドイツ人」といったイメージがあるかもしれませんが、彼の国籍は元々オーストリアであり、ドイツ国籍を取得したのは、首相になる前年の一九三二年のことだったのです。

ヒトラーの父親は税関吏であり、家庭では極めて厳格であったと言われています。父親はヒトラーに、自分と同じように官吏《かんり》の道を進むことを望み、実科学校に進学させましたが、彼の成績は芳しくなく、中途で退学してしまいます。そうしたなか父親は、ヒトラーが13歳のときに病没しました。

父の支配から解放されたヒトラーは、首都であるウィーンに行き、自身の夢であった芸術家への道を歩もうとします。

ヒトラーが描いた絵画（ウィーン国立歌劇場）

そのため国立芸術アカデミー美術学校を二度受験しましたが、結果は不合格でした。そのあいだに母親も病没し、ヒトラーは18歳にして両親を失ってしまう。とはいえ郷里には戻らず、大都市のウィーンで、遺産や孤児年金を頼りとした根無し草的な生活を続けました。

その頃のヒトラーは、絵画や絵葉書を売って生計の足しにしていました。彼の作品の一つに、ウィーン国立歌劇場を描いた上のようなものがあります。特に目立ったオリジナリティは感じられないものの、後年のヒトラーのイメージとは異なり、丁寧で明るい作風です。彼は本来的には几帳面な性格であり、建築学的にも正確な絵を描くことを心掛けていました(1)。

ユダヤ人への反感

ヒトラーの自伝『わが闘争』によれば、当時の彼には、深い嫌悪感を掻《か》き立てられる特別な対象が存在しました。すなわちそれは、ユダヤ人たちです。

ウィーンの生活を始めて間もない頃、ヒトラーは町中でしばしば、黒い縮れ毛を蓄え、長いカフタンを纏《まと》った人々を見掛けることに気づきました。彼らは東欧から移住してきたユダヤ人であり、ヒトラーは次第に、彼らが醸し出す独特の雰囲気と強い臭気に嘔吐感を催し始める。さらには、ユダヤ人の怪しげなネットワークが、社会全体を蝕んでいるとさえ考えるようになったのです。彼は『わが闘争』のなかで、「文化生活の形式において不正なことや、破廉恥なことが行なわれたならば、少なくともそれにユダヤ人が関係していないことがあったであろうか？　こういうはれものを注意深く切開するやいなや、人々は腐っていく死体の中のウジのように、突如さしこんだ光によってまぶしくて目の見えないユダヤ人を、しばしば発見したのである」[2]と論じています。

ヒトラーは早い時期から、リベラル系のメディアや前衛的な芸術に対して否定的な態度を示し、それらは人間の精神を腐敗させ、退嬰《たいえい》をもたらすと考えていました。そしてそのような動きの背景には常に、ユダヤ人たちが蠢《うごめ》いていると思い込んだのです。彼の発想はすでに「ユダヤ陰謀論」と近似的であり、それはナチズムの運動全体においても、極めて大きな役割を果たすようになります。

当時のオーストリアは、一八六六年の普墺戦争においてドイツ統一を巡るプロイセンとの戦いに敗れ、ハンガリーと協定を結んだことにより、「オーストリア＝ハンガリー二重帝国」という体制を形成していました。そのため同国では、ドイツ系・スラブ系・ユダヤ系など、さまざまな民族が混淆《こんこう》する状態が生じていた。(3) 他方でユダヤ社会では、近代的な産業化が進行し、莫大な富を獲得することに成功する人々と、伝統的な職業を奪われて没落する人々への二分化が起こっていた。そして後者の多くは、ウィーンの貧民街に流入していったのです。(4) さらに19世紀末から20世紀初頭に掛けては、ロシアや東欧で「ポグロム」と呼ばれるユダヤ人迫害が繰り返し発生していたため、そこから逃れてきた人々も集まっていました。(5) ヒトラーが目にした「カフタン姿の人々」とは、そのようなユダヤ人たちであったわけです。

第一次世界大戦にドイツ兵として従軍

ウィーンに居住していたヒトラーは、オーストリアに対する愛国心をまったく抱いておらず、徴兵検査の義務を忌避し続けました。そして一九一三年、ドイツのミュンヘンに移住します。

その翌年、第一次世界大戦が勃発しました。オーストリアでは兵役を逃れていたヒトラーでしたが、このときはバイエルン王に義勇兵となるための志願書を送り、第16予備歩兵連隊に配属されます。『わが闘争』における述懐によれば、ヒトラーはすでに、政治的理由からオーストリアを見捨てていた。しかし、ゲルマン民族とドイツ帝国のためであれば、いつでも死ぬ覚悟があった。彼は第一次世界大戦への従軍体験を、「私のこの世の生活で最も忘れがたい、最も偉大な時期」であったと振り返っています(6)。

戦場においてヒトラーは、伝令兵の任務を与えられました。命令を伝えるだけの簡単な役目のように思われるかもしれませんが、実際にはそうではありません。第一次世界大戦では機関銃が本格的に導入され、その攻撃を避けるために、戦場に長大な塹壕が掘られました。さらには、隠れた兵士たちを炙《あぶ》り出すための毒ガスや、塹壕を乗り越えるための戦車が開発されていった。こうした地獄のような状況のなか、伝令兵は、他の部隊に指令を伝えるために塹壕を飛び出してゆかなければならなかったわけですから、大変危険な役目だったのです。

ヒトラーは勇敢に任務を果たし、「一級鉄十字章」を始めとして、六度も勲章を与えられました。しかし一九一八年、彼がイギリス軍の毒ガス攻撃を受けて一時的に失明し、病院で治療を受けているあいだに、ドイツは敗北を宣言してしまいます。

『わが闘争』を読む限り、ヒトラーは第一次世界大戦への従軍経験によって、二つの事柄を精神に刻み込んだように思われます。まず第一に、民族や国家のために命を賭けて戦うことにより、青年が成長して大人になり、卑小な自己を超越した共同体感覚を体得するようになる、ということです。ウィーン時代のヒトラーは、真っ当な職業に就くこともなく、根無し草としての生活を送っていました。しかし彼は、戦争への従軍により、自分に重要な使命が与えられるということを初めて経験した。またそのなかで、戦友たちと生死を共にし、深い絆で結びつけられることになった。さらには、たとえ自らが命を落とそうとも、それを超えて民族の生命が生き続けるという感覚が芽生え始めた[7]。後のナチズムの運動において、「民族共同体」という概念はその中心に据えられますが、それは第一次大戦時の従軍経験に由来するものと見ることができます[8]。

そして第二に、戦争とは究極的には、「世界観」を巡る闘争に帰着する、という考え方です。ヒトラーによれば、戦争とは単なる力と力のぶつかり合いではなく、その背景には、人間と文化がどのような精神的基盤に立脚しているかという問題が存在している。そして第一次世界大戦の本質とは、先述したようなドイツ的「民族主義」と、ユダヤ人や共産主義者が掲げる「国際主義」の戦いであった、というのです[9]。

戦後のドイツにおいては、祖国が戦争に敗れたのは、ユダヤ人と共産主義者によって密かに足を引っ張られ、最終的には彼らから「背後の一突き」を受けたためであるという説が、まことしやかに囁《ささや》かれました。ヒトラーもまた、そうした議論から影響を受けたものと思われます。そしてヒトラーは、こうした「世界観闘争」に勝利するためには、効果的な宣伝によって国民の精神を徹底して教化し、戦意を高揚させ続けなければならない、と考えるようになったのです。

人種論の構築――アーリア人種・有色人種・ユダヤ人種

第一次世界大戦の敗北により、ドイツでは王政が廃止され、左派勢力を中心として「ワイマール共和政」が樹立されました。しかし他方、ヒトラーが所属していたバイエルンの軍部では、風向きがまったく異なっていた。先述したように彼らは、ドイツ敗北の原因をユダヤ人と共産主義者の暗躍にあったと見なし、それに対抗するために、愛国主義に基づく軍隊の再教育を手掛け始めたのです。ヒトラーもそうした職務に従事し、そのなかで、自身が兵士の士気を鼓舞するための雄弁の才に恵まれていることを自覚するようになりました。

軍隊教育においてヒトラーが重視したのは、兵士たちが命を賭けて戦う際の根拠となる「世界観」を教え込むことでした。そしてその世界観とは、「人類史の実相は、人種間の生存競争にある」というものでした。

ヒトラーは『わが闘争』のなかで、人類を「文化創造者」「文化支持者」「文化破壊者」の三種類に区分しています(10)。まず文化創造者とは、人類を進歩させる上で最も大切な構成素材や設計図を生み出した人々であり、ゲルマン民族を始めとするアーリア人種を指す。次に文化支持者とは、創られた文化を模倣・再生産する能力しか持たない人々であり、日本人を含む有色人種を指す。そして文化破壊者とは、文化の内部に入り込んでその生命を腐敗させる人々であり、特にユダヤ人種を指します。

アーリア人種に関する記述の一例は、次の通りです。ヒトラーは、芸術・科学・技術といった主要な人類文化の大半は、アーリア人種によって創造されたと断言します。のみならず、アーリア人種こそは「より高度の人間性の創始者」であり、「人間そのものの原型」を作り出したとして、その神的性格を強調するのです。

アーリア人種は、その輝く額《ひたい》からは、いかなる時代にもつねに天才の神的なひらめきがとび出し、……沈黙する神秘の夜に灯《ひ》をともし、人間をこの地上の他の生物の支配者となる道を登らせた……人類のプロメテウスである。人々がかれをしめ出したとしたら――そのときは、深いやみがおそらくもはや数千年とたたぬうちに再び地上に降りてくるだろう。そして、人間の文化も消え失せ、世界も荒廃するに違いない。
（アドルフ・ヒトラー『わが闘争』上巻413頁）

ヒトラーによればアーリア人とは、人間の原型を作り出した人間、人間以上の何かであり、その性質は、ギリシャ神話の英雄プロメテウスに擬《なぞら》えられています。プロメテウスとは、神々が独占していた火を天界から奪い去り、人間界にもたらしたとされる存在です。ヒトラーの言説のみならず、アーリアン学説全般においてアーリア人は、「火を崇拝する優美で勇敢な人種」として描かれていますので、このイメージは大変重要です。

それに対して、ユダヤ人に関する記述は次の通りです。

かれら〔ユダヤ人〕は遊牧民でもなく、つねに他民族の体内に住む寄生虫に過ぎない。しかもかれらがしばしば今まで住んでいた生活圏を放棄してきたことは、かれらの意図によるものではなく、追出された結果であり、かれらは、時々悪用した母体民族によって追出しを受けた。だがかれらの自己繁殖は、すべての寄生虫に典型的な現象であり、かれらはつねに自己の人種のために新しい母体を探している。
（アドルフ・ヒトラー『わが闘争』上巻433－434頁）

ユダヤ人は元々遊牧民であり、特にローマ帝国との戦争に敗れて祖国を失って以降は、世界各地に「離散《ディアスポラ》」する状態で生活してきました。これに対してヒトラーは、ユダヤ人がこうした苦境のなかで民族として存在し続けてきたことを訝《いぶか》しみ、それは彼らが「寄生虫」のような仕方で他の民族の生命力を密かに奪い続けたからだ、と決めつけたのです。堪え難いまでに差別的な考え方ですが、このような見解から彼は、ユダヤ人との混血を防止し、ゲルマン民族の本来的優秀性を回復させることが、ドイツ人が向き合うべき必須の課題であると主張しました。

少し余談をすれば、私自身は、『わが闘争』のこの箇所を読むたびに、むしろユダヤ人こそが「文化創造者」と呼ばれるべき存在なのではないか、と思ってしまいます。古代から今に至るまで、ユダヤ人は人口的に見れば常に少数派でしたが、一神教や聖書を始め、彼らが歴史のなかで生み出してきたものは極めて巨大です。また現代においても、ノーベル賞受賞者の約20％がユダヤ人によって占められていると言われている。少数民族であるにもかかわらず、なぜ彼らはこれほどまでの創造性と影響力を発揮し続けるのか――。こうした嫉妬や畏怖の感情が、ユダヤ陰謀論が生み出される遠因となっているようにも思われます。

国民社会主義ドイツ労働者党＝ナチスの成立

ヒトラーは軍部から、兵士の再教育のほか、戦後に出現した数多くの新政党、特に左翼系のそれを監視するという役割を与えられました。そして一九一九年には、創設されて間もない小政党「ドイツ労働者党」の集会に赴きます。その名前から、当初は左翼政党であると思われたのかもしれません。

しかしながら、実際にはドイツ労働者党は、極右的な政党の一つでした。後に見るように当時のドイツでは、「トゥーレ協会」というオカルト的な民族主義団体が結成されており、ドイツ労働者党はその関連部局の一つだったのです。

調査員としてドイツ労働者党の集会に訪れたヒトラーは、自らの立場も省みずその場の論争に参加し、弁舌の力を見せつけました。そして彼は、勧誘を受けて入党し、宣伝担当に就任する。ヒトラーは軍部との人脈を生かしながら精力的に活動し、短期間のうちに党の重要人物の一人となっていったのです。

ドイツ労働者党は当初、トゥーレ協会と同じく、少数精鋭の秘密結社的な組織を目指していました。とはいえ、第一次世界大戦の講和条約であるヴェルサイユ条約の理不尽さに憤慨していたヒトラーは、その体制を覆すため、同党を国民政党として成長させることを望んだ。彼は党内の勢力争いに勝利を収め、党名を「国民社会主義ドイツ労働者党」に変更します。一般には「ナチス」と称されていますので、ここでもその呼び名を用いましょう。そして「二五カ条綱領」を作成し、大ドイツ帝国の建設、反ユダヤ主義、労働者支援などを基本政策として掲げました[11]。

ヒトラーは卓越した弁舌能力によって多くの聴衆をナチスの集会に呼び込み、一九二一年には党の第一委員長に選出されます。ヒトラーの支持者たちはその頃から、彼のことを敬意を込めて「指導者《フューラー》」と呼ぶようになりました。

ミュンヘン一揆の失敗

一九二三年、フランスとベルギーは、ヴェルサイユ条約に基づく賠償金の支払いが遅延していることを理由に、ドイツのルール地方を占拠しました。同地は重要な工業地帯であり、言わばドイツは、自らの心臓を奪われたような状態になったわけですが、ワイマール共和国政府は、明確な仕方でこれに反抗しようとはしなかった。そしてバイエルン州でも、軍部や右派勢力が団結して中央政府を打倒する動きを起こしますが、なかなかその足並みが揃わない状態が続いていました。

こうした様子に業を煮やしたヒトラーは、クーデターの会合が行われていたビヤホールを占拠し、武装蜂起に踏み切ることを強引に決定させます。さらには、ワイマール共和国の解体と暫定ドイツ国民政府の樹立を宣言し、「国民革命」と称したのです。

翌日からヒトラーとナチスはデモ行進を開始しましたが、軍部はそれに追随しませんでした。そして警察とのあいだに銃撃戦が起こり、デモ隊は瞬く間に鎮圧されてしまいます。ヒトラーも逮捕され、裁判に掛けられた結果、五年間の禁固刑を言い渡されたのです。

このように、ナチスが初めて起こした明確な政治行動である「ミュンヘン一揆」は、無残な失敗に終わりました。とはいえそれは、ナチスにとって負の結果しか残さなかったわけではなかった。ヒトラーは裁判においても、ドイツへの愛国心を情熱的に訴え、自らの行動の正当性を説いたため、審理が進むにつれて、彼の主張に耳を傾ける者が増加していった。またナチスという政党の知名度も高まり、全国からの注目を集めるようになった。ヒトラーは収監中に自由な環境を与えられ、そのあいだに自らの半生記として『わが闘争』を執筆しています。禁固期間も大幅に短縮され、約一年後には仮釈放されたのです。

メディア戦略への転換

ミュンヘン一揆という武力革命に失敗したナチスは、メディアを駆使した広報戦略へと方針を転換しました。ヒトラーもまた収監中に『わが闘争』を執筆しながら、世界観を宣伝することの重要性について改めて思いを巡らせ、国民からの広い支持を得るためには、ドイツの未来のヴィジョンを示さなければならないと考えたように思われます。

ナチスは一九二〇年から、『民族の観察者《フエルキッシャー・ベオバハター》』という党の機関誌を公刊していました。ミュンヘン一揆の影響によって一時は休止されましたが、二五年に復刊し、後に全国誌へと拡大された。編集長を務めたのは、幹部の一人であるアルフレート・ローゼンベルク（一八九三－一九四六）という人物です。後に見るように彼は、『二十世紀の神話』という書物の著者であり、該博な知識を駆使しながら、人種論に基づく歴史を描き出してゆきました。ローゼンベルクはナチズムの「世界観養成」の任に当たり、『民族の観察者』はそれを普及させるための主要な媒体となったのです。

一九二五年には、ヨーゼフ・ゲッベルス（一八九七－一九四五）が党員に加わりました。彼は元々、博士号の学位を持つ文学者であり、入党後はヒトラー崇拝の熱を強めながら、党の理念を宣伝するための多くの方法を考案しました。一例を挙げれば、『攻撃《アングリフ》』という新聞を発刊し、党の敵となる対象を常に名指しながら、文字通り「攻撃」的な言論活動を展開した。⑫そして三〇年、党員の一人のホルスト・ヴェッセルが共産党員に射殺される事件が起こると、彼を殉教者に祭り上げ、その功績を称える「ホルスト・ヴェッセルの歌」を作成したのです。これは後にナチスの党歌となり、やがてはドイツの第二国歌として扱われます。⑬

ゲッベルスは映画の愛好者でもあり、ナチスが政権を掌握した一九三三年以降は、積極的にプロパガンダ映画の制作に取り組みました。それに関係した映画監督に、レニ・リーフェンシュタール（一九〇二―二〇〇三）という人物がいますので、簡単に触れておきましょう。

リーフェンシュタールは、最初は女優として映画界に入り、中途で監督に転身しました。彼女はヒトラーに才能を高く評価され、ナチスのプロモーション映画の制作を手掛けます。代表作は、一九三四年の党大会を題材とした『意志の勝利』と、三六年開催のベルリン・オリンピックを記録した『オリンピア』です。

まず『意志の勝利』では、ヒトラーの熱狂的な演説の様子、軍隊の整然たるパレード、壮大なマスゲームなどが撮影され、ナチスが目指す社会秩序のあり方が、優れた美的感性を通してクリアに描き出されています。現在鑑賞してみても、「危険な魅力」を感じざるを得ない映像です。

次に『オリンピア』は、古代ギリシャの神殿や彫像のイメージ映像から始まり、女神たちの舞踊を経て、オリンピアで聖火を点《とも》す場面へと続きます。今日「聖火リレー」と言えば、オリンピックの代名詞として広く知られていますが、実はこの行事は、古代のギリシャ人から現代のゲルマン人へと、優れた人種・文明の灯火《ともしび》が継承されてきたことを象徴するために、ナチスが主催したベルリン・オリンピックにおいて初めて考案されたイベントだったのです[14]。実際の競技の場面では、スローモーションやコントラストの技法が巧みに使用され、各民族の肉体美が鮮やかに映し出されています。

政権の奪取

以上のようなメディア戦略が効果的に働き、ナチスは順調に支持層を拡大させてゆきました。そして一九二九年に世界恐慌が発生し、経済が激しく落ち込むと、多くの国民は、ドイツ再生の希望はナチスにしか残されていないと思い込むようになったのです。

一九二八年の国会選挙において、ナチスの得票率はわずか約3%でしたが、世界恐慌後の三〇年の選挙では約18%を得票し、第二党に躍進しました。さらに三二年の選挙では約38%を得票し、ついに第一党の座を獲得します[15]。翌年ヒトラーは、ヒンデンブルク大統領による任命を受け、首相の座に就きました。

2　アーリアン学説の形成

以上が、ドイツの政権を掌握するに至るまでの、ヒトラーとナチスの沿革となります。そしてその躍進を支え続けていたのは、ゲルマン民族の本来的優秀性を喧伝《けんでん》する「世界観」でした。

ナチズムの世界観の背景

ナチスの世界観とは、端的に言えば、「人類史の実相は、優等人種アーリア人と劣等人種ユダヤ人の抗争に還元される」という、極めて単純なものです。今になって振り返ると、なぜそのような荒唐無稽な世界観が多くの人々を惹《ひ》きつけたのか、かなり不思議に感じられます。しかしその背景には、実は大きな学問的潮流が存在していた。すなわち、19世紀から20世紀前半に掛けては、「アーリアン学説」という人種論が声高に提唱され、大きな影響力を振るっていたのです。

アーリアン学説は、今ではその根本的な誤謬が指摘され、学問的にもほとんど顧みられることがありません。それは、近代初頭の学界を覆った「黒歴史」と呼ぶべき存在なのでしょう。とはいえ、ナチズムについて正確に理解しようとするなら、それを避けて通るこ

とはできませんので、以下で簡略的に説明してゆきましょう。(16)

比較言語学とインド・ヨーロッパ祖語

アーリアン学説が形成される端緒となったのは、18世紀末、諸言語の比較研究が始まったことです。元々それは、人種論とはまったく関係のない分野の話だったのです。

比較言語学のパイオニアと見なされているのは、イギリスの法律家にして言語学者である、ウィリアム・ジョーンズという人物です。ジョーンズは一七四六年にロンドンに生まれ、幼少期から卓越した語学力を示しました。青年期には、シリア語やアラビア語など、東洋の諸言語に関心を抱いています。そして八三年にインドに赴任し、カルカッタ上級裁判所で職を得ました。その傍《かたわ》ら、「ベンガル・アジア協会」を設立して自ら会長となり、古代インド語であるサンスクリット語を研究しています。(17)

このようにジョーンズは、サンスクリット語の近代的な研究を手掛けた草分けの一人だったのですが、その過程で一つのアイディアに辿《たど》り着きました。一七八六年に行われた講演において、彼はそれについて次のように語っています。

サンスクリットは、その古さはどうあろうとも、驚くべき構造をもっている。それはギリシア語よりも完全であり、ラテン語よりも豊富であり、しかもそのいずれにもまして精巧である。しかもこの二つの言語とは、動詞の語根においても文法の形式においても、偶然つくりだされたとは思えないほど顕著な類似をもっている。それがあまりに顕著であるので、どんな言語学者でもこれら三つの言語を調べたら、それらは、おそらくはもはや存在していない、ある共通の源から発したものと信ぜずにはいられないであろう。

（ウィリアム・ジョーンズ「インド人について」[18]）

ジョーンズは、サンスクリット語の精巧さを賛美すると同時に、それを含むさまざまな言語が「ある共通の源」から発した、という見解を示しました。彼は一七九四年に47歳の若さで死去したため、そのアイディアを自ら深めることはありませんでしたが、彼の仮説は、後の言語学者や歴史学者によって継承されてゆきました。特に、ロゼッタ・ストーンの解読に取り組んだことで知られる物理学者のトマス・ヤングが「インド・ヨーロッパ祖語」と命名して以降は、有力な仮説として受け入れられ、次頁の図のようにそれは、インドからヨーロッパに掛けて存在する数多くの言語の源流に位置づけられたのです[19]。同時に、こうした言語的系譜に連なる諸民族は、「インド・ヨーロッパ語族」と呼ばれるようになりました。

比較宗教学とアーリア人種

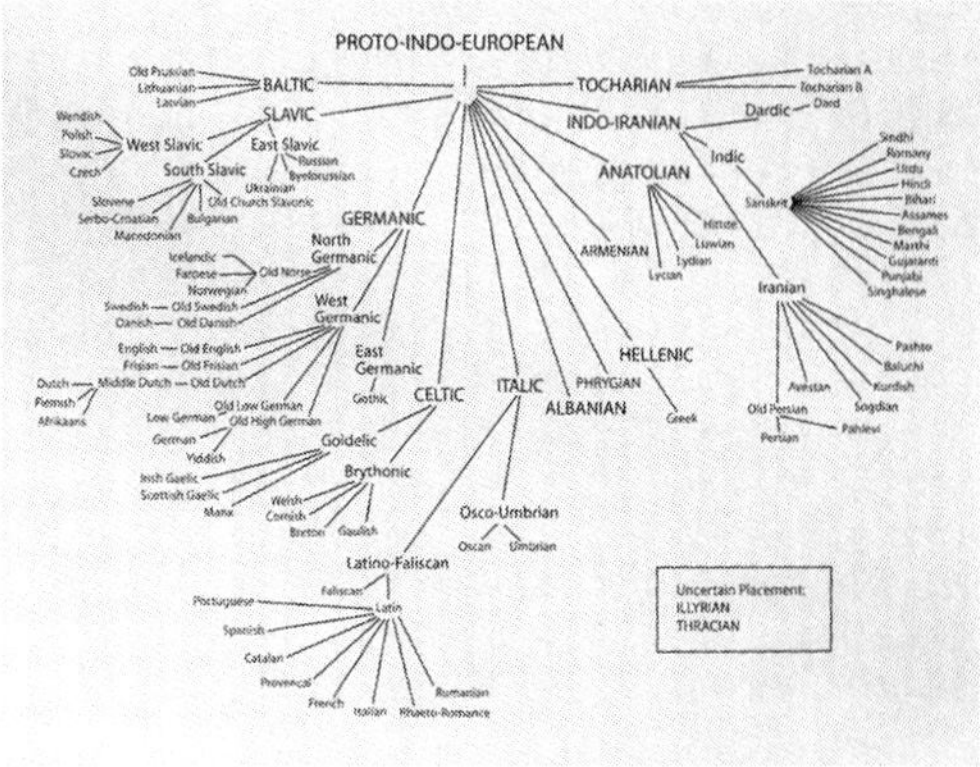

インド・ヨーロッパ語の系図［David W. Anthony, *The Horse, the Wheel, and Language: How Bronze-Age Riders from the Eurasian Steppes Shaped the Modern World*, Princeton University Press, 2010, p.12より］

さまざまな言語を比較分析し、その源流を探るという方法は、宗教の分析にも適用されました。すなわち、「比較宗教学」と呼ばれる分野の誕生です。

　こうした動きをリードしたのは、フリードリヒ・マックス・ミュラー（一八二三－一九〇〇）でした。彼はドイツに生まれ、若い頃に哲学やサンスクリット語を学びます。そして24歳でイギリスに渡り、東インド会社の援助を受けながら、古代インドの聖典『リグ・ヴェーダ』の校訂・翻訳を手掛けました。その後はオックスフォード大学で研究を続け、『東方聖典叢書』全五〇巻を編纂しています。

　ミュラーの学問上のスタンスは、キリスト教のみを特権的な宗教と見なすのではなく、世界の諸宗教を対等に扱い、文献と言語に即して比較分析する、というものでした。こうした方法論は現在、宗教学全般に共有されていますので、彼は宗教学の創始者の一人とも見なされています。

とはいえミュラーは、近代科学に即した思考の持ち主であると同時に、ロマン主義的な幻想を好む人物でもありました。そして当時のロマン主義者たちのあいだでは、インドの文化が有する精神的深遠さや歴史的影響力を過大に評価しようとする傾向があり、彼もまたそうした流れのなかに身を置いていたのです[20]。

ミュラーは宗教史の大枠を、「セム語族」と「アーリア語族」という二つの中心的存在によって形成されたものと捉えました。まず前者は、ユダヤ教、キリスト教、イスラム教などの一神教の歴史を作り上げ、そして後者は、ゾロアスター教、バラモン教、仏教などの歴史を作り上げたのです[21]。一神教を中心としたヨーロッパの従来の宗教観に対し、インドやイランに由来するアーリア系の諸宗教を突きつけることによって、その相対化を試みたというのが、ミュラーの基本的なスタンスであったと見て良いでしょう。

アーリア系の宗教の歴史を描き出す際にミュラーは、比較言語学において発展していた「インド・ヨーロッパ語族」論に依拠しています。彼によれば、インド、ギリシャ、イタリア、ドイツの神話体系において、至高神を表す単語は同一の特性を示しており、そこには共通の崇拝が維持されていたことが見て取れる。そしてこうした伝統は、「アーリア人種全体の祖先の姿を、わたしたちがつい昨日目撃した出来事のごとく、極めて鮮明に提示してくれる」[22]というのです。

このようにミュラーは、「インド・ヨーロッパ語族」論に依拠しつつ、その存在を、サンスクリット語で「高貴」を意味する「アーリア」という名称に言い換えています。そして彼はそれを、言語的カテゴリーのみならず、宗教的・人種的カテゴリーとしても用いたのです。

とはいえ、言語と宗教と人種は、常に単線的にイコールで結ばれるわけではなく、むしろ多様な組み合わせのパターンを示すことが大半ですので、これらすべてを「アーリア」と呼ぼうとする試みは、本質的に無理があると言わざるを得ません。ミュラーも晩年になってその誤りに気づき、持説を撤回しましたが、時はすでに遅かった。[23]彼が描き出した「アーリア人種」のイメージ、すなわち、光や太陽の神を崇拝し、インドからヨーロッパに至る広範な地域に多くの文明を築いていった人種というイメージは、その後も一人歩きし、「アーリアン学説」を形成してゆくことになります。

ゴビノーの『人種不平等論』

ミュラーが比較宗教学の研究を進めていた19世紀半ばには、近代的な装いを帯びた新たな人種主義も姿を現しつつありました。その代表例の一つは、アルテュール・ド・ゴビノーの『人種不平等論』という著作です。

ゴビノーは一八一六年、パリ近郊に生まれました。一家は代々の名門でしたが、フランス革命の後には権勢を失い、言わば「没落貴族」のような状況にあった。ゴビノーの存命中にも、一八三〇年の七月革命、一八四八年の二月革命が起こり、旧来の権威が突き崩されていったため、彼は時代の趨勢に対してペシミスティックな態度を身に付けるようになります。

ゴビノーは19歳からパリで文筆活動を始めましたが、なかなか日の目を見ることはありませんでした。とはいえ、著名な政治思想家のアレクシス・ド・トクヴィルと親交を結び、彼を介して、外務省の官房長官に任命されます。ゴビノーは約三〇年にわたって外交官を務め、世界各地で生活しました。またそうした経験を生かしながら、民族研究・紀行文・小説・戯曲などを著したのです。

ゴビノーの主著の一つが、『人種不平等論』（一八五三－五五）です。彼は同書において、フランス革命の理念である「自由・平等・友愛」に根本的に反対し、すべての人間は人種という先天的要素に拘束されているという歴史観を展開しました。その概要は次の通りです。

まずゴビノーは、左のように、全人類を白色人種・黄色人種・黒色人種の三種類に大別します。[24] 彼によれば、白色人種が最も優れており、高度な知性と名誉心を備えている。それに次ぐのが黄色人種であり、実用性と規則性を尊ぶ傾向があるものの、気力に乏しく、創造性を持たない。そして最下層が黒色人種であり、強靭な活力と豊かな感性を有するが、その性質は多分に動物的である、というのです。私たちはすでに、ヒトラーが『わが闘争』において人類を三種類に大別していたことを見ましたが、そうした観念の直接的な出所《でどころ》は、ゴビノーの人種論にあったわけです。

またゴビノーはアーリア人を、聖書に登場する「ヤペテ」に由来する種族と捉え、白色人種のなかで最も重要な存在と見なしました。彼によれば、インド、エジプト、ギリシャ、中国、ローマ、ゲルマンといった諸文明は、すべてアーリア人によって築かれたのです。[25] アーリア人の創造性を過剰に見積もるという点においても、ゴビノーの人種論はナチズムのそれと類似しています。

白色人種	―― コーカサス、セム、ヤペテの諸族
黄色人種	―― アルタイ、モンゴル、フィン、タタールの諸族
黒色人種	―― ハム族

とはいえ、両者の人種論がまったくの同一であったというわけではありません。まずゴビノーは、ユダヤ人を含むセム族を白色人種として分類しており、アーリア人ほどではないにせよ、知性と勇敢さに富む人々と見なしていました。ゆえに彼の思想では、反ユダヤ主義が直接的な仕方では表明されていません(26)。

そして先述したように、ゴビノーの態度は概して悲観的であり、人種の運命に関しても、極めて暗い見通しを抱いていました。彼によれば、文明は白色人種によって基礎を築かれた後、黄色人種や黒色人種の力を借りながら発展を遂げるものの、必然的にそこから、人種の混淆《こんこう》が生じる。それによって、原初の諸人種が有していたそれぞれの特徴や活力は失われ、誰もが平準的で凡庸な存在と化してしまう。どの文明もこうした運命を免れることはできず、将来の人類は、物憂《ものう》い気怠《けだる》さのなかで緩やかに死滅するだろう——。ゴビノーは『人種不平等論』を、このような予言で終えているのです(27)。

優生学の登場

ゴビノーは、人類の未来を悲観的な筆致で描き出しましたが、それから間もなく、その問題を積極的に「乗り越える」ための学問が現れました。すなわち、優生学の登場です。

チャールズ・ダーウィンが一八五九年に『種の起源』を公刊して以降、進化論は欧米社会に急速に普及しました。そもそも進化論は、生物が「自然選択」のプロセスを通して変化する様相を捉えることに主眼を置いた理論だったのですが、程なくしてそれは、人間とその社会を科学的な仕方で発展させるための方法、「適者生存」させるための方法へと応用されてゆきました。こうして、ハーバート・スペンサー（一八二〇－一九〇三）とウィリアム・グラハム・サムナー（一八四〇－一九一〇）が主唱した社会進化論や、以下で述べる優生学が現れたのです。

優生学の創始者は、ダーウィンの従弟《いとこ》に当たるフランシス・ゴルトン（一八二二－一九一一）という人物です。彼は一八六九年に『遺伝的天才』を著し、知性を含む精神的特徴が身体的特徴と同じように遺伝すること、家系や血統によって才能が不平等に分布していることを主張し、それらを計測するための係数システムを考案しました。さらには、その見方を人種にまで拡大し、適切な政策を施すことによって、高度な才能に恵まれた一人種を作り上げることができると考えたのです(28)。ゴルトンは、こうした人間改良法を「優生学」と名づけ、「ある人種の生得的質の改善に影響を及ぼすすべての要因を扱う学問であり、またその生得的質を最善の状態に導こうとする学問(29)」と規定しています。

ゴルトンの優生学は、後継者であるカール・ピアソン（一八五七－一九三六）によって、さらに推進されました。ピアソンは数理統計学の創始者でもあり、一九〇一年にはゴルトンと共に『計量生物学《バイオメトリカ》』という雑誌を創刊しています。ゴルトンの死後には、ユニバーシティ・カレッジのゴルトン記念優生学講座初代教授に就任しました。

ピアソンは、優生学に基づく社会改革の方法を積極的に提言し、これからの政府は、子孫に対して「人間の進歩」をもたらすかどうかでその価値が計られることになる、と主張しました。具体的には、白人であるヨーロッパ人を最上位に置き、中国人、黒人、未開人の順で劣等になる、という仕方で人種間の優劣を明確化した上で、白人の数を増やすために、彼らを繁殖に適した土地に移住させ、高出生率を義務づけるべきであると唱えたのです。さらには、統計学的手法によってユダヤ人を劣等であると判定し、移民としてヨーロッパに受け入れることに反対しました。こうして彼は、アーリア人種がその優秀性を維持するためには、他人種からの脅威を真剣に受け止めて防衛しなければならない、と訴えたのです。(30)

ゲルマン民族主義との融合

以上のようにアーリアン学説は、文理に跨《また》がるさまざまな学問の手を介して、欧米各国で発展しました。そして19世紀後半以降には、特にドイツにおいてゲルマン民族主義と強固に結合し、民衆レベルでもそうした世界観の支持者が増加していったのです。

その大きな切っ掛けを作ったのは、著名な音楽家のリヒャルト・ワーグナー（一八一三―一八八三）でした。彼は芸術の力を用いて、ゲルマン民族の精神を復興させることを志していた。すなわち、ゴビノーからアーリア人種優越論を学ぶとともに、哲学者のアルトゥール・ショーペンハウアー（一七八八―一八六〇）から反ユダヤ主義の思想を継承し、以下のような独特の神話的歴史観を思い描いていたのです。

ワーグナーによれば、原初の人類は、アジアの高原で菜食主義に基づきながら、純粋無垢な生活を送っていました。しかしあるとき、動物を殺害することによって原罪を負い、その後は殺人や戦争を繰り返すようになってしまった。それに対して、アーリア人であるキリストは、自らを犠牲にすることによって無垢な状態への回帰の道を示そうとしたが、ユダヤ人の手によって彼の教えが歪められたため、人類はさらに堕落の一途を辿っていった。今や西欧文明は「ユダヤと野蛮のごたまぜ」でしかなく、大規模な破局も近い。われわれに残された救済の希望は、ゲルマンの贖主《あがないぬし》パルジファルの神秘の儀式によって、聖なる血を受け入れることだけである――[31]。

キリスト教の教義にアーリアン学説とゲルマン叙事詩を混ぜ合わせた奇妙な物語、とでも評さざるを得ない内容ですが、ワーグナーの卓越した音楽の才能と相俟《あいま》って、こうした世界観は当時、多くの信奉者たちを生み出しました。最も有名な人物としては、やはり哲学者のフリードリヒ・ニーチェ（一八四四－一九〇〇）を挙げなければならないでしょう。ニーチェは青年期にワーグナーの熱烈な支持者となり、中途で袂《たもと》を分かったものの、アーリアン学説を基調とするその世界観は、彼の思想に生涯付きまとい続けました。私は多くのニーチェ研究において、彼がアーリアン学説から被った影響に触れられることがないのを常々不思議に思っているのですが、その問題についてはここでは措《お》きましょう。

ワーグナーの世界観をニーチェ以上に直接的に継承し、発展させたのは、ヒューストン・ステュアート・チェンバレンという人物でした。彼は一八五五年、イギリスのサウスシーに生まれました。父親が海軍将官であったため、少年期は軍人教育を施されますが、それに馴染むことができず、ヨーロッパ各地を転々としながら、さまざまな文化を吸収した。青年期はジュネーヴ大学に入学し、人種論のほか、植物学・地質学・生理学など、もっぱら自然科学を学んでいます。

チェンバレンは一八七八年、ワーグナーの音楽に触れて深く心を奪われ、それを切っ掛けとしてドイツに移住しました。八二年にバイロイト音楽祭に出席した際、ワーグナー一家との交流が始まり、彼の娘のエヴァと結婚しています。一九一六年には、ドイツに帰化しました。

チェンバレンが著した浩瀚《こうかん》な人種論が、『十九世紀の基礎』（一八九九）です。基本的には、ゴビノーとワーグナーの影響を受けながら書き上げられた歴史哲学の書物ですが、幾つかの顕著な特色が存在します。

まず一つは、「チュートン人」の存在が重視されていることです。チュートン人とは、古代に北欧のユトランド半島に居住し、そこから南下してゲルマン系の諸族になったと想定されている民族であり、チェンバレンはこれを、アーリア人種の代表的存在と見なしました。アーリアン学説においては、当初はインドと考えられていた「アーリア人の原郷《げんきょう》」がさまざまな地域に求められるようになり、優美な人種が北方に由来するという見解、いわゆる「北方人種論」と融合してゆきました。(32) チェンバレンもまた北方人種論に依拠しながら、アーリア人の歴史について語っています。

二つ目の特色は、反ユダヤ主義の姿勢が明確化されていることです。チェンバレンによればユダヤ人は、セム系諸族とアーリア系アモリ人の「自然に反する混血」によって生み出された民族であり、彼ら自身もその罪を自覚している。しかしながらユダヤ人は、自らの欠陥を補おうとはせず、むしろ「悪しき混血の原理」を世界中に押し広げようとした。それによって多くの人々が「ユダヤ人の奴隷」になってしまった、というのです。(33)

最後に第三点としては、ゴビノー的な悲観論が影を潜め、アーリア人種の未来について、明るい見通しが語られていることです。チェンバレンはワーグナーに倣いながら、キリスト教からユダヤ的要素を脱色し、新しい福音書を書き上げることによって、真のアーリア的本性を取り戻すことができると考えました[34]。さらには、次のようにさえ述べています。「高貴な人種は天から落ちてくるものではなくして、創られるものである。そしてこの創造のプロセスはいつ何時でも始められうるものである。過去においてアーリア人種なるものが全く存在しなかったということがよしんば証明されえたとしても、しかしわれわれは未来においてそれを存在せしめようと欲する[35]」。

トゥーレ協会の結成

19世紀末から20世紀初頭のドイツやオーストリアでは、アーリアン学説の人種論に加え、「神智学」というオカルト思想の影響を受けながら、ゲルマン民族主義を掲げる幾つもの結社が作られました。「新テンプル騎士団」（一八八九年設立）や「ゲルマン教団」（一九一二年設立）などがその代表例です。これらの団体においては、ゲルマン民族こそがアーリア人種のなかで最も高貴な存在であること、霊的な進化を遂げるためには、高等人種を増殖させ、劣等人種を減少させるための政策を実行しなければならないことが説かれました[36]。

そして一九一八年にミュンヘンで設立されたのが、「トゥーレ協会」でした。その創設者は、ルドルフ・フォン・ゼボッテンドルフ（一八七五－一九四五）という人物です。彼は若い頃、秘奥《ひおう》の真理を求めて世界中を旅し、最終的にそれが「アーリアの叡智」のなかに隠されていると考え、ゲルマン教団に加入しました。そして同教団のバイエルン支部の開設を任され、トゥーレ協会を作ったのです。

トゥーレとは、古代ギリシャの地理学者であるピュテイアスが、極北を調査した際に発見したと言われる島のことです。また、哲学者プラトンが論じた超古代文明「アトランティス」が存在した地とも見なされました。

そしてゼボッテンドルフは、この伝説の島こそがアーリア人の原郷であると唱え、左のような紋章を作り上げました。まず中央には、オークの葉で飾られた剣が描かれており、それはアーリアの理想のために戦うことを意味している[37]。また、背景に置かれた「鉤十字《ハーケンクロイツ》」は、アーリア人の象徴として掲げられています。これが後にナチスのシンボルになったことは、誰もが知るところでしょう。

鉤十字とは元々、世界各地においてさまざまな宗教の象徴として用いられ、特にインドでは、幸運を意味する「スワスティカ」と呼ばれていました。これが「アーリア人の象徴」と見なされるようになったのは、ハインリヒ・シュリーマン（一八二二－一八九〇）がトロイア遺跡

トゥーレ協会の紋章

の発掘を行った際、多くの鉤十字のマークを発見したことに起因しています。そのときシュリーマンは、フリードリヒ・マックス・ミュラーに相談を持ち掛け、鉤十字の来歴について質問した。するとミュラーは、インド・ヨーロッパ語族と関係があるシンボルだろうと答えた。こうして鉤十字は、アーリア人が世界各地に文明を築いた証拠と考えられるようになっていったのです[38]。

トゥーレ協会は、オカルト色の強い小規模な右翼団体でしたが、個性的な人々が次々とそこに参入し、急速に影響力を強めました。主要なメンバーとしては、ゼボッテンドルフのほか、政治家のアントン・ドレクスラーやカール・ハラー、神秘家のディートリッヒ・エッカートやアルフレート・ローゼンベルク、地政学者のカール・ハウスホーファー、軍人のルドルフ・ヘスなどが挙げられます。こうした人脈を基盤に、一九一九年、同会の政治部門として「ドイツ労働者党」が結成され、先述したようにそこへ、ヒトラーが加入してきたのです。

3　ユダヤ陰謀論の蔓延

『シオン賢者の議定書《プロトコル》』――史上最悪の偽書

アーリアン学説の概略は、以上の通りです。それはナチスの世界観の根幹となり、アーリア人が本来的に優秀であるという幻想を肥大化させる役割を果たしました。

同時にその裏側には、ユダヤ人を不当に貶めるもう一つの理論が潜んでいました。いわゆる「ユダヤ陰謀論」です。その内容についても、簡単に触れておきましょう。

ユダヤ人が人目に付かないところで悪事を働いているという発想は、反ユダヤ主義が勃興した中世期から存在していました。とはいえ、それが体系的に論じられるようになった背景には、ある文書が決定的な影響を及ぼしています。すなわち、しばしば「史上最悪の偽書」とも称される、『シオン賢者の議定書』です（以下『議定書』と略す）。

『議定書』は、一八九七年に開かれた第一回シオニスト会議において、ユダヤの賢者たちが交わした決議文であるとされています。かなり晦渋《かいじゅう》な内容ですが、その大枠は以下の通りです。

近代になって自由主義・民主主義が興隆し、貴族政治は滅びた。しかし、民衆はあまりに無能であるため、自律的な統治を満足に行うことができない。そこで、メディアを用いて政治的意見が分裂するように仕向ければ、彼らは直ちに混乱に陥る。さらに、フリーメイソンを始めとする秘密結社を暗躍させ、国家間の対立を煽ることによって、戦争と革命を頻発させることができる。こうした状況のなか、圧倒的な財力を用いて「ユダヤの王」を押し立てれば、世界の支配が容易に実現するだろう――[39]。

『議定書』を書いたのが一体誰なのか、正確なことは分かっていません。とはいえ現在では、その原型を作成したのは、ロシアの秘密警察であったと推定されています。20世紀初頭のロシアでは、三百年間続いてきたロマノフ朝の権威が動揺し、いつ革命が起きても不思議ではない状態に陥っていた。そこで秘密警察は、こうした混乱の原因はユダヤ人にあるという風説を流し、非難の矛先を変えようとした。王政末期の混乱のなか、ユダヤ人は不当にもしばしば槍玉に挙げられ、数度のポグロムが引き起こされていました。ゆえに秘密警察もまた、その流れに便乗しようとしたと思われます[40]。

『議定書』は当初、皇帝ニコライ2世がその真正性を認めなかったため、外部に広まることはありませんでした。ところが、宮廷の聴罪司祭を務めていた神秘家のセルゲイ・ニールスが、一九〇五年、『卑小なるもののうちの偉大――政治的緊急課題としての反キリスト』(第三版)という著作のなかに『議定書』を収録したことにより、一般にもその内容が知られるようになった。さらに当時のロシアでは、「黒百人組」と呼ばれる反ユダヤ主義の諸団体が跋扈《ばっこ》し、ポグロムの扇動を行っていました。こうした人々の手を介して、同書は世界中に流布していったのです。(41)

ナチズムへの浸透

『議定書』は西欧社会にも流入し、同地の反ユダヤ主義者や民族主義者に受容されてゆきました。特にナチスとの関連で言えば、一人の幹部がその普及に大きな役割を果たしています。それは、アルフレート・ローゼンベルクです。

ローゼンベルクは一八九三年、ロシア領レヴァル（現エストニア）で、バルト・ドイツ人の家系に生まれました。学生時代は建築学を専攻しましたが、彼が深い関心を抱いていたのは、自らの民族的アイデンティティに関わるゲルマン主義の歴史・哲学・美学などでした。特に17歳でチェンバレンの『十九世紀の基礎』を読み、その世界観の信奉者となります。加えて一九一七年、セルゲイ・ニールスの著作を通して『議定書』の存在を知りました。ローゼンベルクはその内容に感化され、二三年には自らドイツ語訳の改訂版を公刊しています。(42)

自身をドイツ人であると考えていたローゼンベルクは、第一次世界大戦におけるドイツの敗北に大きな衝撃を受けました。そのため一九一八年、共産主義革命が進むロシアに見切りを付け、ドイツに移住しています。そして間もなく、民族主義の神秘家であるディートリッヒ・エッカートに出会い、トゥーレ協会に入会しました。その翌年にはヒトラーとも知り合い、ドイツ労働者党に入党しています。

後にヒトラーは、ローゼンベルクの衒学《げんがく》的なオカルト趣味に嫌悪感を示すようになりますが、特に初期の頃は、ナチズムの世界観を構成するための多くの要素を、彼から学びました。ヒトラーが『議定書』について知ったのもローゼンベルクを通してであり[43]、彼が手掛けたドイツ語訳にも親しんでいたと思われます。

先述したように、『議定書』の内容は、ユダヤ人がメディアを操作して大衆を愚民化し、さまざまな政治対立や革命を扇動しながら世界支配を目論んでいる、というものでした。実は同書は一九二一年、『タイムズ』誌の論説によって、『モンテスキューとマキャベリの地獄の対話』というナポレオン3世批判のパンフレットを剽窃・改変して作られた偽書であることが暴露されていました[44]。しかしヒトラーは『わが闘争』において、メディアの論調を次のように非難しています。ユダヤ人がどれほど嘘つきかということは、ユダヤ人が憎んでやまない、あの『議定書』によって明らかにされている。新聞は『議定書』は偽書であると騒ぎ立てているが、こう言い立てること自体が、それが本物であることの何よりの証拠だ。なぜならメディアは、常にユダヤを利するための虚偽を広めようとするのだから、と。[45]

ナチスは、『議定書』を全ドイツ国民に読ませることを運動の目標の一つに掲げ、ユダヤの陰謀を論じた雑誌やパンフレットを社会に配布し続けました。政権掌握後の一九三三年に公刊された新版の『議定書』は、『わが闘争』と並ぶベストセラーとなり、その二年後には、学校の初級教材として使用することさえ命じられたのです[46]。

『二十世紀の神話』

先に述べたようにローゼンベルクは、ナチスの機関誌『民族の観察者《フェルキッシャー・ベオバハター》』の編集長として論陣を張るほか、多くの書物を著しました。彼の代表作は、一九三〇年に公刊された『二十世紀の神話』です。書名から類推し得るように、同書はチェンバレンの『十九世紀の基礎』の思想的続編として著されています。『十九世紀の基礎』が示したアーリア人種優越論と反ユダヤ主義に、『議定書』的なユダヤ陰謀論を加えたものというのが、『二十世紀の神話』の基本的性格と見ることができるでしょう。その概要は、以下の通りです。

『二十世紀の神話』には主に、優等人種たるアーリア人が世界の諸文明を創造してきた過程について叙述されています。ローゼンベルクは、チェンバレンやトゥーレ協会と同じく

「北方人種論」を採用し、アーリア人の原郷は「極北の聖地アトランティス」にあったと推定するのです。

同書によれば、太古の北極は今とは違って温和な場所であり、そこにアトランティス大陸が存在した。アトランティスは、金髪・碧眼《へきがん》・長身といった身体的特徴を備えた神的人種、アーリア人が居住する聖なる土地であり、そしてアーリア人は、北方からさまざまなルートで南下することにより、インド、ペルシャ、エジプト、ギリシャ、ローマなどの地に数々の文明を創造していったのです[47]。

とはいえ、それらの優れた文明は、やがて退廃と堕落を余儀なくされました。ローゼンベルクはその原因を、劣等人種によってもたらされた悪影響、なかでもユダヤ人によるそれに帰しています。

彼によれば、イエス・キリストはアーリア系の人間であり、偉大な人格の持ち主であったが、その教えは彼の死後、使徒パウロのユダヤ的パリサイ主義によって歪曲され、それをもとにカトリック教会が築かれた。勇敢な戦士であったイグナチオ・デ・ロヨラが創始したイエズス会も、二代目総長にユダヤ人が就任することによって変質し、人間を矮小化しようとするカトリック教会の指針に即した組織となった。ユダヤ人が考案した金融学という虚構的・詐欺的手法は、今や世界を席巻し、多くの病理的衝動を掻《か》き立てている。フリーメイソンは、国際ユダヤ人が作り上げた結社であり、彼らが掲げた「自由・平等・友愛」という理念に基づいて革命が起こり、民族的な絆を弛緩・解体させていった。その運動は現在、共産主義に引き継がれているが、それもまた、世界を国際主義と唯物論で染め上げようとするユダヤの策謀にほかならない――。

『二十世紀の神話』は、一見したところ極めて重厚かつ難解な著作ですが、その基本的な発想は、実はかなり単純です。つまり、世界史における優れた文化や芸術はすべてアーリア系諸民族の所産であり、他方、それらを腐敗させるのは、ユダヤ系劣等人種の影響、なかでも彼らとの混血である。ゆえに、ゲルマン民族の本来的優秀性を回復させる最良の手段は、その血液を再び純化することにある、というのです。同書の末尾には、次のように記されています。

> もしわれわれの魂と血液がなかったとしたら、われわれが崇拝する神もまた存在しないだろう……。それゆえ、われわれの宗教・法律・国家は、この魂と血液の名誉と自由を保護・強化・純化・貫徹するような、すべての物事を行うべきである。ドイツの英雄たちがかくのごとき思想のために死んだ場所、彼らを想起させる記念碑や記念物がある場所は、すべて神聖な場所である。彼らがかつて最も情熱的にそのために戦っ

た日は、神聖な日である。そしてドイツの神聖な時間は、覚醒の象徴たる立ち上る生命の記号を持った旗が、帝国唯一の支配的な表明となったときに現れるであろう。

（アルフレート・ローゼンベルク『二十世紀の神話』554頁[48]）

4 ナチスの人種政策——ユダヤ人の粛清とアーリア人の増殖

ユダヤ人迫害の開始

再びナチスの活動に戻り、政権を掌握した後の同党が実行した「人種政策」について見てゆきましょう。それは、ユダヤ人の粛清とアーリア人の増殖、と要約することができます。

ヒトラーが首相に就任して間もない一九三三年二月、ドイツの国会議事堂が放火されるという事件が起こりました。ナチスはこれを共産党によるテロと決めつけ、非常事態を宣言します。そして三月に議会で「全権委任法」を可決させ、ナチスの一党独裁の体制を作り上げたのです。

同年四月には、ナチス政権最初の反ユダヤ法として、「職業官吏再建法」を制定しました。非アーリア人＝ユダヤ人と、政治的に信頼できない者＝共産主義者を、公務員から追放するという法令です。その際に、両親あるいは祖父母に一人でもユダヤ教徒がいる人間は、すべてユダヤ人であると規定されました。ナチスは常に、「ユダヤ性」の本質は宗教ではなく、人種や血の問題であると主張していたのですが、具体的に誰がユダヤ人であるかを決定する段になると、結局は宗教によって判別したということになります。ここには、あまりにも大きな虚偽と矛盾があると言わざるを得ません。(49)

さらに一九三五年九月には、「ドイツ国公民法」と「ドイツ人の血と名誉を守るための法」を制定しました。まず前者においては、ユダヤ人から公民権を剝奪することが定められ、そして後者においては、非ユダヤ人とユダヤ人のあいだの結婚や性交が禁じられた。これらの法律は、ニュルンベルクで開かれた国会で可決されたため、「ニュルンベルク法」と総称されています。

政権掌握後のナチスは、親衛隊や秘密警察《ゲシユタポ》といった組織を拡充させ、反対者や異分子を執拗に炙《あぶ》り出す体制を強化してゆきました。また、ユダヤ人や共産主義者の著作物を発禁処分とし、言論の自由を奪っていったのです。

そして一九三八年一一月、ドイツ全土で一斉に反ユダヤの暴動が起こりました。シナゴーグやユダヤ人商店が破壊され、ガラス片が路上に飛び散って夜の闇のなかで煌《きら》めいたことから、その事件は「水晶の夜」と呼ばれています。しかもナチスは、こうした事件が起こったのは、ユダヤ人が国民の怒りを掻《か》き立てたからであると責任を転嫁し、ユダヤ人の財産没収や強制出国に着手する口実に仕立て上げたのです。

絶滅政策への発展

一九三九年以降にナチスは、劣った人種、劣った遺伝子の持ち主と見なした人々を、実際に粛清し始めました。その方法はかなり場当たり的であり、当初から一貫した計画があったとは思われない。とはいえ、ナチスの世界観に即しながら個々の人種政策を推し進めていった結果、ドイツ帝国内のユダヤ人を一人残らず粛清するというプログラムにまで発展したことは、疑い得ないところです。

そのプロセスは全体として、四つの段階に区別されます。概要を確認するだけでも心が重くなる内容ですが、それらは以下の通りです。

①安楽死殺害政策

ナチスは一九三九年、障害のある子供たちを「安楽死」させるプロジェクトを密かに開始しました。その発端は、重度の障害児を持つ父親が総統官房に手紙を書き、尊厳死の許可を求めたことにあると言われています。ヒトラーはそれを認めるとともに、類似のケースについては同様に対処するよう命じました。この指令に基づき、総統官房長官フィリップ・ボウラーと親衛隊軍医カール・ブラントは、治癒不能な患者に対して特定医が死を与える権限を持つ、という文書を発したのです。

こうして全国六カ所に専用施設が作られ、重度の心身障害や不治の病を抱えた人々が、注射や毒ガスによって殺害されてゆきました。この作戦は、本部が置かれた場所にちなみ、「T4」と呼ばれています。家族や周辺住民による反対運動が起こったため、T4は四一年に中止されましたが、それまでに約七万人が命を奪われていました。また、安楽死政策自体はその後も形を変えて継続され、ナチス政権下で約二一万人が殺害されたと推測されています。この政策は、以後の絶滅政策のモデルとしての役割をも果たしたのです。(50)

②ゲットーへの隔離

ナチス・ドイツは一九三九年、ポーランドに侵攻し、これによって第二次世界大戦の火蓋が切って落とされました。そしてナチスは、新たに獲得した領土に多くの「ゲットー」を建設し、四〇年春からユダヤ人の移送を開始します。

ゲットーとは、ユダヤ人強制居住区のことであり、次講でも述べるように、その起源は

13世紀後半にまで遡ります[51]。そして近代化が進んだ18世紀以降、ゲットーは次々と廃止されていったのですが、ナチスはそれを復活させました。ポーランド国内だけでも約四百のゲットーが設けられ、最大のゲットーであるワルシャワ・ゲットーには、約四五万名もの人々が詰め込まれた。そして彼らは、劣悪な食糧事情と住環境のなかで厳しい労働を強いられ、その多くが命を落としていったのです。現在の研究によれば、ゲットー内で死亡したユダヤ人の数は、ナチスの虐殺政策で死亡した総数の五分の一に上ると推定されています[52]。

③対ソ戦におけるユダヤ人射殺

一九四一年、ナチス・ドイツはさらに、ソ連の領土に侵攻しました。これまで述べてきたように、ナチスの世界観においては、ユダヤ性と共産主義が奇妙にも同一視され、そしてソ連こそが、ドイツ民族を脅かす「国際主義」の本拠地であると見なされていた。ゆえにナチスにとってソ連との戦争は、単なる軍事的な対決ではなく、世界観的・イデオロギー的な対決という意味合いを帯びていたのです[53]。

また、東欧からソ連に掛けての一帯は、古くから多くのユダヤ人が居住しており、ナチスは侵攻の過程でそれらの人々を射殺してゆきました。主にその役割を担ったのは、親衛隊から選出された「行動部隊《アインザッツグルッペン》」という組織でした。四つの部隊・総勢約三千名から成り、それぞれ、バルト諸国方面、ベラルーシ方面、ウクライナ方面、クリミア半島方面を担当し、ユダヤ人を殺害していった。後には親衛隊の武装組織である「武装親衛隊」も虐殺に加わり、ユダヤ人の犠牲者数は四一年末までに、約五〇～八〇万名に及んだと考えられています。(54)

④絶滅政策——強制収容所から絶滅収容所へ

ナチスは、政権を獲得した一九三三年以降、自身の主義主張に反する人々を、次々と刑務所に送り込んでゆきました。しかし間もなくその収容能力を超えてしまったため、政治犯の拘禁・再教育を行う施設として、「強制収容所」の建設に着手します。

当初そこに送り込まれたのは、もっぱら共産党員や社会民主党員でした。しかし一九三七年になると、ナチスは強制収容の対象を、政治犯のみならず、「民族共同体異分子」や「反社会分子」にまで広げてゆきます。具体的には、ユダヤ人、ロマ、同性愛者、エホバの証人の信者などです。特に三八年の「水晶の夜」事件以降は、多くのユダヤ人が収容されました。そして三九年に第二次世界大戦が勃発すると、戦争捕虜も送り込まれるようになり、総収容者数は数万人といった規模にまで膨れ上がった。そして彼らの多くは、過酷な労働を課されて命を落としていったのです。(55)

一九四一年にソ連やアメリカとの戦争が始まり、状況が悪化すると、ナチスはついに

「絶滅収容所」の稼働に着手します。安楽死殺害政策に倣《なら》い、毒ガスを用いてユダヤ人を大量殺戮し、絶滅に追い込むという、恐るべき政策です。そのための施設が、アウシュヴィッツやトレブリンカを始め、ポーランド内の六カ所に設けられました。これらの収容所は、ドイツの敗戦がほぼ確実になった後も稼働を続け、犠牲者の総数は約三百万人に上ったと推定されています。

全体としては、ナチズムの政策によって、約六百万人のユダヤ人が命を奪われたと言われます。一九三九年の時点で約九五〇万人であったヨーロッパのユダヤ人の人口は、一九四五年には約三一〇万人にまで減少していたのです。[56] 信じがたいまでに恐ろしい事態と言う以外に、言葉が見つかりません。

生存圏構想

このようにナチスは、「劣等人種」と見なしたユダヤ人をヨーロッパ社会から粛清することを、主な目標としました。とはいえ他方、絶滅政策と比較するとあまり知られていませんが、実はナチスがそれ以上に重視したのは、「優等人種」であるアーリア人を増殖させることでした。「生存圏《レーベンスラウム》」と呼ばれる広大な領土を確保し、優れたアーリア人の血統を保護・純化・繁殖させることを目論んだのです。

その構想については、すでに『わが闘争』のなかで概要が語られています。ヒトラーは同書で、毎年約九〇万人の人口が増え続けているドイツ人の生活を支えるためには、人口抑制や土地改良という方法よりも、新しい領土の獲得を目指すべきである、と提言している。多種多様な民族が、弱肉強食の原理によって領土の争奪を続けているというのが世界の現実であり、優秀な民族が狭い領土のなかに閉じこもっていると、それは結果的に、劣等な民族が生活圏を放恣《ほうし》に拡大することを許してしまう、というのです(57)。

ナチズムにおける生存圏構想の責任者となったのは、ヒトラーの最側近の一人、ハインリヒ・ヒムラー（一九〇〇－一九四五）でした。彼はミュンヘン工科大学で農学を学び、その後は化学会社勤務や養鶏場経営に携わっていたような、元々は平凡で穏やかな人物でした。しかし、一九二三年にナチスに入党してから政治運動にのめり込み、その世界観に深く没入してゆきます。また、ヒトラーのカリスマ性に誰よりも深く心酔し、その意志の忠実な実行者となっていったのです。

ヒムラーは一九二九年に親衛隊の全国指導者に任じられ、ナチス政権が成立した翌年の三四年には、秘密警察《ゲシュタポ》の指揮権を掌握しました。親衛隊は当初、ヒトラーの身辺を警護する小規模な組織に過ぎなかったのですが、突撃隊の統率者であったエルンスト・レームの粛清、強制収容所の運営など、公にはできない裏の仕事を数多く担当することにより、急速に実力を高めてゆきます。先に見たように親衛隊は、ナチスの人種政策においても主導的な役割を果たし、「国家内国家」とも言うべき強大な権力を保持するようになったのです[58]。

ナチス・ドイツがポーランド侵攻を開始した翌月の一九三九年一〇月、ヒムラーはさらに、「ドイツ民族性強化帝国全権委員」に就任します。難解な名称ですが、要するにその任務は、新たに獲得した領土からユダヤ系やスラブ系などの「劣った民族」を追放し、ゲルマン系の血を引いた「優れた民族」を入植させる、というものでした[59]。

こうした政策は一九四〇年、「東部総合計画」として具体化されます。同計画は、ポーランドやソ連への侵攻状況に応じて幾度も改訂されましたが、その基本的な方針は変わることがなかった。すなわち、ドイツの領土を東方に向けて大幅に拡張し、「ゲルマン民族の黄金郷」を作り上げることが目指されたのです。

元々は農学に携わっていたヒムラーは、東部の生存圏を、ゲルマン民族共同体が農業を中心として繁栄する場所であると同時に、血液の品種改良を行うための「種苗《しゆびよう》園」としても位置づけました。実にヒムラーは、「よく考え抜かれた措置によって、百二十年以内に、ドイツ国民の肉体から、金髪碧眼のゲルマン的原型人種をメンデルの法則から遺伝的に生み出しうる」[60]（傍点は引用者）とさえ考えていたのです。また、親衛隊の下部組織の一つである「帝国保安本部」は、七〇万平方キロメートルの領土を新たに獲得し、将来はそこに二億人のゲルマン人種を住まわせることを目標として掲げていました[61]。

生命の泉計画

先に述べたように、生存圏は当初、増加するドイツ人の人口を支えるための政策として構想されました。ところが実際には、第一次世界大戦後のドイツでは、戦争で多くの若者が亡くなったことや、長引いた経済不況の影響から、人口増加に陰りが見えていた[62]。そのため、政権を掌握したナチスは、さまざまな少子化対策に取り組むことを余儀なくされました。さらにはそれに留まらず、将来の帝国の支配層を形成する「人種的エリート」を意図的に生み出そうとしたのです。その計画は、「生命の泉《レーベンスボルン》」と呼ばれています。

同計画は一九三五年に開始され、その責任者はやはり、ハインリヒ・ヒムラーでした。まずヒムラーは親衛隊を、ナチズムの世界観・人種観を体現した「秘教的精鋭組織」として錬成《れんせい》しようと試みた。そのメンバーとして認められたのは、金髪・碧眼・長身といった身体的特徴を備えた者のみであり、夏至と冬至に行われる宗教的儀式においては、次のような文言が唱えられたのです。

我々は祖先を尊敬しその前で跪《ひざまず》く。祖先の血は、使命と責務として我々の中に流れている。血縁共同体によって、男は、遺産を守る義務を負わねばならない。……生命の輝きを保つ聖なる場所を守るのは、家族である。男とその妻は、生命の芽を授け、それを担い、そして伝播させる。我々は、自ら祖先となるであろう。我々の子どもたちは、我々の交わりと存在の証である。そして我々の孫たちは、我々の偉大さを証拠立てるであろう。

（キャトリーン・クレイ他『ナチスドイツ支配民族創出計画』64頁）

ヒムラーは親衛隊のメンバーに、既婚・未婚を問わず、「人種的に優れた」女性を相手とし、可能な限り多くの子供を儲けることを求めました。そしてそのための施設として、ヨーロッパ各地に「レーベンスボルン・ホーム」を開設したのです。

同施設においては、「人種的に価値がある」と見なされた子供の出産・養育の費用を、親衛隊員が払う会費や、ユダヤ人から没収した資産で賄いました。正確な数は明らかではありませんが、約一万二千名がその施設で生まれたと言われています。そうした子供たちに対しては、出産直後に親衛隊による命名式が執り行われ、生まれながらにしてそのメンバーとして扱われました。[63]

しかしながら、子供を産んで育てることには大変な時間と労力が掛かり、こうした方法によっては、帝国を支えるための十分な子供たちを確保することができませんでした。そのためヒムラーは一九三九年、ポーランドの占領地から金髪・碧眼の子供を選別して強制的に本国に拉致し、ドイツ式の名前に変えさせた上で、子供を持たない家庭に配給するという活動を開始したのです[64]。ヒムラーはその目的について、「次の世紀における我々の職務は、昔日《せきじつ》にそうであったように、指導者階級としての、すなわち世界を治める全能の貴族としての北方種を復活させることである[65]」と論じています。

子供たちの強制移送は次第にエスカレートし、ユーゴスラビア、ロシア、ノルウェーなどの各地でも実行されました。ドイツが敗戦したとき、生命の泉計画の関連書類は密かに破棄されてしまったため、何人の子供たちが拉致されたのか、正確には判明しておらず、数万人であったとも数十万人に及んだとも推測されています。私たちは、科学的な仕方で優れた「民族共同体」を作り上げようとしたナチスの試みが、ユダヤ人のみならず、アーリア人と見なされた人々にも大きな悲劇をもたらしたということを忘れてはならないでしょう。

註

（1）建築に対するヒトラーの関心は生涯にわたって続き、ナチス政権時代には、建築家アルベルト・シュペーア（一九〇五－一九八一）を側近の一人として軍需大臣に据え、ベルリンを「世界首都ゲルマニア」に生まれ変わらせることを目指していた。
（2）アドルフ・ヒトラー『わが闘争』上巻96頁。
（3）村瀬興雄『アドルフ・ヒトラー』3－5頁を参照。
（4）村瀬興雄『アドルフ・ヒトラー』138－141頁を参照。
（5）こうした状況全般については、野村真理『ウィーンのユダヤ人』に詳しい。ポグロムに関しては、第15講下325頁をも参照。
（6）アドルフ・ヒトラー『わが闘争』上巻237－238頁を参照。
（7）アドルフ・ヒトラー『わが闘争』上巻241頁を参照。
（8）石田勇治『ヒトラーとナチ・ドイツ』25－26頁を参照。第12講で見たジョン・ロックの見解によれば、近代国家はあくまで現世的な存在であり、魂の領域に関与することを禁じられていたが、ヒトラーにとってドイツ国家は、まさに「魂の救済」に繋がる対象として存在していたわけである。
（9）アドルフ・ヒトラー『わが闘争』上巻244－250頁を参照。
（10）アドルフ・ヒトラー『わが闘争』上巻413頁を参照。
（11）石田勇治『ヒトラーとナチ・ドイツ』38－40頁を参照。

(12) 平井正『ゲッベルス』68－73頁を参照。
(13) 平井正『ゲッベルス』94－100頁を参照。
(14) デイヴィッド・クレイ・ラージ『ベルリン・オリンピック1936』15－16頁を参照。
(15) 石田勇治『ヒトラーとナチ・ドイツ』110－112頁を参照。
(16) アーリアン学説については、レオン・ポリアコフ『アーリア神話』が世界的に評価された代表的な研究書だが、記述が極めて詳細かつ網羅的であるため、逆に全体像を摑《つか》みづらいという嫌いがある。これに対して津田元一郎『アーリアンとは何か』は、アーリアン学説の概要を簡略的に説明した上で、その影響が日本の人文学に残存し続けていることを指摘した興味深い内容となっている。
(17) 風間喜代三『言語学の誕生』18－19頁を参照。
(18) 風間喜代三『言語学の誕生』13－14頁。
(19) 風間喜代三『言語学の誕生』45頁を参照。
(20) 文学者のフリードリヒ・シュレーゲル（一七七二－一八二九）は、「すべてがインドに端を発している」と主張し、インド北部で形成された「一つの新しい民」が西へと移動することにより、数々の文明が創造されたと唱えた。レオン・ポリアコフはこうした特徴から、シュレーゲルを「アーリア神話の真の創設者」に位置づけている。『アーリア神話』253－256頁・436頁を参照。
(21) フリードリヒ・マックス・ミュラー『比較宗教学の誕生』290－291頁を参照。

(22) フリードリヒ・マックス・ミュラー『比較宗教学の誕生』331頁。
(23) レオン・ポリアコフ『アーリア神話』284頁、津田元一郎『アーリアンとは何か』35－36頁を参照。
(24) 長谷川一年「アルチュール・ド・ゴビノーの人種哲学（一）」133－134頁を参照。
(25) 長谷川一年「アルチュール・ド・ゴビノーの人種哲学（一）」140頁を参照。
(26) 長谷川一年「アルチュール・ド・ゴビノーの人種哲学（一）」159－160頁を参照。
(27) 長谷川一年「アルチュール・ド・ゴビノーの人種哲学（二）」143－145頁を参照。
(28) レオン・ポリアコフ『アーリア神話』389頁を参照。
(29) 平凡社『世界大百科事典』「優生学」（米本昌平）の項目より引用。
(30) スティーブン・トロンブレイ『優生思想の歴史』69－74頁、レオン・ポリアコフ『アーリア神話』391頁を参照。
(31) レオン・ポリアコフ『アーリア神話』416－417頁を参照。
(32) こうした主題については、ジョスリン・ゴドウィン『北極の神秘主義』に詳しい。特に同書61頁には、さまざまなアーリア人原郷説が地図上に示されている。
(33) レオン・ポリアコフ『アーリア神話』422－424頁を参照。
(34) レオン・ポリアコフ『アーリア神話』424－425頁を参照。
(35) J・F・ノイロール『第三帝国の神話』167頁。
(36) こうした主題については、拙著『現代オカルトの根源』79頁以下で詳しく論じているため、ここでは簡略的な記述に止める。
(37) ジョスリン・ゴドウィン『北極の神秘主義』72頁を参照。
(38) 中垣顕實『卍とハーケンクロイツ』131頁を参照。同書132－133頁には、ヒトラーが鉤十字をアーリア人の象徴と位置づける興味深い演説が掲載されている。
(39) ノーマン・コーン『ユダヤ人世界征服陰謀の神話』65－67頁を参照。
(40) レオン・ポリアコフ『反ユダヤ主義の歴史Ⅳ』144－145頁を参照。
(41) ノーマン・コーン『ユダヤ人世界征服陰謀の神話』94－96頁・127－130頁を参照。
(42) 井代彬雄「ヴァイマル共和制初期のナチス党におけるアルフレッド・ローゼンベルクについて」25－27頁を参照。
(43) 芝健介『ホロコースト』21頁を参照。
(44) ノーマン・コーン『ユダヤ人世界征服陰謀の神話』75－77頁を参照。
(45) アドルフ・ヒトラー『わが闘争』上巻438－439頁、ノーマン・コーン『ユダヤ人世界征服陰謀の神話』217頁を参照。
(46) ノーマン・コーン『ユダヤ人世界征服陰謀の神話』291－292頁を参照。
(47) ローゼンベルク『二十世紀の神話』5－6頁を参照。
(48) 原文を参照しながら、訳文を現代的な表現に改めた。
(49) 芝健介『ホロコースト』32－33頁・45－46頁を参照。
(50) 石田勇治『ヒトラーとナチ・ドイツ』304－309頁を参照。

(51) 第15講下319頁を参照。
(52) 芝健介『ホロコースト』86－90頁を参照。
(53) 石田勇治『ヒトラーとナチ・ドイツ』319－320頁を参照。
(54) 芝健介『ホロコースト』114－120頁を参照。
(55) 芝健介『ホロコースト』164－171頁を参照。
(56) 芝健介『ホロコースト』232－234頁を参照。
(57) 谷喬夫『ヒムラーとヒトラー』132－134頁を参照。
(58) 谷喬夫『ヒムラーとヒトラー』96－100頁を参照。
(59) 谷喬夫『ヒムラーとヒトラー』130－132頁を参照。
(60) 谷喬夫『ヒムラーとヒトラー』117頁。
(61) 谷喬夫『ヒムラーとヒトラー』156－170頁を参照。
(62) キャトリーン・クレイ他『ナチスドイツ支配民族創出計画』321頁（芝健介「解説」）を参照。
(63) キャトリーン・クレイ他『ナチスドイツ支配民族創出計画』97－107頁・125－126頁・187頁を参照。
(64) キャトリーン・クレイ他『ナチスドイツ支配民族創出計画』148－152頁を参照。
(65) キャトリーン・クレイ他『ナチスドイツ支配民族創出計画』191頁。

第15講　イスラエル再建とイスラム主義興隆
――ユダヤ人問題の歴史、現代の中東情勢

長く続けてきた宗教思想史の講義も、いよいよ最終回を迎えました。本講では、ユダヤ人が故郷の地に戻り、イスラエルを再建したこと、しかしながら、それが複雑な中東情勢を生み出していったことについて論じてゆきます。

この講義では、古代ユダヤ人が作り上げた一神教を基軸としながら、宗教の歴史を概観してきました。言わばユダヤ人は、世界の宗教史において最も中心的な位置を占める存在なのですが、しかし他方、彼らがそれに見合う立場を与えられてきたかといえば、決してそうではありません。ユダヤ人はおよそ二千年ものあいだ、「祖国なき民」として世界を流浪し、過酷な境遇を生き延びてきたのです。

そして第二次世界大戦後の一九四八年、ユダヤ人はついにイスラエルの再建を達成します。これで私たちが追ってきた物語もようやくハッピー・エンドを迎える……と言いたい

ところですが、現実にはそうもゆきません。もっぱら西洋列強の論理によって成し遂げられたイスラエル再建は、20世紀後半の中東情勢を不安定化させ、その影響は21世紀の世界全体にまで及んでいるからです。

ともあれ、そのような難しい状況に直面しているからこそ、私たちは宗教の歴史を真摯に学び、冷静に議論するための土台を作り上げてゆかなければならないのでしょう。それでは、最終回の講義を始めたいと思います。

1　中世以降のユダヤ人問題

反ユダヤ主義の高揚

まず最初に、中世から近代に至るまでのユダヤ人の境遇を、簡単に振り返っておくことにしましょう。

ローマ帝国との戦争に敗れ、エルサレムへの立ち入りが禁止された2世紀以降、多くのユダヤ人は、世界中に「離散《ディアスポラ》」してゆきました。彼らは、アレクサンドリアやローマを始め、もっぱら都市の一角に集住して生活しましたが、それは自発的な動きであり、政治的に強制されたわけではありませんでした。

ところが、11世紀末に十字軍が開始されると、状況が大きく変化します[1]。中世のキリスト教徒たちは、イスラム教徒という「敵」に直面することによって、初めて自分たちがキリスト教徒であるという意識に目覚めていった。そして、ヨーロッパ社会の内部にも信仰を同じくしない「敵」がいることに気づき、ユダヤ人への迫害を始めたのです。十字軍の運動が続いた12世紀から13世紀に掛けて、反ユダヤ感情は昂進《こうしん》してゆき、一二一五年の第四ラテラノ公会議においては、ユダヤ人に特定の着衣を義務づけること、ユダヤ人を官職から追放することなどが取り決められました[2]。

そして13世紀後半には、国王の命令によってユダヤ人の居住区が定められるというケースが現れ始めました。さらに14世紀、ヨーロッパにペストの猛威が吹き荒れると、その原因はユダヤ人が井戸に毒を投げ込んだためであるという根拠のない噂話が流行し、一万人以上のユダヤ人が虐殺されたのです[3]。

ゲットーの成立

ペストを切っ掛けとした迫害によって、ユダヤ人は多くの都市から追放されましたが、

ユダヤ人の服装［大澤武男『ユダヤ人ゲットー』49頁より］

商業が盛んであった大都市においては、15世紀以降もユダヤ人の強制居住区が残り続けました。フランクフルト、プラハ、ヴェネツィアなどがその代表例です。ヴェネツィアでは一五一六年から同地区が「ゲットー」と呼ばれるようになり、以降はその名称が定着してゆきます[4]。そうした地域においては、かつての第四ラテラノ公会議における決定が厳密に適用され、ユダヤ人は外出時に上のような衣服を身に着けることが義務づけられたのです。

少し余談となりますが、皆さんは「ゲットー」と言われて、具体的なイメージが思い浮かぶでしょうか。実は私自身も、そこがどういう場所なのか良く分からなかったのですが、以前に旅行でチェコのプラハを訪れたとき、実際の様子に触れたことがあります。プラハは大規模なゲットーが存在した都市の一つであり、現在もその一角が保存されているのです。

もう十年以上前のことですので、細かな記憶が残っているわけではありません。しかし今でも鮮明に印象づけられているのは、一言で言えばその「狭さ」です。例えば墓地では、限られた敷地のなかに大きさが異なる無数の墓石が乱杭歯《らんぐいば》のように突き刺されていました。

おそらく最初は、一定の大きさの墓石を整然と並べていたのでしょうが、ゲットーに閉じ込められる期間が長くなるにつれて敷地に余裕がなくなり、小さな墓石を隙間に差し込んでいったものと思われます。また、建築物の内部もミニチュアのように小さく、閉所恐怖症の人には耐えられないのではないか、と感じさせられました。皆さんもプラハを訪れる機会があれば、ぜひご自身でゲットーを体験してみて下さい。

ロスチャイルド家の台頭

中世においてユダヤ人は、キリスト教徒を従者とすること、土地を所有すること、ギルドに所属することが認められなかったため、彼らが従事できる職業は必然的に、極めて限られたものとなりました。彼らはもっぱら商業に携わりましたが、なかでも代表的な仕事の一つであったのが、やはり金融業でした。

旧約聖書の『申命記』23：20に「同胞には利子を付けて貸してはならない」という規定がありますので、基本的にはユダヤ教においてもキリスト教においても、金融業は禁じられています。特にキリスト教では、イエスが神殿から両替商を追い出したという「宮清め」のエピソードが広く知られているため、(5) 金貸しは神の意志に反する賤業《せんぎょう》・虚業であるというイメージが根強く存在していました。こうした背景から、「同胞ではない」ユダヤ

ロスチャイルド家の紋章

人にその職業を押しつけるという構造が存在していたわけです。ウィリアム・シェークスピアが『ヴェニスの商人』（一五九六頃）において、冷酷にして貪欲なユダヤ人の金貸しシャイロックを描いたことは、広く知られています。

ところが、金融業の社会的位置づけは、中世から近代に掛けて一八〇度変化しました。それまで蔑視されてきたその職業は、近代になると、活発な経済を成り立たせるための重要な動脈と見なされるようになったからです。

そうした時代の転換期に登場したユダヤ人の金融家が、マイヤー・アムシェル・ロートシルト（一七四四―一八一二）でした。彼はフランクフルト・ゲットーの出身者であり、「赤い盾」を屋号として商売を行っていたことから、ドイツ語でロートシルト、英語でロスチャイルドと称されます。右の図像はロスチャイルド家の紋章であり、中央に赤い盾が描かれ、下部には「調和・誠実・勤勉」という家訓が刻まれている。また、一本の腕が五本の矢を握り締めているのは、父親であるマイヤー・アムシェルが五人の息子たちを束ねていることを表しています。

マイヤー・アムシェルは、最初に宮廷銀行家としてヘッセン伯に仕え、立身の足掛かりを得ました。そして彼の五人の息子たちが家業に加わることにより、ロスチャイルド家は本格的な発展を開始します。彼らはフランクフルトのほか、ウィーン、ロンドン、ナポリ、パリといったヨーロッパの主要都市に支部を設け、早馬や伝書鳩を用いて情報を迅速に伝え合うシステムを作り上げたのです。こうしてロスチャイルド家は、戦争や革命に伴う時局の変化、新たに勃興する諸産業の動向をいち早く摑み、19世紀から20世紀初頭に掛けて、世界有数の財閥として君臨することになりました⑥。

フランス政府によるユダヤ人解放

長期にわたって差別的境遇に置かれたユダヤ人に対して、彼らを解放する政策に着手したのは、フランス革命政府でした。「自由・平等・友愛」の精神に基づいて革命を成し遂げ、一七八九年に「人権宣言」を発したフランス政府は、ユダヤ人にも国民としての同等の権利が与えられるべきであると考えたのです。フランス国民議会は九〇年から、ユダヤ人への市民権の付与を開始しました⑦。

こうした流れは、革命後の動乱のなかで皇帝に就任したナポレオンにより、さらに推進されました。ナポレオンは一八〇六年、ユダヤ人の代表を招き、彼らの帰属意識がユダヤにあるのかフランスにあるのかを問い質した。これに対してユダヤ人側は、ユダヤ法の体系を「宗教的規定」と「政治的規定」に分け、前者は永遠に妥当するものの、ユダヤ国家が存在しない現在、後者は時代と環境に依存する、という見解を示しました。つまり、ユダヤ共同体の内部で「政教分離」の考え方を適用した上で、政治的秩序においては、フランスの国家と法を受け入れることを表明したわけです(8)。

こうしてフランスでは、ナポレオンによって主導されながら、ユダヤ人のフランス社会への同化が進められてゆきました。また彼は、いわゆる「ナポレオン戦争」において制圧した各地においてもゲットーを廃止し、ユダヤ人を中世の頸木《くびき》から解き放っていったのです。

2　シオニズム運動の発展

しかしながら、こうした動きによって、反ユダヤ主義が完全に終息に向かったわけではありませんでした。特に19世紀後半以降は、近代的な仕方で再編された新たな反ユダヤ主義が猛威を振るうようになります。

その大きな震源地は、ロシアから東欧に至る一帯でした。同地域には伝統的に、「アシュケナジム」と呼ばれる多くのユダヤ人が居住しており、彼らの一般社会への同化は、容易には進まなかった。さらに当時は、前講でも述べたように、約三百年間続いたロマノフ朝が近代化の波に晒《さら》され、激しく動揺していました。そのため帝政末期のロシアでは、そうした混乱の原因はユダヤ人にあるという噂が流され、『シオン賢者の議定書』に代表されるようなユダヤ陰謀論が盛んに吹聴されたのです。また政府も、ユダヤ人の公職追放や強制集住といった差別政策を頻繁に繰り返していました。(9)

ポグロムの頻発

これらの要因を背景として、ロシアや東欧では、「破壊《ポグロム》」と呼ばれるユダヤ人迫害の暴動が幾度も起こりました。それは、以下のような三つの時期に大別されます。(10)

①一八八一～八四年――ロシア皇帝アレクサンドル2世の暗殺事件を切っ掛けに、ウクライナ一帯で連鎖的に発生。政府はこれを静観したばかりか、ユダヤ人を不当な搾取者とする説を広めた。この時期から同地のユダヤ人は、アメリカやパレスチナへの移住運動を開始した。
②一九〇三～〇六年――ウクライナやロシア西部を中心に、全国で発生。政府高官や地元当局が扇動を行い、国粋主義の団体や警察・軍隊も暴行に加担した。ユダヤ人側ではそれに対抗するため、シオニズムや左派の運動が盛り上がった。
③一九一七～二一年――ロシア革命に伴う内戦期に、旧体制の復活を企てる勢力により、無統制な暴力が振るわれた。大規模な迫害となり、ポーランドやルーマニアにまで波及した。

全体としては、中世以来の反ユダヤ主義を背景に持ちつつ、人種論・ナショナリズム・陰謀論・共産主義といった近代的要素を新たに巻き込みながら、ユダヤ人への迫害がエスカレートしていったと見ることができるでしょう。

ドレフュス事件

こうした近代的な反ユダヤ主義は、ロシアに端を発し、ヨーロッパやアメリカにも波及してゆきました。そしてそれは、ユダヤ人の解放に最も積極的であったフランスも例外ではありませんでした。そこでは、アルテュール・ド・ゴビノーの『人種不平等論』に代表されるような、後のナチズムへと繋がる人種論が形を取りつつあった[11]。また、ロスチャイルド家といった財閥への反感も高まり、ユダヤ人が金融詐欺を働いているという告発も現れ始めた。さらに、衰弱と混迷を深めるカトリックにおいては、自分たちの敵はプロテスタントだけではなく、フリーメイソンとユダヤ人であるという意見が声高に唱えられたのです[12]。

こうした状況のなか、フランスにおける反ユダヤ主義を象徴する出来事として起こったのが、「ドレフュス事件」でした。結論から言えばこの事件は、粗雑な捜査が生み出してしまった単純な冤罪《えんざい》事件だったのですが、フランス社会に鬱積《うっせき》していた反ユダヤ感情を端《はし》なくも露呈させることになりました。その経緯は、以下の通りです。

一八九四年、フランス陸軍情報部は、パリにあるドイツ大使館から、フランスの機密をドイツに売り渡すという内容の文書を発見しました。そして筆跡鑑定の結果、ユダヤ人の大尉であるアルフレッド・ドレフュスにスパイ容疑が掛けられた。軍法会議は、十分な証拠を摑《つか》むこともないままドレフュスに終身刑を言い渡し、軍人の誇りであるサーベルを叩き折るという官位剝奪の儀式を行いました。新聞や雑誌などもこの動きに同調し、ドレフュスを「恐怖の博物館、祖国の裏切り者」と弾劾するキャンペーンを展開したのです。

ドレフュスへの有罪宣告を切っ掛けに、フランスにおける反ユダヤ主義は急速に加熱し、ユダヤ人に対する迫害事件が各地で頻発しました。ところが次第に、有罪の証拠が実は誤っており、真犯人は別にいるということが明らかになっていった。そのため一八九八年、軍部はドレフュスの再審を行うことを決定しましたが、「フランス祖国同盟」を始めとする右派勢力からの反対を受け、再び彼に有罪が宣告されました。最終的にドレフュスは、大統領の特赦によって解放され、一九〇六年になってようやく無罪を勝ち取ることができたのです。

ヘルツルと『ユダヤ人国家』

このようにドレフュス事件は、空疎な冤罪事件であったにもかかわらず、十年以上にわたってフランス社会を動揺させ続け、周囲にさまざまな影響をもたらしました。なかでも大きかったのは、ユダヤ人のジャーナリストであるテオドール・ヘルツルが一連の経緯を目撃し、そこから「シオニズム」の運動を起こしていったことです。

ヘルツルは一八六〇年、オーストリア＝ハンガリー二重帝国の一方の首都であるブダペストで、裕福なユダヤ人の家庭に生まれました。若い頃はドイツ的教養を重視する教育を受け、ウィーン大学で法学を修めています。

ヘルツルは当初、近代的自由化が進むことにより、ユダヤ人も国民の一員として社会に同化してゆけるだろうと考えていました。そのため大学卒業後は、リベラルな社風であった『新自由新聞』に記事を執筆し、一八九一年からは同社の特派員としてパリで生活を始めます。

当時のフランスは、近代的リベラリズムを主導する位置にありましたので、ヘルツルもまた、そうした文化や思想に触れることを期待していました。ところが彼が実際に目にしたのは、まったく逆の光景だった。彼は一八九四年に始まったドレフュス事件を取材し、フランスの民衆が根深い反ユダヤ感情を持ち続けていることを目の当たりにしたのです。反ドレフュス派はデモのなかで、「ユダヤ人に死を！」という絶叫を繰り返していた。また、結局は議会を通過しなかったものの、ユダヤ人が公職に就くことを禁止する法案が提出された⑬。まさにそれは、後にドイツで政権を取ったナチスが最初に採択した反ユダヤ政策でした。

ユダヤ人のヨーロッパ社会への同化が不可能であることを悟ったヘルツルは、それまでの考え方を一八〇度転換しました。すなわち、ユダヤ人問題の解決は、自分たちが一つの民族として独立し、新たな国家を建設する以外にないと確信するようになったのです。そして一八九六年、『ユダヤ人国家』という論文を発表し、ユダヤ人を主体とする近代的な主権国家・国民国家・共和制国家を築き上げる必要性と、そこに至るための道筋を、明解な筆致で叙述しました。

ユダヤ人国家の建設計画は、聖都エルサレムの古称「シオン」への帰還を意味する「シオニズム」と呼ばれ、多くの人々の関心を集めました。一八九七年にはスイスのバーゼルで、第一回シオニスト会議が開催されています。

とはいえ、ヘルツルの立案は、賛成以上に多くの反発をも引き寄せました。まず、依然としてヨーロッパ社会への同化を目指していた人々は、シオニズムの運動がユダヤ人排斥に口実を与えてしまうことを危惧した。また、敬虔主義や伝統主義の立場を取る人々は、ヘルツルが示した近代主義的国家観に宗教的理念が欠如していることを非難した。加えてヘルツルは、国家建設の場所としてパレスチナのみを考えていたわけではなく、むしろ自然環境に恵まれ人口が少ないという理由から、アルゼンチンやウガンダを有力な候補地に挙げていましたので、なぜわれわれがそのような無縁の僻地《へきち》に移住しなければならないのか、という反発も生じた。こうしてユダヤ社会のなかでは、反ヘルツルのキャンペーンが行われるようになり、彼は精神的に追い込まれてゆきました。結果としてヘルツルは心臓の病を患い、一九〇四年に44歳の若さで命を落としています。(14)

ロスチャイルド家の援助

シオニズムの運動が本格化していったのは、一八九七年の第一回シオニスト会議以降ですが、パレスチナへの「帰還」は、実はそれ以前から始まっていました。先に見たように、一八八一年にロシアを起点として大規模なポグロムが発生し、そこから避難した人々が、もっぱらアメリカとパレスチナに移住していったからです。現在ユダヤ人は、イスラエルに約六一〇万人、アメリカに約五四〇〇万人が居住していますが、そうした流れは一八八一年から始まったということになります。

パレスチナは自然環境が厳しい地域ですので、ユダヤ人の移住と入植は困難を極めました。そこに援助の手を差し伸べたのが、ロスチャイルド家のフランス分家の一員、エドモン・バンジャマン・ド・ロチルド（一八四五－一九三四）です。彼は、アラブの地主と交渉して広大な土地を購入し、作物の栽培を奨励した。エドモンの支援によって、およそ百もの入植地が開かれ、ブドウ・オレンジ・アーモンド・オリーブなどの本格的な栽培が行われるようになりました。エドモンもまた、聖書に記された「乳と蜜の流れる地」を復興させるという夢に没頭していったのです。彼はその業績から、「現代イスラエルの父」と称されています[15]。

とはいえ、エドモンを含めロスチャイルド家は、シオニズムの計画自体には前向きではありませんでした。同家の活動は国際的なネットワークを基盤としていたため、民族の団結を強めて祖国の地に帰還するというシオニズム運動の方向性とは、本質的に相容れないものがあったからです。

ロスチャイルド家は当初、ヘルツルとの面談を拒否し、それのみならず、シオニズムに反対する組織の結成にさえ関与していました。しかし、20世紀に入って反ユダヤ主義の動きがいよいよ激化し、ヨーロッパ中に拡散するのを目にすると、彼らは次第に考え方を変えてゆきます。そして次節で述べるように、イギリスの中東政策と歩調を合わせながら、イスラエルの再建に向けた運動を助力していったのです。

3　イスラエル再建への歩み

オスマン帝国の解体

テオドール・ヘルツルが示したユダヤ人国家の建設計画は、一見したところ、到底実現し得ない夢物語のように映りました。しかしちょうどその頃、中東では、オスマン帝国の崩壊が進み、そこにイギリスが介入するという複雑な政治情勢が生まれており、不意に計画実現の地歩《ちほ》が与えられることになった。その経緯は、以下の通りです。

一二九九年、トルコ人を中心として形成されたオスマン帝国は、約六百年にわたって中東の盟主として君臨し、しばしばヨーロッパをも脅かしました。しかし18世紀以降は、近代化の立ち後れから衰退傾向が顕著となり、19世紀になると、諸民族の抵抗や西洋列強の干渉によって、多くの地域がオスマン帝国から離脱してゆきました。一八〇五年にエジプトでムハンマド・アリー朝が成立する、一八三〇年にギリシャが独立し、フランスがアルジェリアを占領する、といった一連の事態です。こうしてオスマン帝国の領土は、急速に縮小していったのです。

オスマン帝国に決定的な終焉をもたらしたのは、第一次世界大戦における敗戦でした。

20世紀に入るとオスマン帝国は、イギリスとフランスの植民地政策に対抗するためにドイツとの結びつきを強め、ベルリン・ビザンチウム・バグダッドを鉄道で結ぶ「3B政策」を推進しました。そのため、一九一四年のサラエボ事件を切っ掛けとして第一次世界大戦が勃発すると、ドイツ・オーストリアと共に、同盟国側で参戦したのです。これに対してイギリスは、オスマン帝国に向けて以下のような巧妙な戦術を展開し、容赦なくその支配体制を解体してゆきました。

イギリスの中東政策――三枚舌外交

イギリスは一八八二年にエジプトを保護国化し、中東への足掛かりを得ていましたが、第一次世界大戦によってオスマン帝国との対立が先鋭化すると、同国を解体して中東の秩序を根本的に再編することを企図しました。その際にイギリスは、いささか場当たり的に各種の方針を打ち出していったため、現在では「三枚舌外交」と揶揄《やゆ》されることがあります。その概要は、以下の通りです[16]。

①フサイン゠マクマホン協定（一九一五年一〇月）

イギリスは基本的に、オスマン帝国の多民族支配を覆すため、各地のナショナリズムの動きを援助するという方針を取りました。その一環として、駐エジプト高等弁務官マクマホンは、メッカの太守フサインに書簡を送り、アラブ人の蜂起を求めたのです。そして反乱が成功した暁《あかつき》には、オスマン帝国の東方の領土にアラブの独立国家を建設することを約束しました。

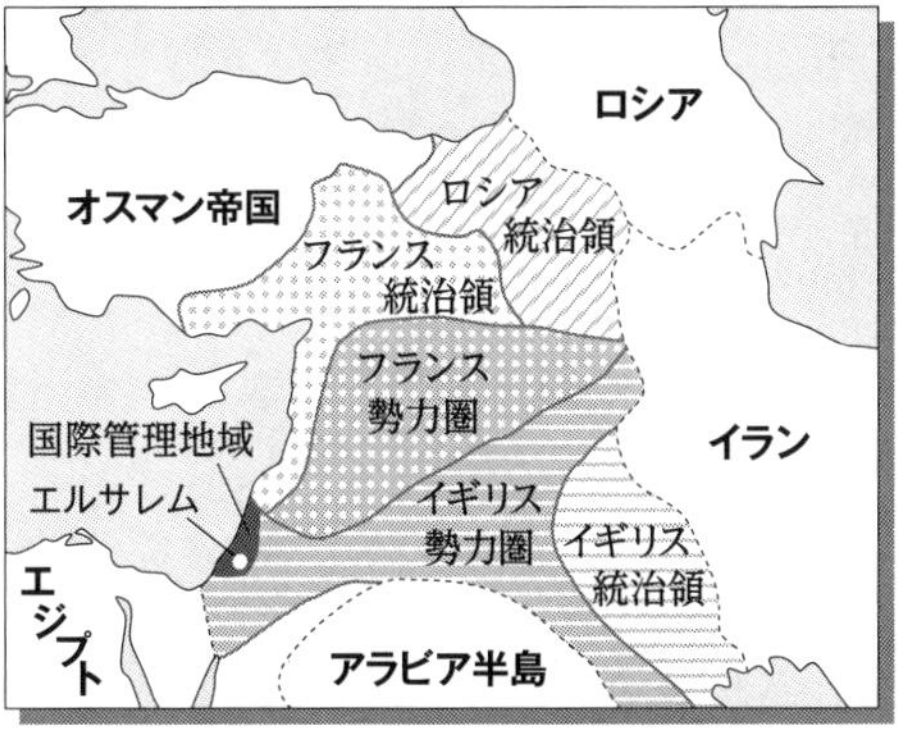

サイクス・ピコ協定によるオスマン帝国分割案

　フサインの四人の息子たちは、イギリスの支援を受けながら、一九一六年六月に反乱を起こしました。特に、三男のファイサルがイギリスの連絡将校ロレンスと共に独立闘争を戦う姿は、『アラビアのロレンス』（一九六二）という有名な映画のなかで、丹念に描き出されています。

②サイクス・ピコ協定（一九一六年五月）

　ところが他方、イギリスは同じ連合国であるフランス・ロシアとのあいだに密約を交わし、地中海からペルシャ湾に至る地域に関して、上の図のような将来の分割案を取り決めていました。またパレスチナについては、イギリス・フランス・ロシアおよびアラブ人による共同管理の体制を構想していた。この協定は、イギリス代表のマーク・サイクス、フランス代表のジョルジュ・ピコの名にちなみ、「サイクス・ピコ協定」と呼ばれています。

同協定はあくまで秘密裏に締結されたものでしたが、一九一七年にロシア革命が起こったことにより、ソヴィエト議長のトロツキーがその内幕を暴露しました。中東の主要地域の分割が、西洋列強の思惑によって一方的に決められようとしていたわけであり、アラブの民族主義者たちはこれ以降、イギリスの中東政策に強い不信感を抱くようになります。

③バルフォア宣言（一九一七年一一月）

サイクス・ピコ協定の分割案において、パレスチナ地域は、イギリスの勢力範囲にとって地中海への玄関口に当たる、重要な部分に位置していました。そのためイギリスは、同地域に対する支配力を強めたいと考え、改めてシオニズムの運動に目を留めた。すなわち、ユダヤ人を親英勢力の一つとしてパレスチナに導き入れることを画策したのです。

イギリスの外相バルフォアは、シオニスト連盟会長ライオネル・ウォルター・ロスチャイルド卿に書簡を送り、パレスチナにユダヤ人の民族郷土を建設することに賛同する、と伝えました。実はバルフォア宣言は、「パレスチナにユダヤ人の国家《ステート》を建設する」という内容ではなく、「パレスチナのなかにユダヤ人の民族郷土《ナショナル・ホーム》の一つを建設する」という曖昧なものだったのですが、大国イギリスのお墨付きを得ることにより、シオニズムの計画は大きく前進してゆきます。とはいえ、バルフォア宣言に対しても、アラブ人からは強い抗議の声が上がり、将来に大きな禍根を残すことになりました。

パレスチナ分割──イギリス委任統治から国連決議へ

イギリスは、第一次世界大戦が終結した一九一八年にパレスチナを占領し、二三年から国際連盟の決議に基づく委任統治を開始しました。そしてバルフォア宣言で約束したように、ユダヤ人の民族郷土を作る計画を推進したのです。

とはいえ、そうした体制下のパレスチナでは、早くもアラブ人とユダヤ人の衝突が始まりました。ユダヤ人は、東欧地域からの移住が続いていたほか、一九三三年にナチス政権が成立すると、ドイツから大量の移民が押し寄せ、急速に人口を増加させてゆきました。アラブ人はこれに脅威を覚え、三六年に大規模な反乱を起こします（パレスチナ独立戦争）。そのためイギリスは、バルフォア宣言の取り決めとは矛盾する形で、ユダヤ人の移民を制限せざるを得ませんでした。

かつての超大国イギリスは、一九三〇年代以降は目立って力を失い、パレスチナ統治にも困難を覚えるようになりました。そのため一九三七年には、最初の領土分割案である

「ピール案」を提示しています。当時の人口比に倣い、土地の約80％をアラブ国家、約20％をユダヤ国家に振り分けるという内容でした。どんな形であれ祖国を再建したいと考えていたユダヤ側はこれを受け入れましたが、アラブ側の同意を得ることはできませんでした[17]。

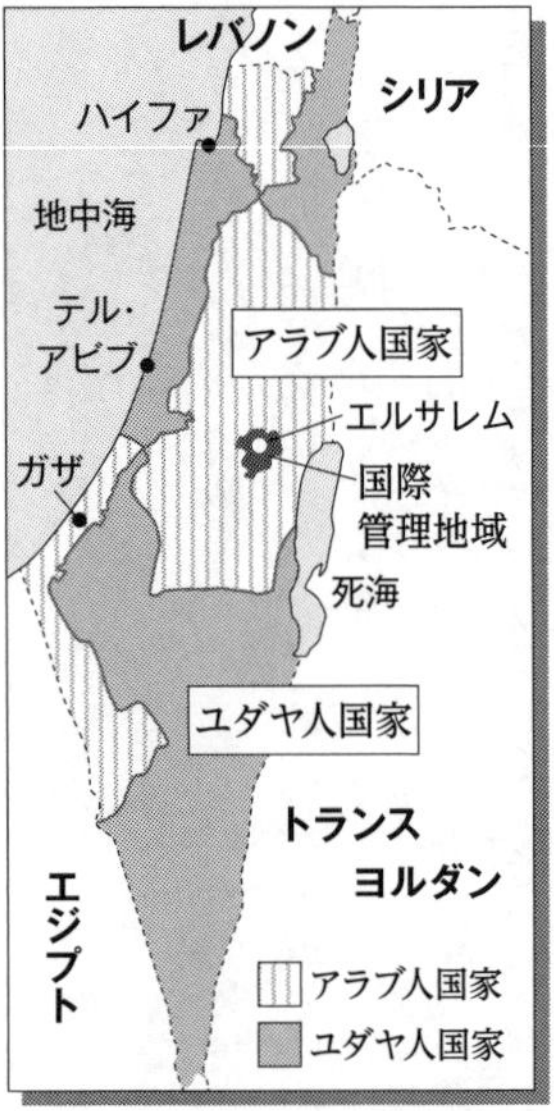

国連のパレスチナ分割案

一九三九年に始まった第二次世界大戦も、パレスチナ情勢に大きな影響を与えました。イギリスによる委任統治に不満を抱いていたアラブ人が、ドイツを筆頭とする枢軸国側に肩入れした一方、ユダヤ人は当然ながら、ドイツと敵対する連合国側を支持した。なかでも、パレスチナに居住する三万人のユダヤ人が、イギリス軍に参加して軍事訓練を受け、この勢力は後に、中東戦争を戦い抜く基盤を形成してゆきます[18]。

第二次世界大戦が終わると、パレスチナ問題はイギリスの手を離れ、新たに結成された国際連合に委ねられました。そして国連は一九四七年の総会において、右のような分割案を提示します。ユダヤ人を見舞った悲惨な境遇や、当時の土地の所有状況を考慮した上で提案されたプランでしたが、パレスチナの人口の三分の一に過ぎなかったユダヤ人に土地の57%が与えられていること、それぞれの領土がモザイク状に分割されていることなど、後のトラブルを予感させる内容でした。周囲のアラブ諸国はこれに反対しましたが、米ソを始めとする大国の意向によって押し切られ、同案は国連総会で可決されます。そして現地では、早くもユダヤ勢力とアラブ勢力の紛争が始まったのです。

イスラエル独立宣言

事態が緊迫するなか、イスラエルは一九四八年に「独立宣言」を発しました。その内容は、以下の通りです。

イスラエルは歴史的に、ユダヤ民族の揺籃《ようらん》の地であった。そこでユダヤ民族は、最初の国家を建設し、普遍的重要性を持つ文化を創造し、聖書という永遠の書物を世界に与えた。古《いにしえ》の郷土への帰還を願う思いは、長い離散のあいだも途切れることはなく、その意志は、テオドール・ヘルツルの主催した第一回シオニスト会議において正式に表明された。ユダヤ民族が独自の国家を持つ権利は、バルフォア宣言によって承認され、国際連盟決議に基づく委任統治においても再確認された。ナチスによるユダヤ民族の大量虐殺という悲劇は、ユダヤ人が国家を持つ必要性をいっそう証し立てることになった。そしてついに国際連合によって、ユダヤ民族の国家設立が決議された。この権利の承認は、永遠に刻印されるべきものである――。

簡潔な文章ですが、ヘルツルが「現代のモーセ」として今日の「出エジプト」を主導したこと、大量殺戮の犠牲の上に新たな共同体が築かれることといった、神話的なイメージを喚起させる内容となっています。そして末尾では、これから正式な憲法を制定し、以下のような国家建設を目指すことが謳われているのです。

イスラエル国は、ユダヤ人の移住や亡命者の再結集のために門戸を開放する。全住民の利益のために国家の発展を促進する。イスラエルの預言者たちが思い描いたような、自由・正義・平和を基礎に据える。宗教・人種・性別にかかわらず、すべての住民に社会的・政治的権利の完全な平等を認める。信仰・良心・言語・教育・文化の自由を保障する。すべての宗教の聖所を保護する。国連憲章の諸原則を忠実に遵守する。

（「イスラエル独立宣言[19]」）

当時の複雑な状況を反映し、やや入り組んだ表現となっています。ともあれ要するに、宗教や人種にかかわらず、すべての住民の諸権利を平等に保障する、近代的な国家を作り上げると宣言しているわけです。

しかしながらこうした計画は、順調には進みませんでした。イスラエルは現在でも憲法を制定できておらず、その構成要素となる各種の「基本法」を採択するに留まっています。果たしてイスラエルは、ユダヤ人のみに特権を与えるユダヤ人のための国家なのか、民族と宗教を異にする人々にも平等な権利を認める国家なのかということが、なかなか一義的に確定できないからです。二〇一八年には、ユダヤ人のみが民族自決権を持つとする「基本法：ユダヤ人国家」が議会で制定され、今もなお周囲に波紋を広げ続けています[20]。

4　中東戦争の勃発

第一次中東戦争――独立戦争（一九四八―四九）

イスラエルの独立が宣言されたことを、同地のユダヤ人は、国歌となった「希望《ハティクヴァ》」を歌って喜びました。しかし周囲のアラブ諸国は、すぐさまイスラエルへの進軍を開始します。こうして四次にわたって展開される、中東戦争の火蓋が切って落とされたのです。

イスラエルを攻め立てたのは、エジプト、シリア、トランス・ヨルダン、レバノン、イラクの五カ国でした。軍備面ではアラブ諸国が圧倒的に有利な状態にあり、独立したばかりのイスラエルは、早くも風前の灯火となってしまった。しかしユダヤ人は、この戦いに負ければ後がないという意識を共有しながら、懸命に応戦しました。開戦当初はアラブ側が優勢であったものの、五カ国の足並みが揃わなかったこと、イスラエルの軍備が急ピッチで補充されたこと、国連がしばしば調停に動いたことにより、戦況は次第にイスラエル側に傾いてゆきます。

結果としてイスラエルは第一次中東戦争に勝利し、パレスチナ全土の約三分の二を支配下に収めました。そして多くのアラブ系住民が難民となり、その多くは、エジプトが支配する西の「ガザ地区」、ヨルダンが支配する東の「ヨルダン川西岸地区」、あるいはシリアやレバノンといった周辺国に逃げ延びていったのです。(21)

第二次中東戦争――スエズ動乱(一九五六－五七)

第一次中東戦争の敗北は、アラブ諸国の人々に大きな衝撃をもたらしました。そして彼らは、圧倒的に有利であったはずの戦いに勝利することができなかったのは、本質的に中東の秩序が西洋列強の意向に左右されているからではないか、と考えるようになります。

特にエジプトにおいては、若い世代が民族主義に目覚め、反英・愛国の立場を取る軍人たちによって「自由将校団」が結成されました。彼らは一九五二年に革命を起こし、ファールーク王を追放、翌年に共和国政府の樹立を宣言したのです。

少し時代を遡り、当時のエジプトの状況について、経緯を説明しておきましょう。エジプトは長らくオスマン帝国の支配下にありましたが、その状態に大きな変革をもたらしたのは、ムハンマド・アリー（一七六九－一八四九）という人物でした。彼は元々、オスマン帝国の傭兵隊長だったのですが、ナポレオンの侵略による混乱が続くエジプトに派遣され、そのなかで頭角を現します。そしてムハンマド・アリーは、オスマン帝国から総督の地位を認められ、エジプトを近代化するための諸政策を推し進めたのです。彼が築いた体制は、ムハンマド・アリー朝（一八〇五－一九五三）と呼ばれています。

同朝が手掛けた一大事業が、スエズ運河の建設でした。エジプトはフランスと協力しながら一八五九年に工事を開始し、十年を掛けて完成に漕ぎ着けます。とはいえ、予想以上の時間と資金を要したため、それによって財政難に陥ってしまった。また、その他の経済政策も、西洋列強が作り上げたグローバルな資本主義システムのなかで苦境に追い込まれた。政情不安となったエジプトでは、民族主義運動が頻発し、一八八二年にはそれを鎮圧するために、イギリスの介入を許しました。以降は、イギリスの経済的・軍事的支配が進み、オスマン帝国が崩壊した一九二二年には形式的に独立が宣言されたものの、政権は傀儡《かいらい》化していたのです。スエズ運河もまた、実質的にイギリスに所有されているという状態でした㉒。

一九五二年の革命によってムハンマド・アリー朝を打倒し、共和国大統領となったガマール・アブドゥル＝ナセル（一九一八－一九七〇）は、民族の栄光を取り戻すためにはスエズ運河の接収が必要であると宣言し、五六年にこれを国有化しました。スエズ運河会社の大半の株式を所有していたイギリスとフランスは激しく反発し、イスラエルにも働き掛け、共同でシナイ半島への進撃を開始します。その結果、スエズ運河の北端に位置するポートサイドを占拠しましたが、米ソがこの動きを非難したため、二ヶ月後に撤退を余儀なくされました㉓。

第三次中東戦争——六日戦争（一九六七）

これまでの経験から、周囲のアラブ諸国の力に頼るばかりでは問題が解決しないことを悟ったパレスチナ人は、独自に結集を始めました。その中心となったのが、ヤセル・アラファト（一九二九－二〇〇四）によって一九五九年に設立された、「ファタハ」という組織です。エジプトもこうした動きを支援し、六四年には「パレスチナ解放機構（ＰＬＯ）」が結成され、アラファトは第3代議長に就任しました。

ファタハやその他のパレスチナ人組織は、イスラエルに対して積極的にゲリラ闘争を仕掛けました。そして一九六七年には、エジプトがチラン海峡の封鎖を宣言したため、イスラエルはエジプトとシリアに先制攻撃を行います。イスラエル空軍の急襲により、エジプト空軍は離陸することもできないまま殲滅され、戦争は六日間でイスラエルの圧勝に終わりました。これによってイスラエルは、シナイ半島、ゴラン高原、ヨルダン川西岸地区、ガザ地区を占領したのです。(24)

第四次中東戦争――ヨム・キプール戦争（一九七三）

エジプトでは、一九七〇年にナセル大統領が死去し、彼の腹心の一人であったアンワール・サダト（一九一八－一九八一）が後を継ぎました。サダトは、第三次中東戦争の敗北によって失われたパワーバランスを回復させるため、一九七三年、シリアと共にイスラエルに奇襲攻撃を仕掛けた。その日はユダヤ暦の「贖罪の日《ヨム・キプール》」であったことから、「ヨム・キプール戦争」と称されています。

第三次中東戦争とは対照的に、今回はイスラエル側が完全に虚を突かれ、エジプトとシリアは赫々《かっかく》たる戦果を挙げました。しかしながら、イスラエルはアメリカから武器の援助を受けて直ちに反撃に転じ、戦況を覆します。そして、開戦から一七日目に国連決議が出され、戦争は終結しました。

第四次中東戦争においては、実際の戦闘と並行して「石油戦略」も発動されました。「アラブ石油輸出国機構（OAPEC）」が、今後は徐々に石油を減産すること、イスラエルを支持する国家には全面的に禁輸することを発表したのです。これによって「オイルショック」が引き起こされ、中東問題は当該地域に留まらず、世界全体に影響を及ぼすようになりました。(25)

中東和平の試みと挫折

以上のように、イスラエルとアラブ諸国のあいだでは、約二五年間にわたって四度の中東戦争が行われ、その後、ようやく和平を求める動きが芽生えました。

最初に積極的な動きを見せたのは、エジプト大統領のサダトでした。サダトは一九七七年にイスラエルを電撃訪問し、アラブとイスラエルのあいだに存在する「精神的な障壁」を除去しなければならない、と訴えた。それを受けて翌年、アメリカ大統領の山荘キャンプ・デービッドにおいて、サダト大統領とイスラエルのベギン首相の会談が行われました。交渉は難航しましたが、結果として、イスラエルのシナイ半島撤退、エジプトとイスラエルの平和条約調印などが取り決められたのです（キャンプ・デービッド合意）。こうして、中東戦争を牽引《けんいん》してきたエジプトが、アラブ諸国のなかで最初にイスラエルの存在を承認することになりました。

ところがこの合意により、エジプトは他のアラブ諸国から強い反発を受け、アラブ連盟から一時的に追放されてしまいます。そしてサダトもまた、一九八一年、急進的なイスラム主義組織である「ジハード団」によって暗殺されたのです(26)。

一九八〇年代には、パレスチナ人勢力のなかでも新たな動きが生じました。まず、アラファト率いるファタハやPLOはイスラエルへのゲリラ闘争を続け、次第に国際的なネットワークを形成していった。しかし他方、現地のパレスチナでは、一九八七年に「インティファーダ」と呼ばれる民衆蜂起が起こり、それを切っ掛けとして、イスラム主義を掲げる団体「ハマース」が台頭するようになったのです。

この状況を見たイスラエルやアメリカは、PLOをパレスチナの代表として扱い、和平を進めるという方針を取りました。そして一九九三年、イスラエルとPLOのあいだに協定が結ばれ、イスラエル国家とパレスチナ自治政府の相互承認、イスラエル軍の占領地域からの撤退などが取り決められたのです（オスロ合意）。九四年にはイスラエルのラビン首相とPLOのアラファト議長にノーベル平和賞が授与され、九六年にはパレスチナ立法評議会が発足しました。

とはいえ、イスラエルとパレスチナの和平は、順調には進みませんでした。ラビン首相は一九九五年、和平に反対するユダヤ人青年によって暗殺されてしまいます。また二〇〇〇年からは第二次インティファーダが盛り上がり、PLOに代わってハマースがパレスチナの主要勢力となりました。アラファトもまた二〇〇四年に命を落とし、その死因は毒殺であったという疑惑が持たれています。

5　イスラム主義の興隆①——スンナ派

オスマン帝国崩壊後の秩序を求めて

中東戦争の全体的な様相は極めて錯綜しており、結局のところ何を意味する戦いであったのか、必ずしも判然としません。とはいえそれが、オスマン帝国が崩壊した後の中東において、新たな社会秩序・国家秩序を模索するための戦いであったことは、疑い得ないところです。(27)

　これまで述べてきたように、19世紀の中東では、オスマン帝国が形式上は存続しながらも、実質的には西洋列強による植民地支配が進むという状況が見られました。20世紀に入ってもその流れは続き、オスマン帝国が崩壊した後は、サイクス・ピコ協定（一九一六）からセーブル条約（一九二〇）に至る一連の取り決めによって、アラブ社会は西洋列強の意向に基づきながら分割統治されることになった。またパレスチナにおいても、現地のアラブ人が強く反対したにもかかわらず、国連の意向によってイスラエルの再建が強引に決定されてしまった。中東戦争は、このような形で進められる一方的な「近代化」に対して、アラブ社会が最初に示した大々的な反抗の意志であった、と考えられるのです。

　そしてイスラエルと戦うなかで、周囲のアラブ諸国家やパレスチナ人は、自らも近代的な体裁を整えてゆきました。エジプトで民族主義が台頭し、革命によって共和国が作られたこと、パレスチナ人がPLOを結成し、自治政府が創設されたことは、そうした表れの一つです。こうして中東の人々は、イスラエルとの戦いを通して近代的な主体として自己形成し、最終的には、相互にその存在を承認し合おうとしたのです。

　ところが、以上のような自己形成・相互承認のプロセスは、安定した結末を迎えることはできませんでした。中東の民衆のあいだでは次第に、こうしたプロセスに従うこと自体が、西洋の論理に絡め取られることを意味するのではないか、という問題意識が芽生えてきたからです。そして、自らの生活・社会・共同体の根拠を改めて見つめ直した結果、や、い、い、い、い、い、はりそれをイスラム教に求めるという気運が高まっていったのです。

このような動向はこれまで、「イスラム原理主義」や「イスラム復興運動」と呼ばれてきましたが、今日ではよりシンプルに、「イスラム主義」という名称が定着しつつあります。そこで以下では、イスラム主義の歴史について概観することにしましょう。

イブン・タイミーヤ――サラフィー主義の源流

イスラム主義は現在、「宗教としてのイスラムを思想的基盤とし、公的領域におけるイスラム的価値の実現を求める政治的イデオロギー」と規定されています[28]。それはもっぱら、近代におけるイスラム教の動向の一つを捉えるための概念として提起されました。とはいえその源流は、中世のイスラム法学者であるイブン・タイミーヤという人物にまで遡《さかのぼ》ることができます[29]。

イブン・タイミーヤは一二六三年、シリアのハッラーンにおいて、ハンバル派の法学者の家系に生まれました[30]。彼は幼少期から優秀な学力を示し、神童として名を馳せた。そして父親が亡くなると、その後を継いでスッカリーヤ学院の教師を務め、30歳に満たない若さで「最後のムジュタヒド」と称されます。ムジュタヒドとはすなわち、コーランやハデイースを「解釈《イジュティハード》」する能力があると認められた者、のことです。

とはいえ、イブン・タイミーヤの生涯は、平穏なものとはなりませんでした。当時のシリアは、モンゴル軍が襲来するという脅威に晒されており、彼も幼い頃に故郷を離れ、ダマスカスに移住せざるを得ませんでした。そして一二九九年、モンゴル軍はダマスカスをも襲い、同地のマムルーク軍を打ち破ったのです。その際にイブン・タイミーヤは、モンゴルの君主ガーザーン・ハーンと直談判《じかだんぱん》し、住民の生命と財産の保護、捕虜の解放を求めました。以降もモンゴル軍は二度にわたってシリアに襲来したため、イブン・タイミーヤ自身も兄弟と共に出陣しています。

こうした問題が一筋縄ではゆかなかったのは、敵対するガーザーン・ハーンが、シーア派のイスラム教に入信していたことでした。そのためイブン・タイミーヤは、同じイスラム教徒の敵と戦うことが「聖戦《ジハード》」と見なされるのかという、難しい論争に巻き込まれます。そのなかで彼は極めて厳格主義的な見解を示したことから、幾度もダマスカスの牢に幽閉され、一三二八年に獄中で死を遂げることになりました。

イブン・タイミーヤが著した有名な文書の一つに、「タタール（モンゴル）軍との戦いは義務か？」という質問に対する「法学的裁定《ファトワー》」があります。その冒頭部分には、彼の思想的態度が明瞭に示されていますので、以下に引用しておきましょう。

> アッラーにこそ称《たた》えあれ。彼ら（タタール）であれ、誰であれ、イスラームのシャリーア〔法〕のうちで、不特定多数が伝える周知の明白な規定の遵守から離れる集団に対してはすべて、（初代カリフ）アブー・バクルと預言者ムハンマドの教友たちが、サダカ（浄財）の支払いを拒否した集団と戦ったように、たとえ彼らが信仰告白を行いそのシャリーアの一部を実践していようとも、そのシャリーアの総体を遵守するようになるまで戦わねばならない。
>
> （『イブン・タイミーヤ政治論集』206頁）

このなかでイブン・タイミーヤは、預言者ムハンマドと直《じか》に触れ合った「教友《サハーバ》」の時代を振り返り、われわれもまた彼らが示した模範に従うべきである、と述べています。そして、たとえモンゴル人が信仰告白を行い、イスラム法の一部を実践しているとしても、彼らがその総体を遵守するようになるまで戦わなければならない、と訴えるのです。同じイスラム教徒であろうと「聖戦《ジハード》」を求める、峻厳な主張です。

このように、ムハンマドとその教友というイスラムの「祖先《サラフ》」の精神に回帰し、それに基づいてイスラム法の完全な運用を求める姿勢は、一般に「サラフィー主義」と称されます。その提唱者であるイブン・タイミーヤは悲劇的な死を遂げましたが、彼の思想は、後世にも大きな影響を与え続けました。[31]

ワッハーブ運動――サウド王国の建設

かなり時代が下りますが、18世紀になって再び、有力なサラフィー主義者が現れました。それは、ムハンマド・イブン・アブドゥルワッハーブという人物です。[32]

彼は一七〇三年、アラビア半島中央部のナジュド地方で、イスラム法学者の家系に生まれました。若い頃に各地を遍歴して学問を修め、次第にハンバル派の法学、なかでもイブン・タイミーヤの思想に共鳴してゆきます。

当時のアラビア世界では、樹木や岩石といった自然物の崇拝、聖者の墓や廟《びょう》への参詣《さんけい》が、当たり前のように行われていました。イブン・アブドゥルワッハーブは、こうした状況はイスラム教本来の精神に反すると見なし、宗教改革の必要性を訴えた。その際には、神の「唯一性《タウヒード》」に立ち返ることが強調されたため、彼の賛同者たちは「一神論の徒《ムワッヒド》」と自称しました。とはいえ、彼らは一般的には、主唱者の名にちなみ「ワッハーブ派」と称されています。

ワッハーブ派の運動は、一人の法学者が始めた小さな宗教改革に過ぎませんでしたが、一七四四年頃、ナジュド地方の豪族であったムハンマド・イブン・サウードが参加することにより、大きな推進力を獲得します。その勢力は、18世紀後半にアラビア半島中央部を手中に収め、19世紀初頭にはイラクにあるシーア派の聖地カルバラーを攻め立てたほか、メッカとメディナの二大聖地をも支配下に置きました。こうして成立・発展した王朝は、「第一次サウド王国」と呼ばれています。それは現在のサウジアラビアの原型となったのです。

ジャマールッディーン・アフガーニー——植民地主義への抵抗

19世紀半ばを迎え、中東が西洋列強の植民地主義に蚕食《さんしょく》されるようになると、サラフィー主義は、それに対する抵抗の論理を提供することになりました。その先駆けとなったのが、ジャマールッディーン・アフガーニー（一八三八頃－一八九七）という人物です[33]。

アフガーニーは、イランでイスラム教育を受けた後にインドを訪れ、イギリスによる植民地支配の実態を目の当たりにしました。そして彼は、中東やヨーロッパの各地を遍歴しながら、イスラム世界に大きな危機が訪れていることに警鐘を鳴らしてゆきます。

アフガーニーは、西洋近代の本質を「物質主義」にあると捉えました。すなわち西洋では、科学・政治・経済・軍事・文化などの諸分野において物質を偏重する傾向が見られ、それゆえにこそ現在、大きな力を獲得している。その影響はイスラム圏にも及び、同地の伝統的な社会のあり方を揺るがしている。西洋の物質主義に対抗するために、われわれはイスラムの本来的な精神に立ち返り、法解釈《イジュティハード》の営みを再開しなければならない。またそれによって、イスラムの共同体《ウンマ》の結束を回復しなければならない――。彼はこのように訴えたのです。

自らの改革思想を発展・普及させるため、アフガーニーは一八八四年、パリで『固き絆』という政治評論誌の刊行を始めました。同誌はイスラム世界で多くの読者を獲得し、その思想の継承者が何人も現れた。代表的な人物としては、ムハンマド・アブドゥ（一八四九－一九〇五）とラシード・リダー（一八六五－一九三五）が挙げられます。

アブドゥは若い頃、10世紀に創設された世界最古の大学、エジプトのアズハル学院で学びました。とはいえ、テキストを機械的に暗唱させる古色蒼然とした教育方法に疑問を抱き、その頃エジプトに滞在していたアフガーニーから、イスラム教の現代的な実践方法についての教えを受けます。アブドゥは、パリに移ったアフガーニーのもとを訪れ、『固き絆』の編集にも協力しました。その後はエジプトに戻り、イスラム主義の改革思想を理論化するとともに、教育制度の改善に力を尽くした。アブドゥの考え方は、西洋近代を一方的に敵視するのではなく、イスラム教との調和を目指すものでもあったため、エジプトで広く受け入れられていったのです。

アブドゥは多くの弟子たちを育てましたが、彼のサラフィー主義的な側面をより強く受け継いだのが、ラシード・リダーでした。リダーはシリア出身のイスラム法学者であり、『固き絆』の主張に共鳴して、エジプトでアブドゥに弟子入りします。そして同誌の後継誌として、一八九八年、『灯台《マナール》』を発刊しました。それは約四〇年のあいだ刊行され、世界各地のイスラム教徒に改革思想を普及させる役割を果たしたのです。

リダーが特に重視したのが、国家論の構築でした。彼は、改革的なイスラム法学者こそが、元首として国家を率いてゆくべきであると考えた。また、西洋列強の侵略からウンマを防衛せず、イスラム法を執行しなくなった国家に対しては、武力によって体制を変革しなければならないと訴えたのです。リダーの国家論やジハード論は、多くのイスラム教徒に影響を与え、その信奉者は「マナール派」と呼ばれました。

ハサン・バンナーによるムスリム同胞団の結成

マナール派の一員であり、イスラム主義者の大規模な組織化を成し遂げたのは、ハサン・バンナーという人物です[34]。

彼は一九〇六年、カイロ北方のブハイラ県で生まれました。父親の職業は時計職人でしたが、イスラム法学の素養を持ち、過去にムハンマド・アブドゥの薫陶《くんとう》を受けていました。

幼少期のバンナーは、父親からイスラム教の基礎について教えられています。

青年になったバンナーは、一九二三年、カイロにある「諸科学の館《ダール・アル＝ウルーム》」に入学しました。同施設は、西洋流の近代教育を普及させるために作られた高等師範学校であり、彼はそこで教師になるための学業を修めました。しかし、その一方でバンナーは、在学中にサラフィー主義者の人脈と交流し、その思想に染まってゆきます。特に『灯台《マナール》』誌の主筆として活動していたラシード・リダーと出会い、しばしば彼の講義を聴講したのです。マナール派の一員となったバンナーは、カイロにある多くのカフェを渡り歩き、イスラム主義の教えを説法するようになりました。

「諸科学の館」を卒業したバンナーは、一九二七年、小学校のアラビア語教師として、スエズ運河の中央部に位置するイスマーイーリーヤに赴任しました。そこで彼が目にしたのは、イギリス人がスエズ運河の利権を独占して贅沢な生活を送る一方、エジプト人が貧窮に追いやられている光景でした。そこからバンナーは、アラブの統一とイスラム教徒の結束を実現するためには、植民地主義の障害を克服する必要があると考えるようになります。

バンナーはイスマーイーリーヤにおいても、モスクやカフェを廻って説法を行い、支持者を増やしました。そして一九二八年、共に神の道を歩くための組織として「ムスリム同胞団」を結成し、その指導者に就任します。ムスリム同胞団はエジプト国内で次々と支部を設立し、一九四〇年代末には、五〇万人のメンバーを有する一大組織に成長しました。さらには、シリア、レバノン、パレスチナといった周辺地域へも支部を増やしていったのです。

バンナーが説く教えには、際立った特徴や目新しさが存在したわけではありません。しかしそこには、組織を運動体として拡大させるためのエッセンスが備わっていました。彼の思想に見られる基本方針として、「行動主義」「段階主義」「包括主義」という三つの理念が指摘されています[35]。

まずバンナーは、現在の東洋諸国が、西洋文明からの侵襲《しんしゅう》によって重大な危機に瀕していることを強調します。東洋は、政治面では帝国主義的な攻撃を受け、国家の分裂と党派対立を余儀なくされた。経済面では金融の悪習を拡大され、外国企業によって富や天然資源を搾取された。思想面では宗教的信条を破壊され、理想の喪失に苦しめられた。社会面では礼儀を破壊され、先人から受け継いだ人間的美徳を否定された。法律面では不正を抑止しない実定法を押しつけられ、アッラーが下した天啓法が退けられた。精神面では死の絶望や利己主義を植えつけられ、自己犠牲が排除された——。現在の状況をこのように分析した上で、彼はムスリム同胞団の役割を、「国家を治療し、失われた健康と力を取り戻す」ことと規定したのです[36]。

バンナーは、社会や国家を改善するために、一挙に革命を起こすのではなく、段階的に運動を進める方針を示しました。すなわち、正しい信仰を持つ①ムスリム個人、②ムスリム家庭、③ムスリム民衆、④ムスリム政府を段階的に形成し、そして最後に、⑤西洋列強によって抑圧・破壊されているイスラム世界を解放すること、を目指したのです。

こうした方法論は必然的に、ムスリム同胞団の活動が多面的かつ包括的なものになることをも意味しました。それは単に、個人の回心を求めたり、国家の改革を目指したりするだけではなく、家族や社会をも活性化することを指向したのです。

一九三九年に行われたムスリム同胞団の総会においては、上のような八つの活動指針が採択されています[37]。同胞団ならではの特色としては、スポーツクラブ、企業、学校、病院の運営に力を入れていることが挙げられるでしょう。西洋列強による植民地主義の搾取が横行するエジプトにあって、ムスリム同胞団は多くの社

ムスリム同胞団の改革指針

①イスラムの原典を志向するサラフィー的教宣
②スンナに基づく信仰箇条と宗教儀礼の採用
③スーフィー的真理に基づく自己浄化と精神育成
④内政や外交の改善を求める政治組織の結成
⑤健康を増進するためのスポーツクラブの運営
⑥知識と文化を涵養する教育機関の運営
⑦イスラム法から見て合法な経済企業の運営
⑧社会と国家の病弊を取り除く社会思想の普及

会的サービスを提供し、民衆からの広範な支持を集めるようになってゆきました。

このようにムスリム同胞団は、平和的な方法によって運動を進めましたが、実はそうした側面のみが、同胞団のすべてというわけではありませんでした。一九四〇年代前半からは、外部の敵と戦うための精鋭組織として、「秘密機関」という部署が水面下で設けられていた。そしてエジプト政府による同胞団への弾圧が強まるにつれ、秘密機関も暴走を始め、要人への襲撃を繰り返すようになった。さらに一九四八年にムスリム同胞団が非合法化されると、秘密機関のメンバーがヌクラーシー首相を暗殺してしまいます。これに対して政府の秘密警察は、その翌年、報復としてバンナーを射殺したのです。

サイイド・クトゥブと『道標《みちしるべ》』

ムスリム同胞団は、一九五二年にエジプトで革命を起こした自由将校団と、共に西洋列強による植民地支配からの脱却を目指す勢力として、当初は友好的な関係にありました。なかでも同胞団創始者のバンナーと、後に大統領となる自由将校団幹部のサダトとのあいだには、師弟とも言い得る密接な関係が結ばれていたことが知られています[38]。

とはいえ、革命を成功させ、政権を掌握した自由将校団にとって、民衆の広い支持を受けたムスリム同胞団は、次第に目障りな存在となっていった。そのため一九五四年に再び同胞団を非合法化し、そのメンバーの多くを投獄するようになったのです。

こうした困難な時期に、ムスリム同胞団の有力な理論家として登場したのが、サイイド・クトゥブでした。[39]彼は一九〇六年に上エジプトで生まれ、バンナーと同じく「諸科学の館」で学んでいます。とはいえ、バンナーのように学生時代にイスラム主義に目覚めるということはなく、卒業後は公務員として教育省に勤務しました。彼は当初、西洋を模範としながらエジプトの近代化を推進する役割を担ったのです。

ところが、公務員となって社会の実態を目の当たりにすると、クトゥブの考えは大きく変化しました。当時のエジプトは、0.5％の特権階級が国民所得の半分以上を独占するという格差状態にあり、貧困階級に生まれた子供たちは、労働と義務教育を課されて苦しい生活に喘《あえ》いでいました。またクトゥブは、一九四八年にアメリカに留学したのですが、彼がそこで直面したのは、激しい人種差別、享楽的な物質主義、性の乱れといった、退廃の色を濃くした現実でした。アメリカ人が深い考えもないままイスラエルを支持し、イスラム主義の動向を敵視・侮蔑する様子にも、失望を覚えざるを得ませんでした。こうして五〇年に帰国したクトゥブは、教育省の職を辞し、ムスリム同胞団に加わったのです。

クトゥブは同胞団において機関誌の編集を手掛け、その思想の普及に努めました。しかし、間もなくナセル政権による弾圧が始まり、クトゥブもまた一九五四年に逮捕されます。

彼は獄中で激しい拷問を受け、懲役一五年の判決を下されました。そして六四年に一旦釈放されたものの、翌年再び逮捕されてしまう。結果的に彼は、国家転覆を企図したという嫌疑で死刑判決を受け、六六年に処刑されたのです。

このようにクトゥブは、後半生の多くを獄中で過ごしましたが、それでもなお、思想信条を変えることはありませんでした。そして、彼が処刑される直接的な切っ掛けとなったのが、一九六四年に書かれた『道標』という著作です。クトゥブは同書のなかで、イスラム改革の必要性とその道筋を明確化しています。その内容を手短に見ておきましょう。

『道標』に示されているのは、極めて先鋭的な二元論です。すなわち、「神の主権《ハーキミーヤ》」が確立された社会と、それが失われた「無明状態《ジャーヒリーヤ》」にある社会が、対比的な仕方で描かれている。そしてクトゥブは、現代世界においてさまざまなジャーヒリーヤが横行していることに警鐘を鳴らすのです。

元々ジャーヒリーヤとは、預言者ムハンマドによって、イスラムの教えが確立する以前の社会や時代を指すために用いられた言葉でした。とはいえ、クトゥブはその概念を、現代世界に対して積極的に適用しています。それによれば、インド・日本・アフリカに存在する土着の宗教のみならず、一神教であるユダヤ教やキリスト教もまた、今や「多神教《シルク》」の罪に陥っている。東西対立を生み出している共産主義と資本主義は、どちらも物質を崇拝する原理に立脚しており、著しいジャーヒリーヤであることに変わりがない。表面的にはイスラム教信仰が普及しているように見えても、イスラム法を厳格に適用せず、近代法を受け入れた国家は、すべてジャーヒリーヤである――。そしてクトゥブは、こうした無知・暗闇の状態を脱却すべきこと、かつての「祖先《サラフ》」たちの精神を回復し、「神の唯一性《タウヒード》」に基づくイスラム的な社会を作り上げるべきことを主張したのです。

現代の生活様式の源泉と基礎を考える時、世界全体がジャーヒリーヤに汚染され、物質的豊かさも発明の進歩も、無知を根絶していないことが明らかになる。このジャーヒリーヤは、地上における神の主権に対する反逆に基礎を置いている。それは、ある人々を人間の主人とすることによって、アッラーの最も偉大な属性、とりわけ主権を人間に引き渡そうと企てることである。……共産主義体制下での一般大衆の屈辱も、また資本主義体制下での貪欲な富の追求と帝国主義による諸民族、諸国家の搾取も、アッラーの権威に対する反逆と、人間がアッラーから賜った尊厳の否定の必然的な結果以外の何ものでもない。（サイイド・クトゥブ『イスラーム原理主義の「道しるべ」』15頁）

このようにクトゥブは、現代社会において国家や人民が「主権者」と名乗ることを厳しく批判しています。『コーラン』43：84に「アッラーこそは天にあっても地にあっても神」と記されているように、真の主権者と呼び得る存在は、万物の創造者としての神のみである。[40]その他はすべて偽りの偶像に過ぎず、人間の手によって作られた主権者などは、人間が人間を支配するために捏造された悪しき虚構に他ならない。こうした隷属のシステムをジハードによって打破し、すべての人間が神のもとで自由かつ平等に生きることができる「共同体《ウンマ》」を復興させるべきである――。クトゥブはそう訴えたのです。

イスラム急進派の台頭

サイイド・クトゥブが提唱した現代的な「無明状態《ジャーヒリーヤ》」論は、彼の死後、多くのイスラム主義者によって継承され、一層先鋭化されてゆきました。そうした思想の流れは現在「クトゥブ主義」と称され、以下のような二つの特色が指摘されています[41]。

まず第一点は、軍事的・暴力的な実践を躊躇しない、過激なジハード主義です。クトゥブはあくまでムスリム同胞団の一員でしたので、彼自身もそこに見られる段階主義や包括主義といった穏健な改革方法を踏まえていました。しかし、クトゥブ思想の継承者たちは、ジャーヒリーヤの蔓延を防ぎ、その体制を崩壊させるためには、迂遠な方法を取るべきではなく、直接的かつ積極的に武力を行使するべきであると考え始めたのです。

そして第二点は、タクフィール主義と呼ばれるものです。タクフィールとは、他者を「不信仰者と見なす」こと、さらには、それに基づいて断罪することを意味します。イスラム教においては基本的に、誰が正しい信仰の持ち主であるかということを究極的に判定し得るのは神のみであり、人間がこれを行うべきではないとされているのですが、タクフィール主義者は、同じイスラム教徒であろうと、イスラム法を厳格に遵守していない者は背教者であり、ジハードの対象にするべきであると主張するのです。かつてイブン・タイミーヤが示した厳格主義的態度が、かなり先鋭化されていることが見て取れます。

クトゥブ主義を一つの立脚点としつつ、一九七〇年代以降のイスラム世界においては、「急進派」や「過激派」と呼ばれる諸勢力が台頭しました。それらの経歴や相互関係は極めて複雑であり、容易に概括できるものではありませんが、代表的な例を幾つか取り上げておきましょう。

①イスラム集団・ジハード団[42]

一九七〇年にナセルが死去し、続いてサダト政権が成立すると、ムスリム同胞団への弾圧は一旦終息しました。そして同胞団の側でも、穏健派が中心となって政権との関係を修復し、組織の再建に取り組んでいった。しかし他方、そうした妥協的な動きを歓迎しない急進派も現れました。その代表例が、「イスラム集団」と「ジハード団」です。

イスラム集団は元々、イスラム改革を志すエジプトの学生運動から始まりました。一九八〇年代になると穏健派と急進派に分裂し、前者がムスリム同胞団に合流する一方、後者は過激なテロ行為に身を投じるようになった。特に九〇年代以降は、エジプト政府への揺さぶりを狙って外国人観光客への襲撃を繰り返し、九七年には、日本人一〇名を含む六二名を殺害した「ルクソール事件」を起こしています。

またジハード団は、ムスリム同胞団の穏健路線に飽き足りない学生と軍人が合流し、一九七〇年代に結成されたと言われています。そのイデオローグであるムハンマド・ファラグ(一九五四−一九八二)は、ジハードの対象をイスラムの「内部の敵」と「外部の敵」に分け、前者を撃つことこそが、自分たちの喫緊の責務であると唱えた。具体的には、イスラエルとの和平を結んだサダト大統領を標的とし、八一年に彼の殺害を遂行したのです。

②アル゠カーイダ(43)

アル゠カーイダの創設者であるウサマ・ビン・ラーディンは、一九五七年、サウジアラビアで大手ゼネコンを経営する裕福な家庭に生まれました。彼はアブドルアジーズ王大学に進学し、経済学を専攻しましたが、そこでイスラム主義の思想家アブドッラー・アッザム（一九四一－一九八九）に出会い、決定的な影響を受けます。アッザムはクトゥブ主義の信奉者であり、ビン・ラーディンを含む学生たちに対して、イスラムの本格的な復興のためには、広範なジハードを展開する必要があると訴えたのです。

ちょうどその頃、ソ連の侵攻によりアフガニスタン紛争（一九七九－一九八九）が始まったため、アッザムとビン・ラーディンは、イスラムの土地を防衛するための戦いに身を投じます。八四年にはペシャワールで「神への奉仕事務所《マクタブ・アル＝ヒダマト》」という組織を開設し、世界中から「ジハード戦士《ムジャヒディン》」を募りました。こうしてアフガニスタン紛争は、急進的なイスラム主義者にとって、「グローバル・ジハード」を実践する舞台となっていったのです。

さらにビン・ラーディンは一九八八年、ジハード団の幹部であったアイマン・ザワヒリ（一九五一－二〇二二）らと協力し、アラビア語で「基地」を意味する「アル＝カーイダ」を創設しました。そして翌年アフガニスタン紛争が終結すると、祖国のサウジアラビアに帰還します。ところが、九一年に始まった湾岸戦争において、サウジアラビアがアメリカ軍の進駐を認めたことに強く抗議したため、祖国のサウジアラビアのみならず、超大国のアメリカとも深刻に対立するようになる。彼はスーダンに移ってアル＝カーイダの基盤を固め、九六年に再びアフガニスタンに向かいました。

ビン・ラーディンは同地で、アメリカに対する「ジハード宣言」を発するとともに、

「世界イスラム戦線」を結成し、多くのイスラム急進派と連合しました。こうして、一九九八年の「アメリカ大使館爆破事件」、二〇〇一年の「アメリカ同時多発テロ事件」など、数多くのテロ攻撃を遂行していったのです。ビン・ラーディンは二〇一一年、ザワヒリは二〇二二年に米軍によって殺害されましたが、アル＝カーイダは今や世界的にネットワークを広げており、現在も活動を継続しています。

③イスラム国㊹

二〇〇一年の同時多発テロ事件以後、アメリカはイスラム急進派を掃討するために、アフガニスタンとイラクに攻撃を仕掛けました。それによって、アル＝カーイダを始めとする多くの集団が打撃を受けたのですが、しかしながら、根絶されるまでには至らなかった。むしろ彼らは組織の再編を進め、さらなるジハードを戦い続けることになります。その典型的な現れの一つが、いわゆる「イスラム国」です。

イスラム国の前身となったのは、「タウヒードとジハード団」という組織であり、その創設者は、ヨルダン人のイスラム主義者、アブー・ムスアブ・アッ＝ザルカーウィー（一九六六－二〇〇六）でした。彼はアフガニスタンに拠点を置きながら、ヨルダンの体制変革を目指す活動を展開していたのですが、アメリカの攻撃によってアフガニスタンを追われ、二〇〇三年頃にイラクに移ります。こうして彼の組織は、「イラクのアル＝カーイダ」と呼ばれるようになりました。

ザルカーウィーは二〇〇六年、米軍の空爆によって死亡しますが、その組織は以降もイラク人を主体として発展し、「イラク・イスラム国」と名乗り始めました。一四年には、アブー・バクル・アル＝バグダーディー（一九七一―二〇一九）がカリフを名乗り、「イスラム国」の建国を宣言したのです。

イスラム国は、巧みなメディア戦略によって急速に勢力を拡大し、二〇一五年にはイラクとシリアの広範な領域を支配下に収め、世界を驚かせました。とはいえその後は、欧米や周辺諸国の攻勢によって壊滅的な打撃を受け、バグダーディーもまた二〇一九年に殺害されます。イスラム国の勢いは衰えましたが、後継のカリフも次々と就任しており、その活動が完全に終結したわけではありません。

④ハマース㊺

イスラム急進派は、現在のパレスチナ情勢にも大きな影響を与えています。先に述べたように、イスラエルに対するパレスチナ人の抵抗運動は、当初はもっぱらＰＬＯが主導しました。とはいえ、ＰＬＯがイスラエルに対して妥協を示す姿勢が目立つようになると、それに代わって、イスラム主義に立脚するハマースが力を伸ばしていったのです。

ハマース結成の母体となったのは、やはりムスリム同胞団でした。同胞団はすでに一九四五年からパレスチナ各地に支部を設け、ユダヤ人勢力への抵抗と、パレスチナ人保護のための活動を始めていました。しかしそれは、同胞団の段階主義・包括主義という方針に基づき、社会福祉を提供することに重点を置いていた。病院・看護学校・スポーツクラブの運営、喜捨の募集などです。

ところがそうした傾向は、一九八七年にパレスチナ人が「民衆蜂起《インティファーダ》」を起こしたことを契機として、大きく変化します。ムスリム同胞団のパレスチナ支部はこの動きに呼応し、武装闘争の実行機関としてハマースを設立しました。ハマースとは「イスラム抵抗運動」の略称であり、同時にアラビア語で「熱情」を意味します。

その行動理念は、「ハマース憲章」(一九八八)において明確化されています。同文書は、これまでのムスリム同胞団と同じく、段階主義や包括主義の重要性を認めつつも、現在のパレスチナにおいては、より直接的な闘争が必要であることを強調している。第9条では、ハマース設立の動機が次のように語られています。

イスラーム抵抗運動は、実生活のなかにイスラームが不在の時代に誕生した。……悪が支配し、不正と闇が蔓延《はびこ》り、臆病者が獅子のように振る舞っている。郷土は奪われ、人々は離散し、そして地上のいたるところで目的もなく彷徨《さまよ》っている。真の国家は消え、偽りの国家が建設された。……このようにイスラームが〔生活の〕場から消えてから、すべての物事が変わっている。これが〔ハマース設立の〕動機である。

（「ハマース憲章」第9条[46]）

このようにハマースは、現在のパレスチナの状況を「イスラムが不在の時代」＝ジャーヒリーヤと捉え、郷土の回復とイスラム国家建設のために、世界中のイスラム教徒がジハード戦士として立ち上がるべきことを訴えました。憲章の後半においては、『シオン賢者の議定書』に依拠しながら、ユダヤ陰謀論が展開されています[47]。それによれば、二度の世界大戦からイスラエル建国に至る流れは、すべて密かに計画されたものであり、こうした世俗主義の術策《じゅつさく》を打破しなければならない、というのです。

パレスチナ民族主義に立脚するＰＬＯが次第に弱体化する一方、イスラム主義を奉じるハマースは、社会福祉と武装闘争の両輪を駆使することにより、現地の人々の支持を着実に集めてゆきました。二〇〇六年に行われたパレスチナ自治政府の立法評議会選挙において、ハマースは過半数の議席を獲得し、第一党となります。しかしその政権運営は、内外の厳しい抵抗と批判に遭い、早々に暗礁に乗り上げてしまいました。今後、イスラム主義の理念をどのような仕方で現実と折り合わせてゆくのか、依然として先が見通せない状況です。

6　イスラム主義の興隆②──シーア派

帝国主義の脅威に晒されるイラン

イスラム主義の運動は、イスラム教の主流派であるスンナ派のみならず、第二の勢力であるシーア派においても興隆しました。なかでも、最も顕著な出来事として知られているのが、一九七九年に起こった「イラン革命」です。当時のイランがどのような状況に置かれていたのか、まずはその前史を押さえておくことにしましょう。

中東の他の地域と同様、イランもまた19世紀以降、西洋列強による帝国主義の脅威に晒《さら》されました。当時のイランを治めていたカージャール朝（一七七九－一九二五）は、ロシアの南下政策の標的となり、ゴレスターン条約（一八一三）とトルコマンチャーイ条約（一八二八）によって北方の領土を奪われてしまった。さらには、イギリスも一八四〇年代、南方のペルシャ湾から進出を開始しました。イランの民衆は一八四八年、救済者《マフディー》が再臨するという熱狂に促されながら「バーブ教徒の乱」を起こし、これに反抗しましたが、政府によって鎮圧されてしまいます。

その後、イランが有していた利権は次々とヨーロッパの資本家に奪われてゆき、一八九〇年にはタバコ利権がイギリス人に譲渡されました。このような状況に対し、先に見たイスラム主義の思想家、ジャマールッディーン・アフガーニーが抵抗を訴え、シーア派のイスラム法学者たちもそれに呼応したことから、「タバコ・ボイコット運動」が起こりました。さらに一九〇五年には、イスラムの原則に基づいて政府を統制することを目指した「立憲革命」が引き起こされます。しかしこうした動きは、ロシアとイギリスの干渉によって挫折を余儀なくされました。

混乱するカージャール朝のなかで頭角を現したのは、レザー・ハーン（一八七八－一九四四）という人物でした。一九一七年にロシア革命が起こり、イラン北部からロシアが撤退したことにより、同地域には複数の革命勢力が乱立しました。レザー・ハーンは当初、カージャール朝の大佐としてそれらと戦っていたのですが、二一年に彼自身がクーデターを起こし、同朝を打倒してしまうのです。そして二五年、レザー・シャー・パフラヴィーと名乗って王位に就き、新たにパフラヴィー朝を立てました。

レザー・シャーは、イランを近代化する政策を次々に実行しましたが、それでもなお、帝国主義の影響から逃れることはできませんでした。第二次世界大戦中の一九四一年には、ソ連とイギリスの侵攻を受け、王位を息子に譲らざるを得なくなります。さらに第二次大戦が終わると、イランにも共産主義と自由主義という東西対立が持ち込まれました。そして二代目国王のモハンマド・レザー・シャー・パフラヴィー（一九一九－一九八〇）は、ソ連の干渉を退けるために、アメリカに頼る機会が増加してゆきます。五一年には「石油国有化運動」が起こり、イギリスの会社に握られていた石油利権を取り戻したのですが、以降はアメリカの影響力が一段と強まりました。

一九六三年にモハンマド・レザー・シャーは、石油収入とアメリカの支援を後ろ盾として、「白色革命」と称される急速な近代化に着手します。すなわち、農地改革、国営企業の民営化、婦人参政権の付与、識字率向上などの政策を推進したのです。ところがこれにより、著しい貧富の格差や文化的混乱が生じたため、イランの民衆は王政に不満を募らせていった。こうした状況が、イラン革命勃発の下地となってゆきます。

イラン革命の勃発

イラン革命の指導者、ルーホッラー・ホメイニーは、一九〇二年、イラン中西部の町ホメインで、預言者ムハンマドの血統を引く家系に生まれました[48]。青年に達すると、当時シーア派の法学府として再興されつつあったゴムを訪れ、勉学に励みます。彼はイスラム法学とともに、神秘主義的な哲学である「叡智学《イルファーン》」を修め、一九三六年に法解釈《イジュティハード》を行う資格を与えられました。このようにホメイニーは、卓越した法学者であったのみならず、自己浄化の実践によって「神との合一」を目指す神秘主義者でもあった。こうした側面が、後に彼がカリスマ的オーラを纏うようになった一因であったとも考えられます[49]。

さらにホメイニーは、若い頃から政治に強い関心を寄せ、パフラヴィー朝が推進した近代化・世俗化政策に反対しました。一九四三年には『秘密の顕現』という書物を著し、これを厳しく非難しています。とはいえ、当時のゴム法学府の最高権威者が、学者は政治問題に関わるべきではないという方針を示したことから、ホメイニーも一旦はそうした訴えを自制しました。

しかし、一九六二年に最高権威者が死去し、その翌年、二代目国王が白色革命を提唱するようになると、ホメイニーは再び苛烈な政治批判を開始しました。政府側もこの動きを危険視し、彼の逮捕に踏み切った。そして六四年には、ホメイニーが軍事法廷の裁きによって処刑されるという風評が流れたため、イスラム法学者たちはそれを阻止しようと、彼を処刑権が及ばない法学者の最高権威「マルジャエ・タグリード」[50]の地位に就けました。結果としてホメイニーは国外追放の処分を受け、イラクのナジャフに移ります。彼は同地で、イラン革命の基礎となる「法学者の統治論」を練り上げていったのです。

その頃の中東は、第三次・第四次中東戦争による混乱が続いており、ホメイニーはナジャフから、シオニズムによるイスラム世界への侵略に断固として抵抗しなければならない、というメッセージを発しました。ところが、当時のイラン政府は、石油価格の高騰から得た資金を用いて白色革命を推進するとともに、アメリカから大量の武器を買いつけていた。さらに一九七七年には、景気の後退に応じて財政緊縮に転じたため、イランの経済状況は大きく混乱しました。こうして、王政に対する国民の憤懣《ふんまん》が限界にまで高まっていったのです。

イラン革命が引き起こされる直接的な切っ掛けとなったのは、ホメイニーを中傷する政府見解が新聞に掲載されたことでした。それに対する抗議運動がイラン全土に広がり、「アッラーは偉大なり」「国王に死を」「ホメイニー万歳」という叫びが充満していった。そして一九七九年、生命の危機を覚えた国王が国外に脱出する一方、一時的にパリに退避していたホメイニーが帰国し、イランの政治は、王制から「イスラム共和制」に転換することになったのです。

法学者の統治論

以上のように、19世紀から20世紀に掛けてのイランは、他の中東諸国と同じく、西洋列強の帝国主義によって著しく翻弄されました。カージャール朝やパフラヴィー朝は、そうした困難な状況のなかで何とか近代化を推進しようと試みたのですが、それは結局、イランの民衆の心を満足させるものとはならなかった。そして次第に支持を集めていったのが、イスラム教の原理に基づいて国家や社会を再構築するという、イスラム主義の考え方だったわけです。

イラン革命によって成立した「イラン・イスラム共和国」の諸制度は、ホメイニーが提唱した「法学者の統治論」に基づいています。彼が一九七〇年に行った講義の記録である『イスラム統治論』を参照しながら、その概要を見ておきましょう。

ホメイニーは同書において、西洋社会が中東に押しつけた体制、特に植民地主義と政教分離原則を厳しく批判しています。オスマン帝国が崩壊した後、中東世界は、西洋列強の植民地主義によって恣意的に分割され、数々の傀儡政権によって統治された。人々もまた、富裕な「抑圧者」と貧しい「被抑圧者」に分断され、イスラム共同体の一体性が損なわれてしまった。かつてイマームのアリーが息子たちに、「抑圧者の敵となり、抑圧される者の支援者となれ」と言い残したように、われわれには被抑圧者を救済する義務がある、と主張するのです。(51)

またホメイニーは、一部のイスラム法学者が近代的な政教分離原則を受け入れ、自らの関与すべき領域を社会の些少《さしょう》な問題に限定しようとすることに、激しく憤ります。彼によれば、預言者ムハンマドの時代に政教分離という考え方は存在せず、イスラムの教えは、公私を含む社会生活の全領域に浸透していた。そしてそれは、ムハンマドを通して神から与えられた、唯一普遍の法に基づくものであった。ホメイニーがイスラム法の基本的なあり方について述べる箇所は、次の通りです。

神は使徒《ムハンマド》を介して法を送り、人間はその偉大さに驚いた。それはすべてのことに法と作法をもたらした。懐妊する前から墓場に行くまで、人間のために法が制定された。宗教儀礼の務めに法があるように、社会問題・統治問題のためにも法と道と様式がある。イスラームの法は進歩的で完全で包括的である。(52)後世、さまざまな法の分野で編纂された分厚い書物は司法、民事、ハッド刑、キサースから、民と民との関係、戦争と和平の規定、国際公法私法に及ぶが、これらはイスラームの法規範や法規のほんの一部にすぎない。重要な問題でイスラームが責務を定めず、それに指示を下していないものはない。

（ルーホッラー・ムーサヴィー・ホメイニー『イスラーム統治論・大ジハード論』15－16頁）

第8講で見たように、シーア派においては、第12代イマームが「幽隠《ガイバ》」して以降、イスラム法学者がその代理を務めるという考え方が示されました。そしてホメイニーは、そうした思想傾向を一層推し進め、十分な知識と公正さを備えた法学者こそが、直接的に国家を指導・監督するべきであると唱えたのです。具体的には、五分の一税・救貧税・地租といった財源を用いてムスリムの福利を保障すること、ハッド刑やキサースを執行して人々のあいだに公正を維持すること、軍を指揮して国の独立と国境を守ること――法学者は統治者として、これらに責任を持つべきであると、彼は主張しました[53]。

イランのイスラム共和制

イラン革命によって打ち立てられた「イスラム共和制」は、大枠として次頁の図のように、「イスラム法」の秩序と「共和制」の秩序の融合から成り立っています[54]。すなわちそこでは、近代的な共和制と同じく、立法（国会）・行政（大統領）・司法（裁判所）の三権が

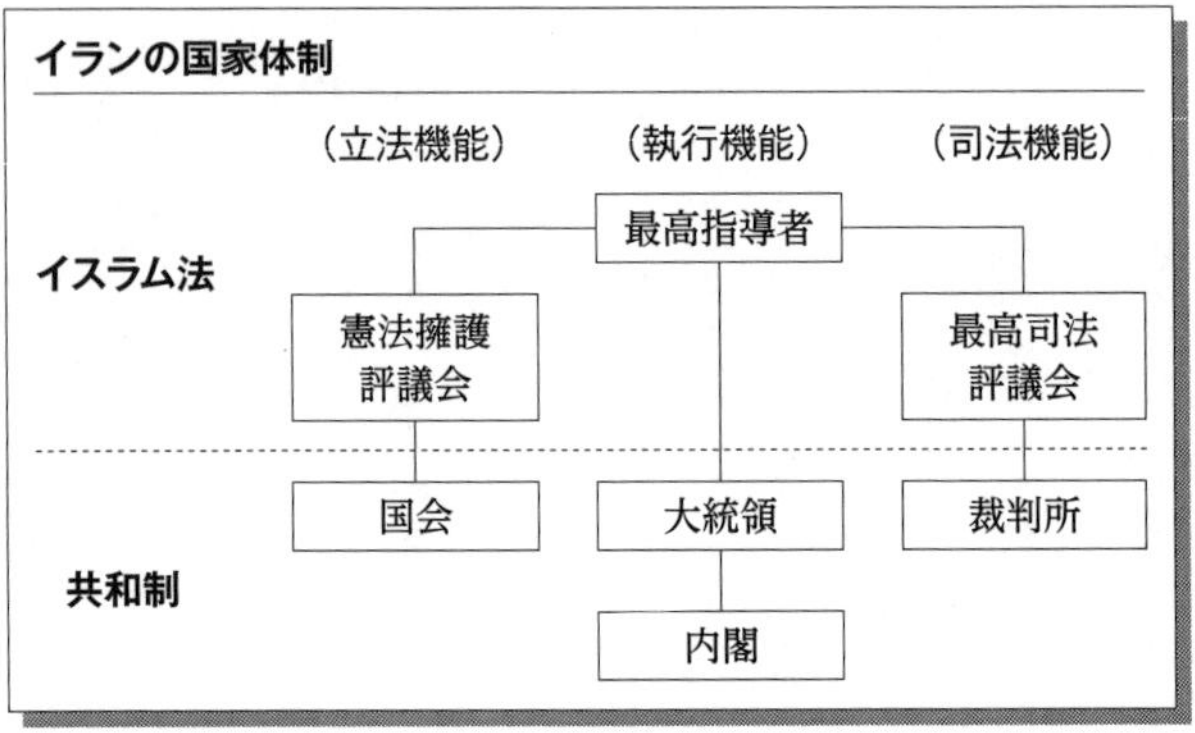

分立し、国会議員と大統領は、国民の選挙によって決定される。しかし他方、それらの上位に、最高指導者・憲法擁護評議会・最高司法評議会といった諸機関が存在し、共和制による政治がイスラム法に則しているかどうかについての監督・指導が行われる。特に最高指導者は、内政・外交・軍事にわたる最終的な決定権を掌握しました。それはまさに「イマームの代理」と呼ぶべき超越的・神秘的存在であり、初代の最高指導者にホメイニーが就任したのです。

　こうした体制は、一九七九年に制定された「イラン・イスラム共和国憲法」において明確化されています。その前文には、イラン革命の精神を端的に記述した箇所が見られますので、引用しておきましょう。

　イスラム教の観点からすれば、政府は……共通の理想と目的へ向かって前進しうるように自らを組織していく国民の政治的目標である。しかしてその共通の理想と目的とは、神へと向かう運動にほかならない。……全てを奪われていた人々が自らの抑圧者に勝利するための運動であったイラン革命のイスラム教的内容に正当な考慮を払い、本憲法は、この革命の継続のために国内的及び国際的な基盤を用意するものであり、とりわけ、統一された世界共同体の来臨のための道を準備するために、他のイスラム教国との関係を進展させるための基盤を用意するであろう。

（「イラン・イスラム共和国憲法」前文[55]）

イスラム主義と近代主義の相克

第7講の冒頭でも述べたように、イスラム教人口は近い将来、キリスト教を超えて世界最多になると予測されています。そして本講で見たように、急成長するイスラム教の内部では、さまざまな形式の「イスラム主義」の運動が興隆・蠢動《しゅんどう》している。それは、現在の世界の基本的なルールである「近代主義」と対立し、しばしば過激なテロリズムさえ生み出しています。果たして両者の対立点とは、どのようなものなのでしょうか[56]。最後に整理しておきましょう。

多くのイスラム主義者が共通して主張しているのは、「神の唯一性《タウヒード》」への信仰に立ち返るべきである、ということです。世界に存在する唯一にして真正なる神は、万物の創造主

イスラム主義	近代主義
創造主なる唯一の神	人間が創造した主権国家
神が定めた完全な法	人間が定めた可謬的な法
来世での救済と報奨を重視	現世的な生命と財産を重視
イスラム共同体の一体性	領域主権に基づく分割支配

アッラーであり、そしてすべての人間は、その前で自由かつ平等である。ところが近代社会においては、人間の手によって造られた国家群が、「リヴァイアサン」という特異な神＝主権者として君臨し、人々のあいだに不当な差別を設けている。こうした偽りの神、偽りの秩序を打破しなければならないというのが、イスラム主義の最も根幹的な主張です。

神に対する考え方の違いは、法観念の違いとも密接に関連しています。イスラム主義によれば、法とは神が定めたものであり、それは預言者ムハンマドによって伝えられ、『コーラン』や『ハディース』として纏《まと》められた。イスラム法は完全かつ普遍の存在であり、そこに解釈の余地はあっても、改変の余地はない。これに対して近代法は、人間の手によって作られた不完全な存在であり、人による人の支配を正当化するためのものである、と見なされるのです。

また、法がそもそも何を目的としているのかという点に関する違いもあります。まずイスラム法は、その究極的な目的を、人間の死後の救済、来世での褒賞に置いている。こうした恩恵に与るためには、公私の区別を設けず、人間は常に正しい行いを心掛けなければならない。また、神に対する反抗を矯正するためには、ハッド刑のような厳しい罰の執行も必要とされる。翻って近代法は、人間の生命と財産を保障するために作り上げられており、その対象は、あくまで現世的事物に限られる。こうした法の下で生きることは、不可避的に物質主義の偏重や道徳の喪失を帰結する、と批判されます。

最後に、共同体のあるべき姿についての考え方も異なっている。イスラム主義によれば、人間にとっての正しい共同体とは、イスラム法に基づいて形成されたものである。それは「イスラム共同体」あるいは「イスラムの家」と呼ばれ、地理的・空間的配置にかかわらず、究極的には一体である。イスラム法が施行されていない領域は、偶像崇拝の蔓延《はびこ》る「戦争の家」と見なされ、ジハードによって制圧する義務が生じる。それに対して近代主義においては、最も基礎的な共同体のあり方は「主権国家」であり、国家が成立する際の不可欠の要件は、一定の領域を排他的に支配すること、すなわち「領域主権」の確保となる。それは、神の下に平等かつ自由であるはずの人間を、不自然な国境によって引き裂いてしまう、というのです。

イスラム主義の運動は、20世紀半ば以降に顕著な隆盛を見せ、世界を驚かせました。しかしながら他方、21世紀前半の現在では、そこにさまざまな困難や限界が存在していることも明らかになったと思われます。[57]政教一致の権力が専制に傾きやすいこと、他の宗教や宗派に対する不当な弾圧が生じること、男女の平等が十分に保障されず、特に女性の権利が制限されること、法の硬直化のために現代的な諸問題に柔軟に対応できないこと、などです。こうした限界が何らかの仕方で克服されない限り、イスラム主義が将来の世界で今以上に受け入れられてゆくのは難しいでしょう。

とはいえ、イスラム主義が限界を抱えているということは、その対立相手である近代主義が正しいということを、直ちに意味するわけではない。イスラム主義が近代主義に突きつけた批判点、すなわち、植民地主義や物質主義の問題は、近代社会に内在する矛盾として、今後も尾を引き続けるでしょう。「神の下での自由と平等」という観念は、近代の人権思想の前提ともなっているはずなのに、なぜそこでは、国家や資本の力によって社会が大きく引き裂かれてしまうのか。また、政治と宗教を分離し、政治とは現世的事物に限定された事柄であり、宗教とは公共性を持たない私的な事柄であると定めた結果、人々は理念・道徳・生の意味を見失い、刹那的な快楽のなかで自己を融解させつつある。そして伝統的な宗教も、存在意義と活力を喪失し、腐敗・堕落の道を辿っている。私たちは今後も、近代とは一体何なのか、今目にしている社会は本当に近代的と言えるのかということについて、さまざまな側面から考察を重ねてゆかなければならないのです。

註

（1）第9講上369頁を参照。
（2）レオン・ポリアコフ『反ユダヤ主義の歴史Ⅰ』90－92頁を参照。
（3）大澤武男『ユダヤ人ゲットー』31頁・37頁を参照。
（4）ゲットーの語源は、ヴェネツィア・ゲットーの近くに「鋳造所（gheto）」があったこと、あるいは、ヘブライ語の「分離（ghet）」に由来すると言われるが、正確には判明していない。
（5）第11講下80頁を参照。
（6）ロスチャイルド家はもっぱら、ユダヤ陰謀論の対象となり、その規模や影響力が過大に論じられることが多い。それに対して横山三四郎『ロスチャイルド家』では、同家の歴史的実像が適切に叙述されている。
（7）市川裕『ユダヤ教の歴史』139頁を参照。
（8）市川裕『ユダヤ教の歴史』140－145頁を参照。
（9）ポール・ジョンソン『ユダヤ人の歴史』下巻86－99頁を参照。

(10) 平凡社『世界大百科事典』「ポグロム」(原暉之)の項を参照。
(11) 第14講下282頁を参照。
(12) ポール・ジョンソン『ユダヤ人の歴史』下巻127－130頁を参照。
(13) ポール・ジョンソン『ユダヤ人の歴史』下巻150頁を参照。
(14) テオドール・ヘルツル『ユダヤ人国家』「訳者あとがき」190－193頁を参照。
(15) 横山三四郎『ロスチャイルド家』169－172頁を参照。
(16) 以下の記述は、高橋正男『物語 イスラエルの歴史』255－267頁を参照。
(17) 笈川博一『物語 エルサレムの歴史』190－191頁を参照。
(18) 笈川博一『物語 エルサレムの歴史』192－193頁を参照。
(19) クネセトのサイトに掲載された英文(https://m.knesset.gov.il/en/about/pages/declaration.aspx)から訳出した。
(20) 池田明史「「ユダヤ人国家」の二律背反:相克する民族主義と民主主義」を参照。
(21) 立山良司『イスラエルとパレスチナ』44－47頁を参照。
(22) 横田貴之『原理主義の潮流』8－11頁を参照。
(23) 立山良司『イスラエルとパレスチナ』52－54頁を参照。
(24) 立山良司『イスラエルとパレスチナ』56－61頁を参照。
(25) 立山良司『イスラエルとパレスチナ』68－71頁を参照。
(26) 立山良司『イスラエルとパレスチナ』74－83頁を参照。

(27) こうした見方については、末近浩太『イスラーム主義』第2章「長い帝国崩壊の過程」を参照。
(28) 末近浩太『イスラーム主義』2頁、大塚和夫『イスラーム主義とは何か』11頁を参照。
(29) 『イブン・タイミーヤ政治論集』所収の中田考「解説　何故、今、イブン・タイミーヤなのか？」288－290頁を参照。
(30) ハンバル学派の概要については、第8講上321頁を参照。
(31) 同じような宗教改革の運動は、日本にも起こっている。日蓮（一二二二－一二八二）はモンゴル軍（元寇）の脅威に晒されることにより、日本仏教を純化すべきという厳格主義的・原理主義的教えを説いたのである。島田裕巳＋中田考『世界はこのままイスラーム化するのか』115－117頁を参照。
(32) ワッハーブ運動についての記述は、大塚和夫『イスラーム主義とは何か』30－47頁を参照。
(33) この項の記述は、末近浩太『イスラーム主義』41－54頁、横田貴之『原理主義の潮流』15－17頁、大塚和夫『イスラーム主義とは何か』90－99頁を参照。
(34) ハサン・バンナーの生涯については、横田貴之『原理主義の潮流』18－44頁、ハサン・バンナー『ムスリム同胞団の思想』下巻所収の横田貴之「編訳者解説」584－596頁を参照。
(35) 横田貴之『原理主義の潮流』29－33頁を参照。
(36) ハサン・バンナー『ムスリム同胞団の思想』上巻25－27頁を参照。
(37) ハサン・バンナー『ムスリム同胞団の思想』下巻294－295頁。横田貴之『原理主義の潮流』33頁をも参照。

(38) サイイド・クトゥブ『イスラーム原理主義の「道しるべ」』所収の岡島稔「解説　時空を越えたクトゥブ主義」224－227頁を参照。
(39) サイイド・クトゥブの生涯については、横田貴之『原理主義の潮流』52－56頁、サイイド・クトゥブ『イスラーム原理主義の「道しるべ」』所収の岡島稔「解説　時空を越えたクトゥブ主義」228－244頁、座喜純「解説　サイイド・クトゥブの希求した道」255－265頁を参照。
(40) サイイド・クトゥブ『イスラーム原理主義の「道しるべ」』69－71頁を参照。
(41) 横田貴之『原理主義の潮流』56頁、末近浩太『イスラーム主義』114－115頁を参照。
(42) 横田貴之『原理主義の潮流』64－68頁、藤原和彦『イスラム過激原理主義』46－51頁を参照。
(43) 藤原和彦『イスラム過激原理主義』117－130頁を参照。
(44) 池内恵『イスラーム国の衝撃』63－69頁を参照。
(45) 横田貴之『原理主義の潮流』91－111頁を参照。
(46) 鈴木啓之「ハマース憲章全訳」74頁。
(47) 「ハマース憲章」第22条・第28条・第32条を参照。
(48) ホメイニーの経歴については、富田健次『ホメイニー』3－30頁を参照。
(49) 富田健次『ホメイニー』67－72頁を参照。
(50) 「模擬の源泉」や「模倣の鏡」を意味する。シーア派法学者のヒエラルキーについては、桜井啓子『シーア派』81頁に分かりやすい図が掲載されている。
(51) ルーホッラー・ムーサヴィー・ホメイニー『イスラーム統治論・大ジハード論』39－40頁を参

(52)「ハッド刑」とは、神によって定められ、コーランやハディースに記された法であり、公開処刑や身体刑を含む。「キサース」とは同害報復刑を意味する。照。

(53) ルーホッラー・ムーサヴィー・ホメイニー『イスラーム統治論・大ジハード論』79－82頁を参照。

(54) 小山茂樹『ホメイニーからビン・ラーディンへ』104頁の図をもとに作成。

(55) 西修訳「イラン・イスラム共和国憲法」85－86頁。

(56) イスラム法と西洋近代法のあいだに見られる基本的な発想の違いについては、『イブン・タイミーヤ政治論集』3－6頁に、訳者の中田考による適切な整理がある。

(57) 桜井啓子『シーア派』190－195頁には、イラン革命が直面した諸問題について具体的に指摘されている。

あとがき

自分のなかで「漠とした不安」が次第に大きくなりつつあることに気づいたのは、一体いつのことだっただろうか。

今になって振り返れば、それはおそらく、大学院の博士課程に進学し、しばらく時間が経った頃のことであったと思う。当時の私は基本的には、古代末期に出現したキリスト教の異端思想である「グノーシス主義」という思想の研究に専念し、博士論文の完成を目指す日々を送っていた。しかしながら他方、今後はグノーシス主義の研究のみを続けるわけにはゆかないだろうということも、薄々とではあれ、予感しつつあった。

何もそれは、そのテーマが日本国内においてはかなりマイナーであり、社会的需要に乏しいといった、外的な理由のみに起因していたわけではない。むしろ私の不安を増大させていたのは、一人の研究者としての自分自身の線が細く、歪みを帯びているのではないか、より具体的に言えば、これから「宗教学」の研究者として生きてゆこうとしているにもかかわらず、「宗教」についても「学問」についても、確固とした見識を持ち得ていないのではないかという、根本的な自信の無さに由来していた。

こうした心情が動機となり、博士課程在学中の私は、グノーシス主義に関する個別研究と並行して、あるいはそれ以上に、西洋思想史の古典的文献を幅広く読むことに時間を費やすようになった。私の乏しい語学力では、それらすべてを原語で読むというわけにはゆかなかったが、現在の日本には、世界的に見ても質の高い翻訳がさまざまな領域で出揃っているという恵まれた環境が存在する。私はおそらく、こうした学問的果実を最大限に享受した人間の一人であっただろう。例えば、中央公論社の『世界の名著』や、平凡社の『中世思想原典集成』といったシリーズを読み耽ることに多くの時間を用い、そうした習慣は、今に至るまで変わらず続いている。

二〇〇七年に博士号を取得した後、私はそれまでの研究成果をもとに、『グノーシス主義の思想――〈父〉というフィクション』（春秋社・二〇〇九年）という作品を公刊した。またその後は、さまざまな紆余曲折はあったものの、オウム真理教の研究を手掛け、第二作目として『オウム真理教の精神史――ロマン主義・全体主義・原理主義』（春秋社・二〇一一年）という著作を公刊した。オウム真理教事件は、私の青年期に起こった大きな出来事の一つであり、同時に、日本の宗教学が負の影響を及ぼしたものでもあったからである。両著は現在、春秋社より新装版が公刊されているため、ご一読いただければ幸いである。

これも今になって振り返ると、グノーシス主義やオウム真理教を主な研究対象としていた頃の私には、表現しがたい苦しさが付きまとっていたように思う。その詳細な状況については、先述の二著の記述に譲ることにしたい。とはいえ、あえて一言で表現するなら、宗教を巡る日本の状況は、奇妙な形態の「反近代主義」に根深く浸食されており、確固とした基盤を見失っているように思われたことである。私はこれらについて論じる際に、常に理不尽な反応や議論に巻き込まれてゆくことになった。

そうした事態は何も、研究領域に限った話ではない。『オウム真理教の精神史』を公刊した後、私はオウム問題に関連するさまざまな現場にコミットすることを要請されたのだが、そのなかで目にしてきたのは、奇妙な宗教対策の数々であった。こうした経験を通して、遅ればせながら私は、オウム問題とは、単にオウムが極端な水準の「破壊的カルト」であったというだけではなく、実は日本社会の側でも、近代主義の原則を外れた不適切な対応を繰り返してしまい、結果として最悪の状況にまで事態が昂進したケースであった、ということを理解するようになった。

30代から40代に掛けての研究生活を過ごすなかで、私が抱くようになった根本的疑問とは、「日本社会は正当な仕方では近代化されていないのではないか」というものである。明治以降の日本は、西洋列強の力に対抗するために、王政復古という奇妙な仕方で中央集権化を実現した。とはいえ、そうした国家体制は次第に右翼化してゆき、第二次世界大戦への突入と敗北という結果を招いた。さらに戦後になると、戦前の体制からの揺り戻しを見せるかのように、日本社会は急速に左翼化した。共産党・社会党の成長や、学生運動の興隆に端を発する左翼化の波は、アカデミズムやメディアを中心として社会全体にまで広がり、未だに奇妙な反権力闘争へと人々を駆り立てている。

現在の日本は、「奇妙な右」と「奇妙な左」が罵り合いを続ける陰鬱な場であり、そこでは「着実に近代化する」という最も大切な課題が見失われているのではないか——。端的に言えば、私が年齢を重ねるにつれて痛感するようになったのは、このような事態である。そして、冒頭で述べた私の「不安」とは、何も日本の宗教学だけが歪《いびつ》な反近代主義に取り憑かれているというわけではなく、むしろ日本社会の全体が確固とした近代的基盤を欠いている、ということに起因していたのかもしれない。

日本が、正当な仕方で近代化していないという病を抱えているとすれば、一体何が、それに対する処方箋となり得るのか。少なくとも学問の立場から行えることは、世界の歴史を実直に学び直すこと、そして、近代とは何かということを問い続けることだろう。こうして私はある時期から、近代主義を基盤として宗教学を再構築すること、ひいては、人文学全体のあり方を再考すること、を志すようになった。本書は、そうした目的に向けた最初の一歩である。

このような構想を具体化する際の重要な端緒となったのは、非常勤講師を務める埼玉大学において、二〇一五年から「宗教学概説」の講義を担当し始めたことである。埼玉大学はリベラル・アーツ教育を重視しており、「基盤科目」という枠組みのなかで、一連の授業を行っている（二〇二三年度より「教養・スキル・リテラシー科目」に名称変更）。その趣旨は、さまざまな学問の基礎と概要について教員が講義し、学生の教養を高めることである。全一五回・各九〇分の授業のなかで、古代から現代に至る宗教史を論じることは必ずしも容易ではなかったが、宗教学の基礎を見つめ直したいと考えていた私にとって、それは貴重な自己研鑽の機会となった。また、明らかに情報量が多すぎる講義に辛抱強く耳を傾け、適切な意見や質問を差し向けてくれた学生の方々に対しては、この場を借りて深く感謝の意を表したい。

このように本書は、埼玉大学で行われた宗教学概説の講義をもとに、その内容を可能な限り磨き上げることによって執筆されている。課題の非常な大きさ、そして私自身の非力さゆえに、不十分な点が幾つも残されてしまったことを認めつつ、今はただ、読者諸賢からの建設的な批判や叱正を待ちたい。

曲がりなりにも宗教思想の通史を書き終えることによって、長らく私が抱き続けてきた「不安」は多少は緩和されたが、結果として改めて実感するようになったのは、思想の通史というものは本質的に、一通り描き切った程度では完結させられるものではない、ということである。それは本質的に、さまざまな流れが複雑に絡み合いながら運動を続ける、一種の生命体のような領野なのだろう。私自身は今後も、思想の歴史をより多面的に理解するための探求を進めてゆきたいと考えている。

主要参考文献

①複数の講にわたって参照している文献に関しては、原則的に、最初に取り上げた講に書誌情報を記した。
②引用文のなかで〔　〕で括られている部分は引用者による補足、……の部分は中略を示す。

【第10講】
日本聖書協会『聖書　聖書協会共同訳』、2018
伊東俊太郎『十二世紀ルネサンス』講談社学術文庫、2006
森安達也『キリスト教史Ⅲ』（世界宗教史叢書3）山川出版社、1978
上智大学中世思想研究所編『中世思想原典集成3　後期ギリシア教父・ビザンティン思想』平凡社、1994
リチャード・E・ルーベンスタイン『中世の覚醒――アリストテレス再発見から知の革命へ』小沢千重子訳、紀伊國屋書店、2008
出村彰『中世キリスト教の歴史』日本キリスト教団出版局、2005
C・H・ハスキンズ『十二世紀ルネサンス』別宮貞徳+朝倉文市訳、みすず書房、1989
C・H・ハスキンズ『大学の起源』青木靖三+三浦常司訳、現代教養文庫、1977
アリストテレス『形而上学』出隆訳、岩波文庫（上下巻）、1959-61
『アベラールとエロイーズ――愛と修道の手紙』畠中尚志訳、岩波文庫、1964
クリストフ・シャルル+ジャック・ヴェルジェ『大学の歴史』岡山茂+谷口清彦訳、文庫クセジュ、2009
上智大学中世思想研究所編『中世思想原典集成7　前期スコラ学』平凡社、1996
ピーター・スタイン『ローマ法とヨーロッパ』屋敷二郎監訳、ミネルヴァ書房、2003
勝田有恒+森征一+山内進編著『概説　西洋法制史』ミネルヴァ書房、2004
勝田有恒+山内進編著『近世・近代ヨーロッパの法学者たち――グラーティ

アヌスからカール・シュミットまで』ミネルヴァ書房、2008
半田元夫+今野國雄『キリスト教史I』（世界宗教史叢書1）山川出版社、1977
稲垣良典『トマス・アクィナス』（人類の知的遺産20）講談社、1979
柴田平三郎『トマス・アクィナスの政治思想』岩波書店、2014
G・K・チェスタトン『久遠の聖者』（G・K・チェスタトン著作集6）生地竹郎訳、春秋社、1976
『アリストテレス全集17　政治学・家政論』神崎繁+相澤康隆+瀬口昌久訳、岩波書店、2018
『世界の名著20　トマス・アクィナス』山田晶責任編集、中公バックス、1980
マイケル・サンデル『これからの「正義」の話をしよう――いまを生き延びるための哲学』鬼澤忍訳、ハヤカワ・ノンフィクション文庫、2011
トマス・アクィナス『神学大全　XIII』稲垣良典訳、創文社、1977
トマス・アクィナス『君主の統治について――謹んでキプロス王に捧げる』柴田平三郎訳、岩波文庫、2009

【第11講】
P・O・クリステラー『イタリア・ルネサンスの哲学者』佐藤三夫監訳、みすず書房、2006
スティーヴン・グリーンブラット『一四一七年、その一冊がすべてを変えた』河野純治訳、柏書房、2012
ロレンツォ・ヴァッラ『快楽について』近藤恒一訳、岩波文庫、2014
ロレンツォ・ヴァッラ『「コンスタンティヌスの寄進状」を論ず』高橋薫訳、水声社、2014
二宮敬『エラスムス』（人類の知的遺産23）講談社、1984
沓掛良彦『エラスムス――人文主義の王者』岩波書店、2014
斎藤美洲『エラスムス』（人と思想62）清水書院、1981
エラスムス『痴愚神礼讃――ラテン語原典訳』沓掛良彦訳、中公文庫、2014
『宗教改革著作集2　エラスムス』金子晴勇+木ノ脇悦郎+片山英男訳、教文館、1989

永田諒一『宗教改革の真実――カトリックとプロテスタントの社会史』講談社現代新書、2004
徳善義和『マルティン・ルター――ことばに生きた改革者』岩波新書、2012
森田安一『ルターの首引き猫――木版画で読む宗教改革』山川出版社、1993
森田安一『木版画を読む――占星術・「死の舞踏」そして宗教改革』山川出版社、2013
半田元夫+今野國雄『キリスト教史II』(世界宗教史叢書2)山川出版社、1977
マルティン・ルター『宗教改革三大文書』深井智朗訳、講談社学術文庫、2017
ハロルド・J・バーマン『法と革命II――ドイツとイギリスの宗教改革が欧米の法制度に与えた影響』宮島直機訳、中央大学出版部、2010
『世界の名著23　ルター』松田智雄責任編集、中公バックス、1979
永本哲也+猪刈由紀+早川朝子+山本大丙編『旅する教会――再洗礼派と宗教改革』新教出版社、2017
中村賢二郎+瀬原義生+倉塚平+田中真造+久米あつみ+森田安一編訳『原典宗教改革史』ヨルダン社、1976
久米あつみ『カルヴァン』(人類の知的遺産28)講談社、1980
渡辺信夫『カルヴァン』(人と思想10)清水書院、1968
赤木善光『宗教改革者の聖餐論』教文館、2005
ジャン・カルヴァン『キリスト教綱要　改訳版』渡辺信夫訳、新教出版社(全三巻)、2007-9
松本宣郎編『キリスト教の歴史1――初期キリスト教〜宗教改革』(宗教の世界史8)山川出版社、2009
『宗教改革著作集9　カルヴァンとその周辺I』久米あつみ訳、教文館、1986
『宗教改革著作集10　カルヴァンとその周辺II』出村彰+丸山忠孝+飯島啓二訳、教文館、1993
木﨑喜代治『信仰の運命――フランス・プロテスタントの歴史』岩波書店、1997

長谷川輝夫『聖なる王権ブルボン家』講談社選書メチエ、2002
イグナチオ・デ・ロヨラ『霊操』門脇佳吉訳、岩波文庫、1995
佐藤賢一『カルチェ・ラタン』集英社文庫、2003
『宗教改革著作集13　カトリック改革』澤田昭夫他訳、教文館、1994
江村洋『ハプスブルク家』講談社現代新書、1990
岩﨑周一『ハプスブルク帝国』講談社現代新書、2017
菊池良生『戦うハプスブルク家——近代の序章としての三十年戦争』講談社現代新書、1995
C・ヴェロニカ・ウェッジウッド『ドイツ三十年戦争』瀬原義生訳、刀水書房、2003

【第12講】

岩井淳『ピューリタン革命と複合国家』山川出版社、2010
中野京子『名画で読み解く　イギリス王家12の物語』光文社新書、2017
『宗教改革著作集11　イングランド宗教改革I』八代崇他訳、教文館、1984
『宗教改革著作集12　イングランド宗教改革II』八代崇他訳、教文館、1986
『宗教改革著作集14　信仰告白・信仰問答』徳善義和他訳、教文館、1994
小嶋潤『イギリス教会史』刀水書房、1988
清末尊大『ジャン・ボダンと危機の時代のフランス』木鐸社、1990
ロバート・フィルマー『フィルマー著作集』（近代社会思想コレクション19）伊藤宏之+渡部秀和訳、京都大学学術出版会、2016
高木八尺+末延三次+宮沢俊義編『人権宣言集』岩波文庫、1957
碧海純一+伊藤正己+村上淳一編『法学史』東京大学出版会、1976
戒能通弘+竹村和也『イギリス法入門——歴史、社会、法思想から見る』法律文化社、2018
今井宏『クロムウェルとピューリタン革命』清水新書、1984
小泉徹『クロムウェル——「神の摂理」を生きる』（世界史リブレット53）山川出版社、2015
浜林正夫『イギリス宗教史』大月書店、1987

大木英夫『ピューリタン――近代化の精神構造』聖学院大学出版会、2006
福田歓一『政治学史』東京大学出版会、1985
『世界の名著23　ホッブズ』永井道雄責任編集、中央公論社、1971
ホッブズ『哲学者と法学徒との対話――イングランドのコモン・ローをめぐる』田中浩+重森臣広+荒井明訳、岩波文庫、2002
ホッブズ『ビヒモス』山田園子訳、岩波文庫、2014
田中浩『ホッブズ』（人と思想49）清水書院、2006
バートランド・ラッセル『西洋哲学史3』市井三郎訳、みすず書房、1970
田中浩+浜林正夫+平井俊彦+鎌井敏和『ロック』（人と思想13）清水書院、1968
ジョン・ロック『統治二論』加藤節訳、岩波文庫、2010
ジョン・ロック『寛容についての手紙』加藤節+李静和訳、岩波文庫、2018
『世界の名著27　ロック・ヒューム』大槻春彦責任編集、中央公論社、1968
デュルケーム『自殺論』宮島喬訳、中公文庫、1985

【第13講】
増田義郎『コロンブス』岩波新書、1979
『完訳　コロンブス航海誌』青木康征訳、平凡社、1993
遠藤泰生編『史料で読む　アメリカ文化史1――植民地時代　15世紀末－1770年代』東京大学出版会、2005
大宮有博『アメリカのキリスト教がわかる――ピューリタンからブッシュまで』キリスト新聞社、2006
大西直樹『ピルグリム・ファーザーズという神話――作られた「アメリカ建国」』講談社選書メチエ、1998
森本あんり『宗教国家アメリカのふしぎな論理』NHK出版新書、2017
増井志津代『植民地時代アメリカの宗教思想――ピューリタニズムと大西洋世界』上智大学出版、2006
久保田泰夫『ロジャー・ウィリアムズ――ニューイングランドの政教分離と異文化共存』彩流社、1998

大下尚一編『講座アメリカの文化1 ――ピューリタニズムとアメリカ』南雲堂、1969
アメリカ学会編『原典アメリカ史　第一巻――植民地時代』岩波書店、1950
トーマス・ペイン『コモン・センス　他三篇』小松春雄訳、岩波文庫、1976
荒このみ編『史料で読む　アメリカ文化史2 ――独立から南北戦争まで 1770年代－1850年代』東京大学出版会、2005
『世界の名著33　フランクリン・ジェファソン他』松本重治責任編集、中央公論社、1970
高橋和之編『新版　世界憲法集　第2版』岩波文庫、2012
栗林輝夫『アメリカ大統領の信仰と政治――ワシントンからオバマまで』キリスト新聞社、2009
H・リチャード・ニーバー『アメリカ型キリスト教の社会的起源』柴田史子訳、ヨルダン社、1984
森孝一『宗教からよむ「アメリカ」』講談社選書メチエ、1996
R・N・ベラー『社会変革と宗教倫理』河合秀和訳、未来社、1973
青木保憲『アメリカ福音派の歴史――聖書信仰にみるアメリカ人のアイデンティティ』明石書店、2012
小川忠『原理主義とは何か――アメリカ、中東から日本まで』講談社現代新書、2003
小原克博+中田考+手島勲矢『原理主義から世界の動きが見える――キリスト教・イスラーム・ユダヤ教の真実と虚像』PHP新書、2006
ハル・リンゼイ『今は亡き大いなる地球――核戦争を熱望する人々の聖典』越智道雄監訳、徳間書店、1990
大田俊寛『オウム真理教の精神史――ロマン主義・全体主義・原理主義』春秋社、2011
飯山雅史『アメリカの宗教右派』中公新書ラクレ、2008
マーク・R・アムスタッツ『エヴァンジェリカルズ――アメリカ外交を動かすキリスト教福音主義』加藤万里子訳、太田出版、2014
アメリカ学会訳編『原典アメリカ史　第六巻――現代アメリカと世界1』岩波書店、1981

ビリー・グラハム『もう一つの革命』湖浜馨訳、いのちのことば社、1972
グレース・ハルセル『核戦争を待望する人びと――聖書根本主義派潜入記』越智道雄訳、朝日選書、1989

【第 14 講】

アドルフ・ヒトラー『わが闘争』平野一郎+将積茂訳、角川文庫（上下巻）、1973
村瀬興雄『アドルフ・ヒトラー――「独裁者」出現の歴史的背景』中公新書、1977
野村真理『ウィーンのユダヤ人――一九世紀末からホロコースト前夜まで』御茶の水書房、1999
石田勇治『ヒトラーとナチ・ドイツ』講談社現代新書、2015
平井正『ゲッベルス――メディア時代の政治宣伝』中公新書、1991
デイヴィッド・クレイ・ラージ『ベルリン・オリンピック1936 ――ナチの競技』高儀進訳、白水社、2008
レオン・ポリアコフ『アーリア神話――ヨーロッパにおける人種主義と民族主義の源泉』アーリア主義研究会訳、法政大学出版局、1985
津田元一郎『アーリアンとは何か――その虚構と真実』人文書院、1990
風間喜代三『言語学の誕生――比較言語学小史』岩波新書、1978
フリードリヒ・マックス・ミュラー『比較宗教学の誕生――宗教・神話・仏教』松村一男他訳、国書刊行会、2014
長谷川一年「アルチュール・ド・ゴビノーの人種哲学――『人種不平等論』を中心に（一）（二）」（同志社法學會『同志社法學』52巻4-5号所収）、2000-1
スティーブン・トロンブレイ『優生思想の歴史――生殖への権利』藤田真利子訳、明石書店、2000
ジョスリン・ゴドウィン『北極の神秘主義――極地の神話・科学・象徴性、ナチズムをめぐって』松田和也訳、工作舎、1995
J・F・ノイロール『第三帝国の神話――ナチズムの精神史』山崎章甫+村田宇兵衛訳、未来社、1963
大田俊寛『現代オカルトの根源――霊性進化論の光と闇』ちくま新書、2013

中垣顕實『卍とハーケンクロイツ——卍に隠された十字架と聖徳の光』現代書館、2013
ノーマン・コーン『ユダヤ人世界征服陰謀の神話——シオン賢者の議定書』内田樹訳、ダイナミックセラーズ、1986
レオン・ポリアコフ『反ユダヤ主義の歴史Ⅳ——自殺に向かうヨーロッパ』菅野賢治+合田正人監訳、筑摩書房、2006
井代彬雄「ヴァイマル共和制初期のナチス党におけるアルフレッド・ローゼンベルクについて——ナチス官僚体制研究の一前提として」（大阪教育大学歴史学研究室『歴史研究』10号所収）、1972
芝健介『ホロコースト——ナチスによるユダヤ人大量殺戮の全貌』中公新書、2008
アルフレート・ローゼンベルク『二十世紀の神話』吹田順助+上村清延訳、中央公論社、1938
谷喬夫『ヒムラーとヒトラー——氷のユートピア』講談社選書メチエ、2000
キャトリーン・クレイ+マイケル・リープマン『ナチスドイツ支配民族創出計画』柴崎昭則訳、現代書館、1997

【第15講】

レオン・ポリアコフ『反ユダヤ主義の歴史Ⅰ——キリストから宮廷ユダヤ人まで』菅野賢治訳、筑摩書房、2005
大澤武男『ユダヤ人ゲットー』講談社現代新書、1996
横山三四郎『ロスチャイルド家——ユダヤ国際財閥の興亡』講談社現代新書、1995
市川裕『ユダヤ教の歴史』（宗教の世界史7）山川出版社、2009
ポール・ジョンソン『ユダヤ人の歴史』石田友雄他訳、徳間書店（上下巻）、1999
テオドール・ヘルツル『ユダヤ人国家——ユダヤ人問題の現代的解決の試み』佐藤康彦訳、法政大学出版局、1991
高橋正男『物語　イスラエルの歴史——アブラハムから中東戦争まで』中公新書、2008
笈川博一『物語　エルサレムの歴史——旧約聖書以前からパレスチナ和平まで』中公新書、2010

池田明史「「ユダヤ人国家」の二律背反：相克する民族主義と民主主義」（ジェトロ・アジア経済研究所『中東レビュー』Vol. 6 所収）、2019
立山良司『イスラエルとパレスチナ――和平への接点をさぐる』中公新書、1989
横田貴之『原理主義の潮流――ムスリム同胞団』（イスラームを知る 10）山川出版社、2009
末近浩太『イスラーム主義――もう一つの近代を構想する』岩波新書、2018
大塚和夫『イスラーム主義とは何か』岩波新書、2004
イブン・タイミーヤ『イブン・タイミーヤ政治論集』中田考編訳、作品社、2017
島田裕巳+中田考『世界はこのままイスラーム化するのか』幻冬舎新書、2015
ハサン・バンナー『ムスリム同胞団の思想――ハサン・バンナー論考集』北澤義之+髙岡豊+横田貴之編訳、岩波書店（上下巻）、2015-6
サイイド・クトゥブ『イスラーム原理主義の「道しるべ」』岡島稔+座喜純訳、第三書館、2008
藤原和彦『イスラム過激原理主義――なぜテロに走るのか』中公新書、2001
池内恵『イスラーム国の衝撃』文春新書、2015
鈴木啓之「ハマース憲章全訳――パレスチナ抵抗運動の一側面へのアプローチ」（東京外国語大学アジア・アフリカ言語文化研究所『アジア・アフリカ言語文化研究』82 号所収）、2011
富田健次『ホメイニー――イラン革命の祖』（世界史リブレット人 100）山川出版社、2014
ルーホッラー・ムーサヴィー・ホメイニー『イスラーム統治論・大ジハード論』富田健次編訳、平凡社、2003
小山茂樹『ホメイニーからビン・ラーディンへ――“アメリカ vs. イスラーム”米政策の破綻』第三書館、2011
「イラン・イスラム共和国憲法」西修訳（駒澤大学法学部『政治学論集』12 号所収）、1980
桜井啓子『シーア派――台頭するイスラーム少数派』中公新書、2006

河出新書 062

一神教全史《いっしんきょうぜんし》 下

中世社会《ちゅうせいしゃかい》の終焉《しゅうえん》と近代国家《きんだいこっか》の誕生《たんじょう》

二〇二三年五月三〇日　初版発行
二〇二三年七月三〇日　2刷発行

著　者　大田俊寛《おおたとしひろ》

発行者　小野寺優
発行所　株式会社河出書房新社
〒一五一-〇〇五一　東京都渋谷区千駄ヶ谷二-三二-二
電話　〇三-三四〇四-一二〇一［営業］／〇三-三四〇四-八六一一［編集］
https://www.kawade.co.jp/
マーク　tupera tupera
装　幀　木庭貴信（オクターヴ）
印刷・製本　中央精版印刷株式会社
Printed in Japan　ISBN978-4-309-63166-0

日本語の教養100

今野真二

語の意味と形、音韻、表記法、様々な辞書、ことばあそび……1つ1つ読み進めていくうちに日本語の諸要素を網羅的に知ることができる。

027

サバイバルする皮膚
思考する臓器の7億年史

傳田光洋

生物を外界と隔てる最大のインターフェイス・皮膚はいかにして我々を進化させたのか？ 日本の皮膚研究第一人者がスリリングに紐解く！

030

一日一考 日本の政治

原武史

一日一つ、全366人の文章を選び、その言葉が日本の政治にとってどんな意味を持つか、いまの体制とどう繋がっているかを考える。

032

挑発する少女小説

斎藤美奈子

赤毛のアン、若草物語、小公女……大人になって読む少女小説は新たな発見に満ちている。あの名作にはいったい何が書かれていたか？

033

教えから学びへ
教育にとって一番大切なこと

汐見稔幸

どうすれば「みずから学ぶ」環境はつくれるのか？ 教え方ではなく、子どもの学びの深め方からいま必要な教育の本質を考える。

035

河出新書